主　　编　蒋惠岭　国家法官学院副院长
　　　　　　　　　最高人民法院司法案例研究院负责人
副 主 编　关　毅　国家法官学院科研部主任
　　　　　刘　畅　最高人民法院司法案例研究院规划部主任
主编助理　边疆戈　国家法官学院科研部编辑
　　　　　朱建伟　国家法官学院科研部编辑
　　　　　赵文轩　最高人民法院司法案例研究院规划部编辑

《中国法院年度案例》编辑人员（按姓氏笔画）
边疆戈　朱建伟　刘　畅　关　毅　杨小利
罗胜华　赵文轩　胡　岩　袁登明　唐世银
曹海荣　梁　欣　蒋惠岭　程　瑛　谭　红

本书编审人员　曹海荣

中国法院

2020年度案例

国　家　法　官　学　院
最高人民法院司法案例研究院◎编

买卖合同纠纷

中国法制出版社
CHINA LEGAL PUBLISHING HOUSE

《中国法院年度案例》通讯编辑名单

序

坚持和完善中国特色社会主义法治体系，是党的十九届四中全会作出的一项重要部署。作为其核心组成部分，高效的法治实施体系所要实现的就是让静态的法律制度在实践中得到良好实施。《中国法院年度案例》丛书的价值追求，即公开精品案例，研究案例所体现的裁判方法和价值理念，提炼裁判规则，助推司法标准统一。

《中国法院年度案例》丛书，是国家法官学院于2012年开始编辑出版的一套大型年度案例丛书。丛书由国家法官学院案例开发研究中心具体承担编辑工作，每年年初定期出版。此前，该中心坚持20余年连续不辍编辑出版了《中国审判案例要览》丛书近90卷，分中文版和英文版在海内外发行，颇有口碑，享有赞誉。作为一种全新的案例研究产品，《中国法院年度案例》丛书旨在加强完善中国特色案例指导制度，探索编辑案例的新方法、新模式，以弥补当前各种案例出版物的不足。该丛书2012～2019年已连续出版8套，一直受到读者的广泛好评，并迅速售罄。为更加全面地反映我国司法审判执行工作的发展进程，顺应审判执行实践的需要，响应读者需求，2014年度新增3个分册即金融纠纷、行政纠纷、刑事案例，2015年度将刑事案例调整为刑法总则案例、刑法分则案例2册，2016年度新增知识产权纠纷分册，2017年度新增执行案例分册，2018年度、2019年度将刑事案例扩充为4个分册。现国家法官学院及时编撰推出《中国法院2020年度案例》系列丛书，共23册。

当前市面上的案例丛书百花齐放，又有裁判文书网，可以查询各级法院、各类的裁判文书，还有各种专门领域的案例汇编书籍，以及各种案例指导、案例参考等读物，各具特色。而《中国法院年度案例》丛书则以开放务实的态度、简洁明快的风格，试图把案例书籍变得“好读有用”，故在编辑中坚持以下方法：一是高度提炼案例内容，控制案例篇幅，每个案例基本在3000字以内；二是突出争议焦点，剔除无效信息，尽可能在有限的篇幅内为读者提供有效、有益的信息；三是注重对案件裁判文书的再加工，大多数案例由案件的主审法官撰写“法官后语”，高度提炼、总结案例的指导价值。

同时，《中国法院年度案例》丛书还有以下特色：一是信息量大。国家法官学院案例开发研究中心每年从全国各地法院收集到的上一年度审结的典型案例近万件，使该丛书有广泛的选编基础，可提供给读者新近发生的全国各地多种类型的代表性案例。二是方便检索。为体现以读者为本，丛书分卷细化，每卷下还将案例主要根据案由分类编排，每个案例用一句话概括裁判规则、裁判思路或焦点问题作为主标题，让读者一目了然，迅速找到目标案例。

中国法制出版社始终全力支持《中国法院年度案例》丛书的出版，给了作者和编辑们巨大的鼓励。2018年、2019年连续推出数据库增值服务，2020年继续提供数据库增值服务并充实完善数据内容。购买本书，扫描前勒口二维码，即可在本年度免费查阅往年同类案例数据库。我们在此谨表谢忱，并希望通过共同努力，逐步完善，做得更好，真正探索出一条编辑案例书籍、挖掘案例价值的新路，更好地服务于学习、研究法律的读者，服务于社会，服务于国家的法治建设。

本丛书既可作为法官、检察官、律师等司法实务工作人员的办案参考和司法人员培训推荐教程，也是社会大众学法用法的极佳指导，亦是教学科研机构案例研究的精品素材。当然，案例作者和编辑在编写过程中也难以一步到位实现最初的编写愿望，可能会存在各种不足，甚至错误，欢迎读者批评指正，我们愿听取建议，并不断改进，不断扩大案例研究领域，实现中国特色案例研究事业新发展。

从今年起，《中国法院年度案例》改由国家法官学院与最高人民法院司法案例研究院共同编辑。最高人民法院司法案例研究院是中编办批准设置的最高人民法院的司法案例专门研究机构，与国家法官学院合署办公，在最高人民法院领导下，秉持服务司法审判实践、经济社会发展、法学教育研究、中外法学交流、法治中国建设的办院宗旨，坚持“服务、创新、合作、开放、共享”工作原则，依托国家法官学院开展司法案例的收集、生成、研究、发布和国际交流工作。司法案例研究院的加入，必将使本套丛书的编辑力量更加壮大，案例质量将进一步提升。

国家法官学院副院长

最高人民法院司法案例研究院负责人

蒋惠岭

目　录

Contents

一、标的物质量

二、买卖合同的订立

三、买卖合同的效力

四、买卖合同的履行

五、买卖合同的变更、转让和终止

六、买卖合同的违约责任

七、证据与时效

一、标的物质量

1

超过质量异议期间提出质量问题并拒付相应货款的认定

——淄博炳森机械制造有限公司诉淄博一腾
石化设备工程有限公司买卖合同案

【案件基本信息】

1. 裁判书字号

山东省淄博市中级人民法院（2018）鲁03民终3914号民事判决书

2. 案由：买卖合同纠纷

3. 当事人

原告（上诉人）：淄博炳森机械制造有限公司（以下简称炳森公司）

被告（被上诉人）：淄博一腾石化设备工程有限公司（以下简称一腾公司）

【基本案情】

自2013年3月始，炳森公司与一腾公司建立买卖合同关系，一腾公司多次向炳森公司购买曲柄销、锥套、螺母等货物。因有部分货物质量不合格，一腾公司通知炳森公司，炳森公司方业务员孙某征在货款金额为75515元的退货单上签字认可，另有两份货款金额分别为14342元和60060元的退货单，一腾公司于2016年4月20日通过顺丰快递的方式通知炳森公司退货，炳森公司均未到一腾公司处领回。一腾公司方工作人员为炳森公司方出具了四份货款金额为8544元的临时收据，未开具入库单据。截至2016年10月18日，一腾公司尚欠炳森公司30534元货款未付，炳森公司起诉要求一腾公司支付货款并赔偿经济损失。

【案件焦点】

超过质量异议期间提出产品存在质量问题并拒绝付款主张能否成立。

【法院裁判要旨】

山东省淄博市临淄区人民法院经审理认为：炳森公司虽提交炳森公司记载的应收账款账目及向一腾公司开具的增值税发票、结算明细单证明一腾公司欠炳森公司货款58660元，由于该应收账款账目、增值税发票及结算明细单均系原告单方记载的凭证，对此一腾公司提出异议不予认可。一腾公司辩称炳森公司提供的部分货物质量不合格并提交炳森公司方业务员孙某征签字认可的货款金额为75515元的退货单予以证明，孙某征系多次代表炳森公司与一腾公司进行业务联系的工作人员，其行为属职务行为，炳森公司对该退货单上孙某征的签名不予认可，申请笔迹鉴定，后撤回申请，故对该份退货单予以采信。另有两份货款金额分别为14342元和60060元的退货单，一腾公司主张已于2016年4月20日通过顺丰快递的方式通知炳森公司，炳森公司辩称从未收到过一腾公司寄送的任何快递，也不知道退货内容，不认识收件人，该快递单明确载明一腾公司方单位名称、地址、联系电话、收件人签收、托寄物系“退货单2份”，且快递单上注明的联系电话系炳森公司法定代表人李某忠现今仍在使用的手机号码，炳森公司辩驳理由不能成立，对该快递单予以采信。炳森公司提交的货款金额为8544元的四份临时收据，有一腾公司方工作人员签字确认已收到，法院予以采信。综上，一腾公司尚欠炳森公司货款30534元，以货款30534元为基数，自2016年1月29日起按照2016年同期银行利率4.75%计算至2018年1月17日，应为2860元。依照《中华人民共和国民事诉讼法》第六十四条，《中华人民共和国民法通则》第一百零八条、第一百三十四条第一款第七项，《最高人民法院关于审理买卖合同纠纷案件适用法律问题的解释》第八条第一款之规定，判决：

一、一腾公司向炳森公司支付货款30534元；

二、一腾公司赔偿炳森公司经济损失2860元；

三、一腾公司退还炳森公司价值149917元的货物，如不能退还，则赔付相应价值；

四、驳回炳森公司的其他诉讼请求。

炳森公司不服一审判决，提起上诉。

山东省淄博市中级人民法院经审理认为：本案的争议焦点为：双方签订的《采购合同》虽然约定了对标的物分阶段进行检测验收，但是并未约定检验期间。根据《中华人民共和国合同法》第一百五十八条第二款规定，当事人没有约定检验期间的，买受人应当在发现或者应当发现标的物的数量或者质量不符合约定的合理期间内通知出卖人。买受人在合理期间内未通知或者自标的物收到之日起两年内未通知出卖人的，视为标的物的数量或者质量符合约定，但对标的物有质量保证期的，适用质量保质期，不适用该两年的规定。一腾公司主张其根据合同约定，在生产现场进行检验发现产品存在质量问题，理应退货。但是两份货款金额分别为14342元和60060元的退货单，一腾公司于2016年4月20日才通过顺丰快递的方式通知退货，其既无证据证明存在质量问题，也已经超过了前述规定的质量异议期间。一腾公司拒绝支付该部分货款的抗辩理由不成立。对于货款金额为75515元的退货单，炳森公司的业务人员孙某征已经签字予以认可，虽然炳森公司否认真实性，但是并无反驳证据，孙某征的行为对炳森公司具有约束力。炳森公司请求一腾公司支付该部分产品款项75515元的理由不成立，不予支持。一腾公司因该部分产品存在质量问题，要求退货，炳森公司的业务员已经予以确认，一腾公司以此抗辩，理由成立，一审判决在本案中一并予以处理并无不当。据此，依照《中华人民共和国民事诉讼法》第一百七十条第一款第三项规定，判决：

一、撤销一审判决；

二、一腾公司向炳森公司支付货款163526.8元并赔偿经济损失（以163526.8元为基数，自2016年1月29日起按照2016年同期银行利率4.75%计算至2018年1月17日）；

三、一腾公司退还炳森公司价值75515元的货物，如不能退还，则赔付相应价值；

四、驳回炳森公司的其他诉讼请求。

【法官后语】

本案主要涉及超过质量异议期间提出质量问题并拒付相应货款的认定问题。

关于买卖合同中的货物质量问题，《中华人民共和国合同法》第一百五十八条规定："当事人约定检验期间的，买受人应当在检验期间内将标的物的数量或者质量不符合约定的情形通知出卖人。买受人怠于通知的，视为标的物的数量或者质量符合约定。当事人没有约定检验期间的，买受人应当在发现或者应当发现标的物的数量或者质量不符合约定的合理期间内通知出卖人。买受人在合理期间内未通知或者自标的物收到之日起两年内未通知出卖人的，视为标的物的数量或者质量符合约定，但对标的物有质量保证期的，适用质量保证期，不适用该两年的规定。出卖人知道或者应当知道提供的标的物不符合约定的，买受人不受前两款规定的通知时间的限制。"关于"合理期间"，《最高人民法院关于审理买卖合同纠纷案件适用法律问题的解释》第十七条规定："人民法院具体认定《中华人民共和国合同法》第一百五十八条第二款规定的'合理期间'时，应当综合当事人之间的交易性质、交易目的、交易方式、交易习惯、标的物的种类、数量、性质、安装和使用情况、瑕疵的性质、买受人应尽的合理注意义务、检验方法和难易程度、买受人或者检验人所处的具体环境、自身技能以及其他合理因素，依据诚实信用原则进行判断。《中华人民共和国合同法》第一百五十八条第二款规定的'两年'是最长的合理期间。该期间为不变期间，不适用诉讼时效中止、中断或者延长的规定。"故在通常情况下的买卖合同中，如果买受人认为货物存在质量问题的，其应在合理期间内或自标的物收到之日起两年内向出卖人提出质量异议，否则就应视为货物质量符合约定，但对货物有质量保证期的则应适用质量保证期，可不适用该两年的规定。

因此，在买卖合同纠纷的审判实务中，对于买受人提出质量异议的情形，若买受人系超过上述质量异议期间提出质量问题并拒付相应货款的，原则上依法不应予以认定，除非其有证据证实出卖人对此予以认可。如在本案中，一腾公司实际提出了两部分质量异议的抗辩，其证据分别是两组退货单，一是两份货款金额分别为14342元和60060元的退货单，二是炳森公司业务员孙某征签字认可的货款金额为75515元的退货单。关于上述第一部分质量抗辩，一腾公司主张其根据合同约定，在生产现场进行检验发现产品存在质量问题，理应退货。但是对于两份货款金额分别为14342元和60060元的退货单，一腾公司于2016年4月20日才通过顺丰快递的方式通知退货，其既无证据证明存在质量问题，也已经超过了前述规定的质量异议期间。故一腾公司拒绝支付该部分货款的抗辩理由显然不成立。一审认定该部分货款的质量抗辩成立显然不当。关于上述第二部分质量抗辩，炳森公司的业务人员孙某征对于货款金额为75515元的退货单已经签字予以认可，虽然炳森公司否认其真实性，但是并无反驳证据，故孙某征的行为对炳森公司具有约束力，一腾公司据此有权拒付该部分产品款项75515元，炳森公司请求一腾公司支付该部分产品款项75515元的理由因此也不成立。所以对于质量抗辩成立与否应区分不同证据情况并结合质量异议期间来分别予以认定。

编写人：山东省淄博市中级人民法院　荣明潇

山东省淄博市临淄区人民法院　刘海红

2

检验期间内未提出质量异议，则无权要求卖方承担物的瑕疵担保责任

——褚某虹诉广派商业（上海）有限公司北京第十七分公司买卖合同案

【案件基本信息】

1. 裁判书字号

北京市第三中级人民法院（2018）京03民终10971号民事判决书

2. 案由：买卖合同纠纷

3. 当事人

原告（上诉人）：褚某虹

被告（被上诉人）：广派商业（上海）有限公司北京第十七分公司（以下简称广派十七分公司）

【基本案情】

2017年11月12日，褚某虹在广派十七分公司处试穿一件“RED VALENTINA”羊羔皮大衣，之后将大衣平铺在收银台上予以整理，将衣服底部对齐，对扣子及其周围进行了检查。检查完后，褚某虹支付10675元购买该试穿过的大衣。广派十七

分公司店员当着褚某虹面从大衣上剪掉载明内容不详的标牌，褚某虹购买后径直离开收银台，并未将标牌拿走。涉案大衣水洗标载明“号型为160/80A”“中国制造”“毛皮原产地为中国”“不可水洗/不可漂白/不可转笼烘干/不可熨烫/不可干洗/真毛皮饰边只可专业毛皮清洗”。

2017年11月26日后，褚某虹及其母亲、律师就涉案大衣多次与广派十七分公司进行协商。协商过程中，褚某虹并未提供涉案大衣对应小票，广派十七分公司工作人员称有小票才能进行维修或退货，为了避免划伤衣服会剪掉吊牌。

庭审中，褚某虹出示扣子周围被染色的大衣，称购买涉案大衣后一直放置于车辆后备厢，两周左右后发现大衣有问题；称购买时涉案大衣并无原装吊牌，店员剪掉是载有“IT”字样的标牌。广派十七分公司称报关单记载价格为成本价，其不存在价格欺诈行为。

【案件焦点】

1. 褚某虹主张涉案大衣存在扣子周围被染色及内衬过长，未有吊牌信息等显性瑕疵，但并未在购买当时提出异议，事后是否有权提出质量异议并主张赔偿；2. 褚某虹主张广派十七分公司宣传涉案大衣系以“原价四折”销售，而其购买价格与报关单上载明价格（即原价）的四折不符，据此能否认定广派十七分公司构成价格欺诈。

【法院裁判要旨】

北京市朝阳区人民法院经审理认为：褚某虹自广派十七分公司处试穿、检查并购买涉案大衣，广派十七分公司当面、即时将大衣交付给褚某虹。褚某虹所主张的涉案大衣扣子周围被染色及内衬过长，未有吊牌信息等问题，均系肉眼可见的显性瑕疵，应在购买当时就能够发现并通知对方。现大衣出现的染色问题成因不明，结合水洗标关于洗涤的规定以及褚某虹所称衣物保管方式，现有证据不足以证明是大衣内在质量存在问题，继而不足以认定广派十七分公司明知不合格而出售或明知次品而当合格品出售。褚某虹以此主张受欺诈依据不足。

关于价格欺诈，根据相关法律规定，当事人对自己提出的诉讼请求所依据的事实或者反驳对方诉讼请求所依据的事实，应当提供证据加以证明，但法律另有规定的除外。在作出判决前，当事人未能提供证据或者证据不足以证明其事实主张的，由负有举证证明责任的当事人承担不利的后果。褚某虹主张广派十七分公司宣传涉案大衣系以“原价四折”销售，而其购买价格与报关单上载明价格（即原价）的四折不符，但广派十七分公司不认可涉案大衣系以四折销售，褚某虹亦不认可报关单的真实性，现无证据表明广派十七分公司在本次销售前7日内在其交易场所以报关单载明价格成交过，故不足以认定广派十七分公司存在价格欺诈。褚某虹以受欺诈为由主张适用消费者权益保护法予以退货退款并加倍赔偿，缺乏依据。

北京市朝阳区人民法院依照《中华人民共和国消费者权益保护法》第五十五条，《中华人民共和国合同法》第一百五十七条、第一百五十八条，《最高人民法院关于审理买卖合同纠纷案件适用法律问题的解释》第十七条，《中华人民共和国民事诉讼法》第六十四条之规定，作出如下判决：

驳回原告褚某虹的全部诉讼请求。

褚某虹不服一审判决，提起上诉。

北京市第三中级人民法院经审理认为：褚某虹自广派十七分公司处试穿、检查并购买涉案大衣，广派十七分公司当场即将大衣交付给褚某虹，在案证据不足以证明涉案服装在销售时存在褚某虹所主张的染色、内衬过长及吊牌信息缺失等问题。关于涉案服装的进货渠道，现有证据不足以证明广派十七分公司在销售时有欺诈性的宣传行为，或者涉案服装有仿冒商标、侵害品牌商标权的情形。关于价格欺诈，二审法院同意一审法院裁判意见。

北京市第三中级人民法院依照《中华人民共和国民事诉讼法》第一百七十条第一款第一项规定，作出如下判决：

驳回上诉，维持原判。

【法官后语】

依据我国相关法律规定，买受人收到标的物时应当在约定的检验期间内检验。没有约定检验期间的，应当及时检验。当事人没有约定检验期间的，买受人应当在发现或者应当发现标的物的数量或者质量不符合约定的合理期间内通知出卖人。买受人在合理期间内未通知的，视为标的物数量或质量符合约定。据此，检验期间系指买受人检验出卖人交付的买卖物、发现瑕疵时适时提出质量瑕疵所需要的时间，如有质量问题的，还在合理期间内通知出卖人，否则免除出卖人的瑕疵担保责任。及时检验、在合理期间提出质量异议系买受人的义务，且为不真正义务（真正的民事权利对应着民事义务，反之亦然）。如买受人积极为此义务，则其请求出卖人承担物的瑕疵担保责任，包括要求出卖人承担修理、更换、重作、退货、减少价款或者报酬等违约责任，要求出卖人支付违约金、赔偿损失，甚至主张解除合同等；而买受人多不积极为此义务，其后果是无法获得其本可得到的利益（如获得质量优良的产品等），且无权向出卖人主张其承担物的瑕疵担保责任，也无从要求出卖人承担违约责任、支付赔偿等。从这个层面上说，检验期间既是前述权利产生的期间，也是阻止权利产生的期间。

关于检验期间的性质，通说认为，检验期间不同于质量保证期和诉讼时效，但关于检验期间是否为除斥期间，学界有不同的认识，主张扩展除斥期间对象的新说将检验期间纳入其中。但根据以上分析，笔者认为检验期间并非除斥期间：首先，检验期间的对象是不真正义务而非权利。其次，检验期间并非固定期间，而由当事人约定或再无约定时，综合当事人之间的交易性质、交易目的、交易方式、交易习惯、标的物的种类、数量、性质、安装和使用情况、瑕疵的性质、买受人应尽的合理注意义务、检验方法和难易程度、买受人或者检验人所处的具体环境、自身技能以及其他合理因素，依据诚实信用原则和公平原则确定出合理期间，并应及时检验，即检验期间不固定。最后，除斥期间届满消灭的仅是形成权，而检验期间内买受人没有提出质量异议并在合理期间内通知的，其不仅无权提异议，还丧失主张违约责任、要求解除合同、抗辩权等其他多种权利。

据此买受人购买商品或接受服务后，应及时检验，并在发现质量问题后及时通知买受人并主张质量异议，要求其承担物的瑕疵担保责任，向其主张违约责任、抗辩权等多重形式的权利，以维护自身合法权益。

编写人：北京市朝阳区人民法院　李然

3

买卖合同中买受人及时检验、异议和通知义务的履行以及法院对隐蔽瑕疵鉴定申请的审查

——广州丽生医药有限公司诉陕西天地人和药业有限公司买卖合同案

【案件基本信息】

1. 裁判书字号

广东省广州市中级人民法院（2018）粤01民终267号民事判决书

2. 案由：买卖合同纠纷

3. 当事人

原告（被上诉人）：广州丽生医药有限公司（以下简称丽生公司）

被告（上诉人）：陕西天地人和药业有限公司（以下简称天地人和公司）

【基本案情】

2016年11月24日，丽生公司（甲方）和陕西海普药业有限公司（乙方）签订了的《购销合同》约定：陕西海普药业有限公司向丽生公司采购600公斤血竭，规格是进口，单价2050元/公斤，金额1230000元；质量要求约定为本合同项下商品应符合2015版药典标准及国家有关产品质量标准，乙方对合同项下产品的质量无特殊要求，甲方向乙方提供合乎要求的“药材进口批件”和“进口药材检验报告书”；货物验收约定为乙方应于收到本合同项下商品之日起15个工作日内，依据本合同第1条、第2条约定完成货物验收，并向甲方出具书面收货证明和货物验收报告，乙方在规定期限内未向甲方出具收货证明和验收报告的，视为乙方已收到本合同项下商品且认定该商品符合本合同约定，如出现货物质量不合格，甲方负责退换货；结算方式及期限约定为乙方检验本合同货物合格后，甲方按照乙方验收货物数量开具增值税发票向乙方收款，乙方收到甲方的增值税发票后7天内，向甲方支

付不少于本合同总额30%的款项，乙方须在甲方交货之日起90天内分批将剩余部分货款以现金汇款方式付清给甲方；违约责任约定为甲方未依据本合同约定交付合同项下商品的，甲方应承担相应的违约责任，赔偿乙方损失，乙方未依据本合同约定的期限向甲方支付货款的，自逾期之日起，乙方应按合同金额的5%向甲方支付违约金，造成甲方其他损失的，乙方应承担赔偿责任。

同日，陕西海普药业有限公司向丽生公司出具授权委托书，委托赵某庆前往丽生公司处采购血竭，并载明赵某庆从事与该事项有关的行为，所产生的法律后果由陕西海普药业有限公司负责。

2016年11月30日，丽生公司销售出库单上记载，收货单位是陕西海普药业有限公司，货物名称是血竭，产地是印度尼西亚，件数30，件重20公斤，数量是600公斤，单价2050元，金额1230000元，收货单位处有赵某庆签名。

2016年12月8日，丽生公司开具11张广东增值税专用发票给陕西海普药业有限公司，金额合计1230000元。

2017年1月9日，丽生公司（甲方）和陕西海普药业有限公司（乙方）签订合同的《购销合同》约定：陕西海普药业有限公司向丽生公司采购800公斤血竭，规格是进口，单价1980元/公斤，金额1584000元；质量要求约定为本合同项下商品应符合2015版药典标准及国家有关产品质量标准，乙方对合同项下产品的质量无特殊要求，甲方向乙方提供合乎要求的“药材进口批件”和“进口药材检验报告书”；货物验收约定为乙方应于收到本合同项下商品之日起15个工作日内，依据本合同第1条、第2条约定完成货物验收，并向甲方出具书面收货证明和货物验收报告，乙方在规定期限内未向甲方出具收货证明和验收报告的，视为乙方已收到本合同项下商品且认定该商品符合本合同约定，如出现货物质量不合格，甲方负责退换货；结算方式及期限约定为乙方检验本合同货物合格后，甲方按照乙方验收货物数量开具增值税发票向乙方收款，乙方收到甲方的增值税发票后7天内，向甲方支付不少于本合同总额30%的款项，乙方须在甲方交货之日起90天内分批将剩余部分货款以现金汇款方式付清给甲方；违约责任约定为甲方未依据本合同约定交付合同项下商品的，甲方应承担相应的违约责任，赔偿乙方损失，乙方未依据本合同约定的期限向甲方支付货款的，自逾期之日起，乙方应按合同金额的5%向甲方支付违约金，造成甲方其他损失的，乙方应承担赔偿责任。

2017 年 1 月 11 日的《广州丽生医药有限公司销售出库单》记载，收货单位是陕西海普药业有限公司，货物名称是血竭，产地是印度尼西亚，件数 40，件重 20 公斤，数量 800 公斤，单价 1980 元，金额 1584000 元，收货单位处有赵某庆签名。

2017 年 1 月 16 日，赵某庆在物流单上收货人处签名。

2017 年 1 月 16 日，丽生公司开具 15 张广东增值税专用发票给陕西海普药业有限公司，金额合计 1584000 元。

2017 年 6 月 15 日，陕西海普药业有限公司经核准名称变更为天地人和公司。天地人和公司在此期间向丽生公司支付了 400000 元货款。

2017 年 6 月 16 日，天地人和公司向丽生公司出具的《企业询证函》载明：天地人和公司聘请瑞华会计师事务所（特殊普通合伙）正在对天地人和公司 2016 年度财务报表进行审计，按照中国注册会计师审计准则的要求，应当询证天地人和公司与丽生公司的往来账项等事项；下列信息出自天地人和公司账簿记录，如与丽生公司记录相符，请在本函下端"信息证明无误"处签章证明，如有不符，请在"信息不符"处列明不符项目；如存在与天地人和公司有关的未列入本函的其他项目，也请在"信息不符"处列出这些项目的金额及详细资料；回函请直接寄至瑞华会计师事务所（特殊普通合伙）；天地人和公司与丽生公司往来账项列明，截至 2016 年 12 月 31 日，该期采购金额 1230000 元，欠丽生公司 830000 元；截至 2017 年 4 月 30 日，该期采购金额 1584000 元，欠丽生公司 2414000 元，备注均为应付账款。丽生公司在结论信息证明无误处盖章确认。

2017 年 6 月 29 日、7 月 17 日和 7 月 19 日，丽生公司先后向天地人和公司出具《催款函》，催告天地人和公司清偿拖欠的货款 2414000 元。

【案件焦点】

1. 天地人和公司是否需要支付双方于 2017 年 1 月 9 日签订的购销合同项下货款 1584000 元；2. 天地人和公司是否需要支付违约金。

【法院裁判要旨】

广东省广州市荔湾区人民法院经审理认为：天地人和公司认为该合同项下丽生公司所供货物是假药，理由是该批货物混杂了龙血竭，不是血竭，属于假药。天地人和公司为证明其主张，提交了其自行制作的检测图和检测说明，但天地人和公司提交的证据不足以证明所检测的血竭是丽生公司所供之货物，故法院对该组证据不予采纳。天地人和公司又向法院申请鉴定该货物是血竭或龙血竭或血竭和龙血竭的混合物。法院认为，双方当事人在交易过程中没有对讼争的血竭封存样本以备检验，从天地人和公司提供的其主张为讼争货物的照片来看，该些货物的包装箱和包装袋可随意打开，无法确认存放于该些包装箱和包装袋内的货物即为丽生公司所供之货物，从天地人和公司提供的单个血竭的照片来看，该血竭上的标志已不完整，是否为丽生公司所供之货物难以核实，且天地人和公司收到该货物至今已长达10个月之久，在此期间天地人和公司如何保管、存放讼争货物现已无法确认，故是否存在与其他货物混淆、交叉污染的情况无法查明。综上，由于天地人和公司主张进行抽样鉴定的货物无法核实是否为丽生公司所供之货物及是否存在交叉污染等情况，鉴定所需之检材无法确认，故法院对天地人和公司的鉴定申请不予接纳。涉案《购销合同》明确约定了检验期间，根据《中华人民共和国合同法》（以下简称《合同法》）第一百五十七条和一百五十八条第一款的规定，天地人和公司收到讼争货物后应当在约定的检验期间内检验，并将讼争货物的数量或者质量不符合约定的情形通知丽生公司，天地人和公司怠于通知的，视为讼争货物的数量或质量符合约定。天地人和公司抗辩其验收是对产品包装和外观的验收，与涉案合同货物验收部分所提及的质量表述不符，亦与天地人和公司作为生产、销售经批准药剂的企业应有的专业态度不符。天地人和公司在庭审中自认已经使用其中130公斤的讼争货物生产药品，并于生产药品后自行检测发现丽生公司所供之货物是假药，天地人和公司作为药品生产企业，没有对药品的原材料进行质量检查便将原材料大量投入生产有悖常理。天地人和公司没有在约定的检验期间内对讼争货物的质量提出异议，并于收货近半年后出具《企业询证函》明确应付丽生公司2414000元，却于丽生公司提起本案诉讼后对讼争货物的质量提出异议，根据《最高人民法院关于审理买卖合同纠纷案件适用法律问题的解释》第二十条的规定，法院对天地人和公司的该项主张不予支持。综上，天地人和公司应按约定向丽生公司支付该部分货款1584000元。

丽生公司依约供货后，天地人和公司理应按照合同约定在付款期限内支付货款。天地人和公司逾期付款，已经构成违约。涉案两份《购销合同》均约定，天地人和公司未依据合同约定的期限向丽生公司支付货款的，自逾期之日起，按合同金额的5%向丽生公司支付违约金。现丽生公司主张按照合同约定计收违约金140700元，天地人和公司经法院释明后没有对违约金的计算标准提出异议，且该约定亦合理合法，故荔湾法院对丽生公司的该项主张予以支持。综上所述，依照《中华人民共和国合同法》第六十条第一款、第一百零七条、第一百一十四条、第一百五十七条、第一百五十八条第一款，《最高人民法院关于审理买卖合同纠纷案件适用法律问题的解释》第二十条，《中华人民共和国民事诉讼法》第六十四条第一款的规定，判决如下：

一、天地人和公司于判决发生法律效力之日起十日内向丽生公司支付货款83000元；

二、天地人和公司于判决发生法律效力之日起十日内向丽生公司支付货款1584000元；

三、天地人和公司于判决发生法律效力之日起十日内向丽生公司支付违约金140700元。

天地人和公司不服一审判决，提起上诉。

广东省广州市中级人民法院审理同意一审法院裁判意见，依照《中华人民共和国民事诉讼法》第一百七十条第一款第一项的规定，判决如下：

驳回上诉，维持原判。

【法官后语】

买卖合同，是商品社会最典型、最基础、最普遍的合同类别。出卖人需将标的物的所有权转移给买受人，买受人则需支付价款，但在履行合同过程中，因标的物质量存在争议而产生的纠纷不在少数。为了保护买受人的利益，法律规定当出卖人交付的标的物不符合约定、交易习惯或行业标准时，买受人可要求出卖人按照约定承担违约责任，或在对违约责任没有约定或约定不明确时，要求出卖人承担修理、更换、退货、减少价款或者报酬等违约责任。同时，当出卖人交货不符时，买受人亦应及时检验并通知出卖人。根据《中华人民共和国合同法》和买卖合同司法解释的规定，买受人是否及时履行检验、异议和通知义务，直接关乎法院对标的物是否存在质量问题的认定。

一、买受人的及时检验、异议和通知义务

检验，是买受人对出卖人所交付的买卖合同标的物是否符合合同约定的数量、质量、包装等内容的验证行为。《中华人民共和国合同法》第一百五十七条规定："买受人收到标的物时应当在约定的检验期间内检验。没有约定检验期间的，应当及时检验。"第一百五十八条第一款亦规定"买受人怠于通知的，视为标的物的数量或者质量符合约定"。从该法律条文可知，我国合同法将买受人对合同标的物的检验、异议和通知义务规定为买受人的法定义务，即便当事人未就此进行约定，买受人亦负有该义务。

（一）法律规定该义务之理由

课以买受人及时检验、异议和通知义务，是诚实信用原则使然。究其原因，一是为了保护善意出卖人的合法权益。出卖人交付货物存在瑕疵，相较于没有交货或拒绝交货而言，过错程度稍轻。而且实际上，由于商品社会货物流通的频繁，出卖人在交付货物前可能存在无法检查货物是否存在瑕疵的情形，亦即出卖人对货物瑕疵属于善意。因此，应当规定买受人瑕疵通知义务以保护善意出卖人的合法权益。若出卖人明知或应当知道货物存在瑕疵，则买受人不受检验期间的限制。二是便于出卖人及时采取补救措施。若买受人及时通知出卖人货物不符，出卖人可及时采取修理、更换、重作、退货等补救措施，否则，善意出卖人无法知晓货物的瑕疵情况，并可能基于信赖而继续实施一定行为，导致买受人告知货物不符时，使出卖人无法采取补救措施，增加额外成本。三是有利于证据保存。出卖人需要确保标的物在交付前没有瑕疵，在标的物转移占有至买受人或买受人指定的收货人处时，则由买受人对交付后产生的货物瑕疵承担责任。因此，及时通知可以避免嗣后发生无谓政治。买受人在收货后有必要及时检验货物，确定货物是否存在瑕疵并及时通知出卖人，若双方对货物的数量和质量等存在争议，双方尚可对标的物进行检验，并及时对有争议的标的物封样保存。

（二）约定检验期间是否过短之认定

《最高人民法院关于审理买卖合同纠纷案件适用法律问题的解释》第十八条第一款规定："约定的检验期间过短，依照标的物的性质和交易习惯，买受人在检验期间内难以完成全面检验的，人民法院应当认定该期间为买受人对外观瑕疵提出异议的期间，并根据本解释第十七条第一款的规定确定买受人对隐蔽瑕疵提出异议的合理期间。"但在司法实践中，如何认定约定的检验期间是否过短，本文认为应当从以下两个方面予以考量：第一，根据货物的性质和交易习惯予以判断，特别是该期间是否足够买受人对货物的隐蔽瑕疵进行检验。第二，买受人对于未能及时发现标的物瑕疵是否存在过错。本案中，天地人和公司是生产、销售净批准药剂的企业，其拥有对涉案标的物进行隐蔽瑕疵检验的条件和技能，双方约定的收货后15个工作日的货物检验期间足够天地人和公司对涉案货物的质量进行检验，故本案不存在约定检验期间过短的情形。

（三）检验期间经过后之法律后果

根据《最高人民法院关于审理买卖合同纠纷案件适用法律问题的解释》第二十条的规定："合同法第一百五十八条规定的检验期间、合理期间、两年期间经过后，买受人主张标的物的数量或者质量不符合约定的，人民法院不予支持。出卖人自愿承担违约责任后，又以上述期间经过为由翻悔的，人民法院不予支持。"由此可见，《中华人民共和国合同法》第一百五十八条的规定属于法律拟制，即只要买受人在检验期间内没有向出卖人发出异议通知，即从法律层面上认为买受人确认了标的物，而无论该标的物事实上是否存在瑕疵。

本案中，双方签订的《购销合同》约定了"货物验收"的条款，即天地人和公司应于收到本合同项下商品之日起15个工作日内，依据本合同约定的数量和质量条件完成货物验收，并向丽生公司出具书面收货证明和货物验收报告，天地人和公司在规定期限内未向丽生公司出具收货证明和验收报告的，视为天地人和公司已收到本合同项下商品且认定该商品符合本合同约定，如出现货物质量不合格，丽生公司负责退换货。根据双方前述约定，天地人和公司除非能证明天地人和公司知道或应当知道货物不符合约定，否则其应当在收货后15个工作日内对涉案标的物的数量和质量完成检验并将异议情况通知丽生公司，但其一，天地人和公司没有在该期间内向丽生公司发出异议通知；其二，天地人和公司自认未对涉案标的物进行检查便将其大量投入药品生产，有悖常理；其三，天地人和公司在收货半年后仍向丽生公司出具函件确认包含争议标的物价款在内的债务；其四，天地人和公司提交的证据不足以证明涉案货物存在质量问题且丽生公司知道或应当知道该货物瑕疵，丽生公司亦已经提交国家食品药品监督管理总局《药材进口批件》及广州市药品检验所的《检验报告》，证明涉案标的物符合双方约定的质量标准。综上，法院依法不予支持天地人和公司关于涉案标的物存在质量问题的主张。

二、法院对隐蔽瑕疵鉴定申请的审查

“鉴定系为辅助法官对事物之判断能力，命有特别学识经验之第三人，本于其专门知识、技能经验、陈述特别经验法则依据一定证据法则而对某事物关系为判断结果之证据调查程序。亦即乃以鉴定人为证据方法，而以鉴定人之鉴定意见为证据资料，以证明待证事实者。”因此，在对买卖合同中的标的物是否存在质量问题存在争议时，当事人可以申请法院委托鉴定人就标的物的质量问题进行鉴定。但是，当事人有权申请鉴定不等于法院因此必须对该鉴定申请予以准许。

本文认为，法院对当事人的鉴定申请，应当从以下几个方面予以审查：第一，鉴定事项是否与待证事实有关；第二，鉴定事项对于证明案件事实是否有意义；第三，该鉴定是否能进行。例如，本案中，虽然双方当事人对涉案货物是否存在质量问题存在争议，但如前所述，买受人即天地人和公司没有在双方约定的检验期间内对标的物的瑕疵提出异议，根据法律规定，视为天地人和公司认可了涉案货物，故即便涉案货物质量确实存在问题，在天地人和公司无法证明丽生公司知道或应当知道该质量问题的情况下，人民法院仍应对天地人和公司有关货物质量问题的主张不予支持，故天地人和公司关于货物质量问题的鉴定申请实际上无法推翻法律拟制的结果，该鉴定对于案件的实体处理并无意义。退一步讲，即便货物是否存在质量问题是本案需要查明的案件事实，但鉴定的前提是存在双方确认的检材，一审法院综合诉争货物交付的时间，货物保管及存放等情况，认为鉴定检材难以确定，该鉴定申请事实上无法进行，故未予准许当事人的鉴定申请。

编写人：广东省广州市荔湾区人民法院　邓咏诗

4

未约定质量标准的合同漏洞填补及鉴定申请的处理

——厦门拓柏克数控机械有限公司诉贵州凯康源新能源机械科技有限公司、贵州浩诚科技有限公司买卖合同案

【案件基本信息】

1. 裁判书字号

福建省厦门市中级人民法院（2018）闽02民终4601号民事判决书

2. 案由：买卖合同纠纷

3. 当事人

原告（反诉被告、被上诉人）：厦门拓柏克数控机械有限公司（以下简称拓柏克公司）

被告（反诉原告、上诉人）：贵州凯康源新能源机械科技有限公司（以下简称凯康源公司）

被告：贵州浩诚科技有限公司（以下简称浩诚公司）

第三人：宁波泰易达精密机械有限公司（以下简称泰易达公司）

【基本案情】

2016年5月31日，拓柏克公司与浩诚公司签订的《合同》约定：浩诚公司向拓柏克公司购买“300型数控旋压机含刀具模具”7套及模具7套，总价为923000元。付款方式为，30%预付款，40%出货前支付，20%生产调试合格后3日内支付，10%安装验收合格后90天内支付。验收方式为依双方约定检验标准进行验收。该合同未对数控旋压机的技术参数进行约定，亦无相关的附件。

同日，浩诚公司与泰易达公司签订的《合同》约定：浩诚公司向泰易达公司购买2套“80T钢架精密冲床APA－80”、1套“110T钢架精密冲床APA－110”、1套“二合一材料架GO－300＋收料机”、1套“数控送料机NC－300”，价款共计

416000元。

2016年11月17日，拓柏克公司作为甲方，浩诚公司作为乙方，凯康源公司作为丙方，共同签订《关于草帽灯灯座生产线验收的补充协议》。该协议载明："2016年5月，甲方委托乙方向丙方采购草帽灯灯座生产线；甲、乙双方签订了产品购销合同，乙、丙双方签订了合同，合同总价为：人民币1339000元整。"该协议约定，甲方委托乙方向丙方采购的草帽灯灯座生产线，验收条件和验收方式由甲、丙双方自行协商确定，与乙方无关。甲方全力配合丙方进行样品试制工作，生产出的样品壁厚最薄处的厚度要求由甲、丙双方在样品试制后再协商决定。该协议签订后，本次生产线采购的所有争议均由甲、丙双方协商解决，协商不妥时，由甲、丙双方采用代位诉讼方式解决，所产生的一切经济和法律责任与乙方无关，但乙方须协助甲、丙双方办理代位诉讼的相关事宜。甲、丙双方协商期至2016年12月10日，逾期视同放弃或验收。

拓柏克公司提交的1份《厦门拓柏克数控机械有限公司联系函》载明："TO：贵州浩诚科技有限公司……贵司2016年6月初采购的7台旋压机、3台冲床及配套设备（合同总金额人民币1339000元整，发票金额1338986元），我司已按时按合同约定地点时间于2016-7-2全部交付至贵州省凯里市炉山镇贵州凯康源新能源科技有限公司安装验收，并积极派驻2人协助使用单位对人员进行培训、协助生产。贵司已支付合同70%款项924000元……未支付合同30%款项414986元。以上内容双方确认无误。"浩诚公司在该联系函上加盖印章。

2016年11月4日，拓柏克公司向浩诚公司发送1份联系函，载明："……合同签订后我司收到使用单位贵州凯康源新能源有限公司的产品样品和图纸，但样品和图纸不一样，我司使用旋压的方式加工样品并提供给凯康源公司……"

泰易达公司就案涉设备销售已向浩诚公司开具金额为416000元的增值税发票，拓柏克公司就案涉设备销售已向浩诚公司开具金额为922986元的增值税发票。拓柏克公司确认浩诚公司就两份设备销售合同已支付货款为924000元。

凯康源公司法定代表人廖某陈述称案涉泰易达公司的设备由泰易达公司提供给浩诚公司，浩诚公司再交付给凯康源公司使用，该部分设备不存在质量问题，货款尚有30%未付清，计划在2017年12月底付清。双方当事人均确认：案涉设备没有国家标准、行业标准、企业标准，双方对设备的技术标准、验收方式、验收标准以及设备所生产的产品的公差、强度均没有具体约定。凯康源公司在签订合同后有向拓柏克公司提供草帽灯灯座样品及图纸，但图纸未经拓柏克公司确认，拓柏克公司亦未按照图纸生产设备，双方未将图纸和样品作为合同的附件，也未共同封存样品。设备发货前，拓柏克公司用案涉设备生产样品发给凯康源公司，该样品符合凯康源公司要求。案涉设备送到凯康源公司后，经安装调试，设备可以正常开机生产草帽灯灯座，但是凯康源公司认为草帽灯灯座拐角处厚度无法达到要求，双方经过多次协商未能就验收方式、验收标准达成一致意见。

本案审理过程中，凯康源公司提出鉴定申请，申请对案涉草帽灯灯座生产线生产出的产品是否为合格产品进行司法鉴定，拓柏克公司认为产品的品质受设备、工艺、原材料等多方面的影响，不同意该鉴定申请。之后，凯康源公司调整鉴定事项，申请对案涉旋压机数控系统输入的需加工的产品参数信息与实际加工的产品参数是否一致进行司法鉴定。拓柏克公司认为实际加工产品的参数受工艺特性、加工原材料、气温及湿度等多方面因素的影响，不同意该鉴定申请。之后，凯康源公司又调整鉴定事项，申请对案涉草帽灯灯座生产线生产出的产品的一致性和强度进行鉴定，法院未批准该鉴定申请。

本案审理过程中，泰易达公司与拓柏克公司于2018年1月19日签订《债权转让协议》，约定泰易达公司将其基于与浩诚公司签订的《合同》对浩诚公司、凯康源公司享有的剩余138600元货款及违约金债权转让给拓柏克公司。泰易达公司依法制作了《债权转让通知书》并作为证据提交给法院，由法院送达给凯康源公司、浩诚公司。

【案件焦点】

1. 拓柏克公司是否有权就泰易达公司销售给浩诚公司的设备的剩余货款向凯康源公司主张权利；2. 拓柏克公司主张的货款付款条件是否成就。

【法院裁判要旨】

福建省厦门市集美区人民法院经审理认为：第一，关于拓柏克公司是否有权就泰易达公司销售给浩诚公司的设备的剩余货款向凯康源公司主张权利的问题。虽然拓柏克公司、泰易达公司分别与浩诚公司签订合同，但凯康源公司确认泰易达公司销售给浩诚公司的设备亦是提供给凯康源公司，凯康源公司已计划向泰易达公司付款。在拓柏克公司、凯康源公司、浩诚公司三方签订的《关于草帽灯灯座生产线验收的补充协议》中确认的合同总价款为1339000元，在金额上正好是拓柏克公司与浩诚公司、泰易达公司与浩诚公司签订的两份合同金额之和。在拓柏克公司发给浩诚公司的联系函中，拓柏克公司与浩诚公司对账的设备数量、货款金额亦与两份合同之和相对应。综合以上事实，可以认定凯康源公司、浩诚公司、拓柏克公司已经协商一致确认拓柏克公司可通过代位诉讼方式就泰易达公司与浩诚公司签订的合同向凯康源公司主张权利。泰易达公司已将其基于与浩诚公司签订的合同享有的剩余货款本金及违约金债权转让给拓柏克公司，且债权转让通知已作为本案的证据材料送达给浩诚公司、凯康源公司，通知已生效。因此，拓柏克公司有权在本案中就泰易达公司销售给浩诚公司的设备的剩余货款向凯康源公司主张权利。

第二，关于拓柏克公司主张的货款付款条件是否成就的问题。案涉的两份合同均约定，剩余30%的货款中，20%应于生产调试合格后3日内支付，10%应于安装验收合格后90天内支付。凯康源公司确认，案涉设备送到凯康源公司后，经安装调试，设备可以正常开机生产草帽灯灯座。因此，从“生产调试合格”的字面意义理解，应认定案涉的设备已经生产调试合格，剩余20%的货款付款条件已经成就。

凯康源公司认为草帽灯灯座拐角处厚度无法达到要求，双方经过多次协商未能就验收方式、验收标准达成一致意见，案涉设备未验收合格。但是，双方当事人均确认，双方对设备的技术标准、验收方式、验收标准以及设备所生产的产品的公差、强度均没有具体约定，凯康源公司在浩诚公司与拓柏克公司签订合同后虽有向拓柏克公司提供草帽灯灯座样品及图纸，但图纸未经拓柏克公司确认，拓柏克公司亦未按照图纸生产设备，双方未将图纸和样品作为合同的附件，也未共同封存样品。并且，双方当事人均确认案涉设备没有国家标准、行业标准、企业标准。根据我国合同法关于合同漏洞填补的规则，合同生效后，当事人就质量没有约定或约定不明确的，可以协议补充，不能达成补充协议的，按照合同有关条款或者交易习惯确定，仍不能确定的，按照国家标准、行业标准履行；没有国家标准、行业标准的，按照通常标准或者符合合同目的的特定标准履行。本案中，案涉合同对设备的质量没有约定，双方当事人未能协商达成补充约定，亦无法按照合同有关条款或者交易习惯确定。案涉设备没有国家标准、行业标准，凯康源公司、浩诚公司亦未提交证据证明该设备有相应的通常标准。凯康源公司虽提出鉴定申请，但无论是针对设备本身或设备生产的产品，由于缺乏鉴定所能依据的标准和基准，鉴定不仅难以开展，也不能达到凯康源公司的证明目的，因此法院未批准凯康源公司的鉴定申请。凯康源公司购买案涉设备系为了生产草帽灯灯座，在双方未就草帽灯灯座的具体要求进行约定的情况下，案涉设备能正常开机生产草帽灯灯座，应视为符合合同目的的特定标准。并且《关于草帽灯灯座生产线验收的补充协议》约定，案涉草帽灯灯座生产线的验收条件和验收方式由拓柏克公司、凯康源公司自行协商确定，协商期至2016年12月10日，逾期视同放弃或验收。该条款中“逾期视同放弃”的表述，双方当事人在理解上存在分歧，且从字面上看确实难以明确其含义，但该条款同时约定“逾期视同验收”，与“逾期视同放弃”并列为选择关系，在“逾期视同放弃”的含义存在歧义的情况下，选择“逾期视同验收”并不违反双方当事人的真实意思表示。因此，根据该约定，双方至今未能协商达成一致意见，案涉草帽灯灯座生产线应视同验收。另外，凯康源公司确认由泰易达公司提供的设备均不存在质量问题。因此，应认定拓柏克公司主张的货款付款条件已成就。

凯康源公司委托浩诚公司向拓柏克公司购买草帽灯灯座生产线，凯康源公司与浩诚公司之间形成买卖合同关系，浩诚公司分别与拓柏克公司、泰易达公司形成买卖合同关系。凯康源公司、浩诚公司、拓柏克公司已经协商一致确认拓柏克公司可通过代位诉讼方式就拓柏克公司、泰易达公司分别与浩诚公司签订的合同向凯康源公司主张权利，泰易达公司亦已将其对浩诚公司的相应债权转让给拓柏克公司，因此拓柏克公司有权就讼争的货款向凯康源公司主张权利。拓柏克公司、泰易达公司分别与浩诚公司签订的设备采购合同总价款共计1339000元，拓柏克公司确认浩诚公司已支付货款924000元，浩诚公司、凯康源公司均未证明浩诚公司已支付的货款有超过该金额，因此法院对拓柏克公司自认的已付款金额予以确认。剩余货款415000元，拓柏克公司根据已开票金额主动调整为414986元，法院予以准许。根据拓柏克公司、浩诚公司、凯康源公司的共同约定，该414986元货款拓柏克公司以诉讼方式主张时应直接向凯康源公司主张，拓柏克公司主张浩诚公司对该货款承担连带责任，缺乏事实及法律依据，法院不予支持。该414986元货款的付款条件已成就，因此，拓柏克公司主张凯康源公司支付货款414986元的诉讼请求，有事实及法律依据，法院予以支持。

拓柏克公司还主张凯康源公司支付违约金267800元。从本案事实来看，凯康源公司未支付剩余货款的原因系案涉合同存在漏洞，凯康源公司与拓柏克公司一直在就验收方式、验收标准进行协商，双方对合同及补充协议的约定均存在理解上的分歧，对付款条件是否成就的判断客观上存在争议。因此，凯康源公司在法院对付款条件是否成就作出认定前未支付剩余货款的行为不应认定为违约行为，法院对拓柏克公司主张凯康源公司支付违约金的诉讼请求不予支持。

福建省厦门市集美区人民法院依照《中华人民共和国合同法》第六十条第一款、第六十一条、第六十二条第一项、第一百五十九条、第一百六十一条，《中华人民共和国民事诉讼法》第六十四条第一款，《最高人民法院关于适用〈中华人民共和国民事诉讼法〉的解释》第九十条之规定，判决：

一、贵州凯康源新能源机械科技有限公司应于本判决生效之日起十日内向厦门拓柏克数控机械有限公司支付货款414986元；

二、驳回厦门拓柏克数控机械有限公司的其他诉讼请求。

凯康源公司不服一审判决，提起上诉。

福建省厦门市中级人民法院经审理认为：由于案涉合同对于设备的质量未作明确约定，双方当事人也未能协商达成补充约定，亦无法按照合同有关条款或者交易习惯确定，且案涉设备没有国家标准、行业标准、企业标准，凯康源公司、浩诚公司亦未提交证据证明该设备有相应的通常标准。鉴于无论是针对设备本身或设备生产的产品，因本案缺乏鉴定所能依据的标准和基准，凯康源公司多次变更申请事项所要求进行的鉴定都是难以开展的，也不能达到凯康源公司的证明目的，而凯康源公司最后一次就鉴定问题向一审法院提交的《中华人民共和国机械行业标准GB/T7532－94旋压件工艺编制原则》针对的是工艺编制原则，并非针对设备本身或设备生产的产品的强制性标准，因此，一审法院未予准许凯康源公司的鉴定申请并无不当。凯康源公司购买案涉设备系为了生产草帽灯灯座，在双方当事人未就草帽灯灯座的具体要求进行约定的情况下，一审法院认为案涉设备能够正常开机生产草帽灯灯座，应当视为符合合同目的的特定标准，该认定亦无不当，依法予以确认。凯康源公司上诉认为一审法院对其鉴定未予准许属于审判程序违法，缺乏依据，不能成立。

虽然拓柏克公司、泰易达公司是分别与浩诚公司签订合同，但凯康源公司确认泰易达公司销售给浩诚公司的设备亦已交付给凯康源公司且其计划向泰易达公司付款，而且，上述三方当事人达成的补充协议中确认的合同总价款为1339000元，该金额系拓柏克公司与浩诚公司、泰易达公司与浩诚公司签订的两份合同金额之和，在拓柏克公司发给浩诚公司的联系函中，拓柏克公司与浩诚公司对账的设备数量、货款金额亦与两份合同之和相对应，况且泰易达公司也已将其基于与浩诚公司签订的合同享有的剩余货款本金、违约金的债权转让给拓柏克公司，因此，一审法院综合以上事实，认定凯康源公司、浩诚公司、拓柏克公司已经协商一致确认拓柏克公司可通过代位诉讼方式就泰易达公司与浩诚公司签订的合同向凯康源公司主张权利，合法有据，应予确认。凯康源公司以其与拓柏克公司不存在任何经济往来、其与泰易达公司也从未发生任何买卖关系为由要求驳回拓柏克公司对凯康源公司的全部诉讼请求，依据不足，不能成立。拓柏克公司认可浩诚公司已经向其支付货款924000元，故一审法院判令凯康源公司还需向拓柏克公司支付剩余货款415000元是正确的。依照《中华人民共和国民事诉讼法》第一百七十条第一款第一项规定，判决：

驳回上诉，维持原判。

【法官后语】

合同中如果缺少关于质量标准的约定，或者引用的标准客观上不存在，又无经济合同双方共同确认的技术参数、技术图纸、样品的，应认定就质量标准存在合同漏洞，则需运用合同漏洞填补规则予以填补。此种情形下，如果一方当事人申请质量鉴定，但经过合同漏洞填补仍不能得出一个具体的技术参数标准的，则鉴定没有实质意义，不应批准鉴定申请。

一、合同未就产品质量标准进行约定，可通过合同漏洞填补规则确定

按照我国合同法关于合同漏洞的填补规则，在买卖合同法律关系中，当事人就质量没有约定或约定不明确的，可以协议补充，不能达成补充协议的，按照合同有关条款或者交易习惯确定；仍不能确定的，依照合同法或者其他法律关于买卖合同的相关规定处理；没有相关规定的，按照国家标准、行业标准履行；没有国家标准、行业标准的，按照通常标准或者符合合同目的的特定标准履行。

本案中，案涉合同对设备的质量没有约定，双方当事人未能协商达成补充约定，亦无法按照合同有关条款或者交易习惯确定，合同法分则或其他法律亦没有相应规定。案涉设备没有国家标准、行业标准，凯康源公司、浩诚公司亦未提交证据

证明该设备有相应的通常标准。凯康源公司购买案涉设备系为了生产草帽灯灯座，在双方未就草帽灯灯座的具体要求进行约定的情况下，案涉设备能正常开机生产草帽灯灯座，应视为符合合同目的的特定标准。

二、经合同漏洞填补仍难以确定具体质量标准的，应不予批准当事人提出的质量鉴定申请

对标的物质量瑕疵的认定，常需通过第三方鉴定机构的鉴定来确定。但是，即使确有必要通过鉴定来查明标的物是否存在质量瑕疵，法院对于当事人提出的鉴定申请也不是一概予以批准，还必须考虑鉴定是否具有可行性。鉴定的可行性通常要考虑两个方面的问题：一是鉴定对象能否确定，如果买受人提交鉴定的对象无法确定为出卖人交付的标的物，则鉴定无法开展。二是鉴定标准能否确定，如果用于判断产品是否符合合同约定或是否合格、是否符合产品安全标准的具体依据无法确定，则鉴定也无法开展。

本案中，凯康源公司虽提出鉴定申请，但无论是针对设备本身或设备生产的产品，由于缺乏鉴定所能依据的标准和基准，鉴定不仅难以开展，也不能达到凯康源公司的证明目的，因此法院未批准凯康源公司的鉴定申请。

三、合同中属于选择关系的两个用语之一存在歧义时，可依据不存在歧义的另一用语确定当事人真实意思

合同文本中使用“或”“或是”“要么……要么”等表示选择关系的用语时，如果可选择的前后两个用语意思均确定无歧义且没有互相矛盾的，则任选一个用语都不违反当事人的真实意思表示。如果属于选择关系的几个用语含义都无法确定或者相互矛盾的，则该条款属于约定不明确条款，则需要通过合同文本解释的其他规则来确定当事人的真实意思。如果有其中一个用语存在歧义，含义无法确定的，则应选择另一个不存在歧义的用语来确定当事人的真实意思。

本案中，《关于草帽灯灯座生产线验收的补充协议》约定，案涉草帽灯灯座生产线的验收条件和验收方式由拓柏克公司、凯康源公司自行协商确定，协商期至2016年12月10日，逾期视同放弃或验收。该条款中“逾期视同放弃”的表述，双方当事人在理解上存在分歧，且从字面上看确实难以明确其含义，但该条款同时约定“逾期视同验收”，与“逾期视同放弃”并列为选择关系，在“逾期视同放弃”的含义存在歧义的情况下，选择“逾期视同验收”并不违反双方当事人的真实意思

表示。因此，根据该约定，双方至今未能协商达成一致意见，案涉草帽灯灯座生产线应视同验收。

编写人：福建省厦门市集美区人民法院　李乐

5

销售者故意隐瞒真实情况销售瑕疵车辆，应承担法律责任

——张某静诉开平市丰泰汽车销售服务有限公司买卖合同案

【案件基本信息】

1. 裁判书字号

广东省江门市中级人民法院（2018）粤07民终2232号民事判决书

2. 案由：买卖合同纠纷

3. 当事人

原告（被上诉人）：张某静

被告（上诉人）：开平市丰泰汽车销售服务有限公司（以下简称丰泰公司）

【基本案情】

2017年9月15日，张某静从丰泰公司购买一辆白色新骐达1.6L酷动版轿车，并于次日向丰泰公司一次性支付了全部购车款（车辆净价款为94672元）。2017年9月27日，丰泰公司将新车交付给张某静（已办理了机动车登记手续）。2017年9月29日，张某静在为新车配置GPS及进行装饰时，得知“该新车天窗周围有被喷过车漆的痕迹”，张某静与丰泰公司联系，双方经多次协商，张某静要求丰泰公司赔偿未果，遂提起本案诉讼。江门利泰公司是丰泰公司的股东。诉讼中，丰泰公司表示涉案车辆是由江门利泰公司调拨提取的新车，江门利泰公司在诉讼中出具一份《情况说明》，表示2017年9月7日，江门利泰公司在新车PDI检查时发现涉案车辆的车顶有手指甲般大小的细微划痕（估计运输过程石子溅落或台风天气引起飘来物造成），江门利泰公司立即对细微划痕进行微小范围的漆面修复；2017年9月12

日，丰泰公司向江门利泰公司申请调拨新车，江门利泰公司于2017年9月13日将涉案车辆交付给丰泰公司，江门利泰公司在调车时没向丰泰公司说明有上述修复情况，表示“在调车时，我司无向丰泰公司说明有上述修复，因涉案车辆已恢复新车状态，无须另外说明”。

【案件焦点】

丰泰公司在涉案车辆销售过程中是否存在欺诈。

【法院裁判要旨】

广东省江门市开平市人民法院经审理认为：首先，按通常交易理解，张某静从丰泰公司处购买的新车应是一辆未使用过、未维修过的新车，而丰泰公司所销售给张某静的车辆在交付前已经过维修。丰泰公司辩解因事先不知涉案车辆曾维修的情况，不存在故意隐瞒，并提交江门利泰公司出具的《情况说明》佐证，但从丰泰公司在本案中提交的证据及其陈述可知，丰泰公司与江门利泰公司之间存在利害关系，江门利泰公司向丰泰公司调拨车辆应当将车辆包括维修记录等的相关资料一并交割，江门利泰公司在本案诉讼期间出具的《情况说明》仅为其单方意思表示，缺乏其他证据相互认证。即使调车时江门利泰公司未告知涉案车辆维修情况，丰泰公司作为专业汽车销售公司，在接收车辆检查时应当知道车辆的真实状况，故对其辩解不予采信。丰泰公司隐瞒车辆维修情况的行为显然为了追求或放任张某静与其订立汽车买卖合同的结果，其主观故意明显，故认定丰泰公司的行为构成销售欺诈。其次，张某静购买涉案车辆为生活自用，属于生活消费行为，故本案适用消费者权益保护法调整。现张某静为避免再次购车麻烦而同意保留涉案车辆，仅主张丰泰公司按涉案车辆销售价的一倍即94672元赔偿购车损失，合法有据，应予支持。广东省江门市开平市人民法院依照《中华人民共和国消费者权益保护法》第五十五条第一款、《最高人民法院关于贯彻〈中华人民共和国民法通则〉若干问题的意见（试行）》第六十八条的规定，判决：

丰泰公司应自本判决生效之日起十日内赔偿购车款94672元给张某静。

丰泰公司不服一审判决，提起上诉。

广东省江门市中级人民法院经审理认为：根据《中华人民共和国消费者权益保护法》关于保护消费者的知情权、选择权的有关规定及丰泰公司承诺交付新车的合同义务，丰泰公司应当向张某静交付全新、未经使用、未经维修的车辆。一旦交付的车辆存在瑕疵并经过维修，丰泰公司应在交付前向消费者主动披露车辆瑕疵及维修情况。本案中，张某静、丰泰公司对于涉案车辆在销售前曾进行车顶漆面修复的事实并无异议，但对于丰泰公司在交付车辆前是否明知该事实存在争议。丰泰公司辩解因事先不知涉案车辆在调拨之前进行过漆面修复的情况，不存在欺诈，但丰泰公司提供的证据并不足以证明其事实主张。即使涉案车辆漆面修复事实发生于江门利泰公司进行 PDI 操作阶段且江门利泰公司未能将该情况告知丰泰公司，但从张某静提供的照片可以看出，涉案车辆车顶喷漆痕迹系外观可见明显问题，属于汽车销售商丰泰公司应知能知的范畴；丰泰公司在将车辆销售给张某静前，亦有售前检查义务。在此情况下，不论该车辆漆面修复行为是否发生调拨之前，均应认定丰泰公司对于涉案车辆的瑕疵及维修事实处于明知状态。涉案车辆由于交付前进行过漆面修复，已非通常意义和一般交易习惯上所述的“新车”，对消费者是否仍愿意购买系争车辆具有重大影响，对此经销商负有如实告知和说明的义务。丰泰公司未将涉案车辆瑕疵及维修情况如实告知张某静，侵犯了张某静的知情权、选择权，使其陷入错误认识并作出意思表示，属于故意隐瞒真实情况，构成销售欺诈。据此，一审法院结合张某静的诉请，适用消费者权益保护法的规定判令丰泰公司应向张某静赔偿其购买涉案车辆价款的一倍即 94672 元，于法有据，并无不当。广东省江门市中级人民法院依照《中华人民共和国民事诉讼法》第一百七十条第一款第一项之规定，判决：

驳回上诉，维持原判。

【法官后语】

在实践当中，销售者将二手车或维修过的车当作新车出售的情况常有发生。通常维修过的车辆相对于未经过维修的车辆车价较低，而从消费者的购车意愿来说，除明确购买二手车的，消费者一般在经汽车销售商处购买的车辆都要求为新车。销售者应当遵循诚实信用的原则，向消费者交付全新、未经使用、未经维修的车辆，并且需将自己知道的有关汽车质量的信息完整、全面地告知消费者。目前 PDI 检测是全球汽车行业公认的技术规程，是汽车销售行业客观存在的行业惯例。相关 PDI 操作的内容是否属于消费者知情权的范围，应根据一般消费者的认知能力、消费心理及相关信息是否影响一般消费者的购买选择来综合判断，而行业规则本身不能作为免除汽车经销商履行告知义务的法定依据。如果PDI操作过程会影响消费者购买选择的，销售者应主动向消费者告知，否则违反了法律课以销售者的告知义务。销售者违反告知义务损害消费者的知情权、选择权，消费者可以选择适用消费者权益保护法、合同法的相关规定来主张权利，如果构成销售欺诈，消费者还可以依据消费者权益保护法第五十五条的规定要求销售者承担惩罚性赔偿责任。

而判定销售者违反告知义务的行为是否构成欺诈是审理这类案件的难点，在审判实务中也颇有争议。最高人民法院第17号指导案例张某诉北京合力华通汽车服务有限公司买卖合同纠纷案，该案中，合力华通公司（以下简称合力华通公司）出售给张某价格为13.8万元的汽车（约定新车）曾在运输途中造成划伤，在出售前进行过右前叶子板喷漆、右前门喷漆、右后叶子板喷漆、右前门钣金、右后叶子板钣金、右前叶子板钣金以及更换底大边卡扣、油箱门及前叶子板灯总成等维修。该案一审、二审判决认定合力华通公司在售车时隐瞒了车辆存在维修的瑕疵，有欺诈行为，最终判令退车还款并加倍赔偿张某购车款。近日，最高人民法院就“豪车天价赔偿案”作出终审判决，撤销一审判决，酌定经销商赔偿消费者11万元。最高人民法院审理认为，新贵兴公司销售给杨某宝的宾利慕尚汽车漆面瑕疵仅有车辆左前门下方一处，面积不大，其处理不涉及钣金，不涉及喷漆，仅经抛光打蜡即得到妥善处理。新贵兴公司对漆面瑕疵所采取的轻微处理措施属于经营者新车交付前合理的整理行为，其未予告知不构成对消费者知情权的侵犯。而新贵兴公司对右后窗帘总成的处理属于对新车局部轻微问题的修复行为，其未履行告知义务虽侵犯消费者的知情权，但尚不构成欺诈，不应适用“退一赔三”的惩罚性赔偿规定。从这两个案件的事实来看，由于车辆受损程度和维修项目、范围的不同，两个案件存在截然不同的判决结果。由此可见，在判定销售者违反告知义务是否构成欺诈时，应从销售者隐瞒的信息是否属于影响消费者缔约根本目的的重要信息、销售者隐瞒信息的主观恶性程度等方面加以综合考虑。

编写人：广东省江门市开平市人民法院 谭玉媚

6

网络商户出售以旧充新货物构成消费欺诈应承担惩罚性赔偿

——史某杰诉上海易华电子商务有限公司买卖合同案

【案件基本信息】

1. 裁判书字号

江苏省常州市中级人民法院（2018）苏04民终1663号民事判决书

2. 案由：买卖合同纠纷

3. 当事人

原告（被上诉人）：史某杰

被告（上诉人）：上海易华电子商务有限公司（以下简称易华公司）

【基本案情】

2017年5月18日，史某杰向易华公司在被告经营的网店内购买ASUS/华硕STRIX－GTX1080TI－O11G－GAMING电脑主机游戏D5独立显卡及其他配件，其中该显卡价格为6312.73元，双方未记录显卡序列号。2017年5月21日，史某杰以易华公司承诺的“七天无理由退货”为由，让其母亲姜某萍将上述显卡等邮寄退还给易华公司。易华公司接到快递时，以显卡存在一处撞角为由拒收该显卡，其余配件按退货处理，将显卡退回给史某杰。双方对撞角产生的原因及出现花屏的问题至此发生争议。

史某杰将显卡检查后发现出现花屏现象，发动淘宝网进行维权，由史某杰委托其母亲姜普萍处理相关事宜。2017年6月17日，淘宝网告知史某杰需要提供货物存在质量问题的凭证，如检测报告等。2017年6月19日，史某杰经咨询后，前往南京的宁硕科技有限公司对显卡进行检测，该公司对显卡进行检测后，向史某杰出具《华硕配件类产品检修记录单》一份，记录检修产品型号：GTX1080TI－O11G，故障描述为：花屏，其他故障：有撞角，检测结果为：经检测有花屏、有撞角。史某杰据此检修报告向淘宝网维权，因存在显卡撞角，淘宝网告知史某杰，易华公司作为商家据此不同意退货。史某杰委托其母亲姜普萍到易华公司处要求处理。因双方发生争执，未能形成协商意见。

后史某杰到杭州淘宝网公司就该显卡问题进行交涉，经协调，易华公司同意为该显卡进行维修。2017年8月9日左右，史某杰将显卡邮寄给易华公司，易华公司于2017年8月15日签收显卡包裹。后不久，史某杰到易华公司处询问修理情况，易华公司知显卡已经报废，没法修了，当时史某杰发现显卡外包装盒印刷序列号处被裁剪掉，但机器上当时是否有序列号并未查看，史某杰遂将显卡取回。史某杰将显卡送至南京宁硕科技有限公司进行维修，但该公司提出没有序列号不能保修，经沟通，原告出具之前登记的序列号进行维修。2017年10月16日，经查询，史某杰被告知：该序列号的显卡产品于2017年5月6日送修，2017年5月8日完修，送修时显卡磕角；8月第二次送修，无SN序列号无法保修退回。所以此次无法保修。

2017年10月20日左右，史某杰母亲姜普萍带着显卡及上述维修记录至易华公司处，由易华公司负责售后的员工邱某彬负责接待，其表示需要核实。2017年10月30日，易华公司员工邱某彬与姜普萍短信联系，内容为："那个显卡我们和华硕那边核实了，是他们渠道出货问题，发回我们退款或者换货，他们今天很晚才回复的，这个时间您可能休息了，发条短信和您说明一下。"史某杰收到短信后，未将显卡退回易华公司，现该显卡在史某杰处。

【案件焦点】

1. 史某杰所诉显卡是否为易华公司销售的产品；2. 易华公司是否存在欺诈行为。

【法院裁判要旨】

江苏省常州市溧阳市人民法院经审理认为：第一，关于原告所诉显卡的关联性问题。根据史某杰提供的证据及双方的庭审陈述显示：1. 史某杰共向易华公司购买华硕牌GTX1080TI－O11G型号显卡一个，史某杰作为普通消费者未对序列号进行记录，而提供相应的销售发票、网购记录已能够证明其向易华公司购买该产品的事实，易华公司辩解未销售该序列号产品给史某杰，其作为专门的显卡销售商，明知对该类产品具有序列号作为身份识别标记的情况下，应当在出售时予以记录以示区别。在史某杰无理由退货，易华公司收到该显卡发现有撞角后，易华公司仍未对序列号进行登记。易华公司对其辩解意见负有举证责任。2. 史某杰起诉要求退货显卡存在撞角，而史某杰向易华公司进行线下、线上沟通，向淘宝网进行维权，向第三方宁硕科技有限公司进行检测时，均确认出售给史某杰的显卡存在撞角，庭审经双方查看，史某杰所诉显卡确存在一处撞角。双方争议从发生的过程也显示，史某杰起诉要求退还显卡与易华公司所售显卡存在逻辑上的关联性。3. 显卡纠纷发生初期，史某杰让南京的宁硕科技有限公司对显卡进行正式检修，该公司在检修记录单上载明的产品型号同史某杰向易华公司购买的显卡型号一致，且为第一次明确记录了序列号，当时双方争议为撞角、花屏质量问题，未对序列号一事产生争议，此时该第三方记录的内容证据真实性较强。4. 在双方就显卡问题交涉时间长达5个多月且未果的情况下，史某杰就讼争显卡在2017年5月6日存在维修记录向易华公司当面反映时，易华公司售后人员邱某彬在核实后，于2017年10月30日晚向史某杰方明确告知显卡系出货渠道有问题，同意退款或退货。该事实再次表明，易华公司在本案诉讼发生前，已确认其出售的产品存在质量问题。结合上述意见，根据史某杰提供的证据，能够证明史某杰所诉显卡系被告出售，易华公司的辩解意见没有依据，法院不予采信。

第二，关于易华公司是否存在欺诈行为。经营者与销售者进行交易，应当遵循诚实信用原则，经营者应当将出售商品的质量、性能等信息全面、真实地告知消费者，不得提供虚假信息，经营者提供商品有欺诈行为的，造成消费者损失的，应当承担退货民事责任，并按照消费者的要求增加赔偿受到的损失，增加赔偿的金额为消费者购买商品价格的三倍。本案中，易华公司向史某杰出售显卡，其作为经营者应当如实告知史某杰该显卡的真实信息，易华公司明知其出售的显卡在出售给史某杰前已因撞角等质量问题进行维修，仍以全新产品出售给史某杰，故意隐瞒产品的质量信息，使作为消费者的原告未能全面知悉所购产品的真实信息，易华公司已构成欺诈，存在违约行为，应承担相应的民事责任。因该显卡存在质量缺陷，导致史某杰无法正常使用，史某杰有权要求易华公司退货，易华公司返还相应的价款6312.73元。又因易华公司在销售过程中存在欺诈行为，史某杰作为消费者有权依法要求被告根据该货款的三倍予以赔偿，即18938.19元。

综上，依照《中华人民共和国合同法》第一百零七条、第一百一十一条，《中华人民共和国消费者权益保护法》第八条、第二十条、第五十五条第一款之规定，判决如下：

一、被告易华公司于本判决生效之日起十日内返还原告史某杰6312.73元；同时，原告史某杰将讼争的华硕牌STRIX－GTX1080TI－O11G－GAMING显卡退还给被告易华公司；

二、被告易华公司于本判决生效之日起十日内赔偿原告史某杰18938.19元。

易华公司不服一审判决，提起上诉。

江苏省常州市中级人民法院经审理认为：第一，史某杰为证明其向易华公司购买了案涉显卡向法院提供了订单、销售出库单、发票、显卡包装盒等证据材料，其已完成相应的举证责任，易华公司现不认可案涉显卡由其向史某杰出售并无充分证据证明，而其单位作为专业销售电脑产品的商家，在出售时未向史某杰告知具体序列号及其重要作用，在收到史某杰退货后也未记载显卡序列号，且在此后双方交涉过程中将显卡包装盒上的序列号作为史某杰所购显卡的序列号，在易华公司未对其主张提供相应证据的情况下，应认定史某杰向易华公司所购显卡即案涉显卡。

第二，关于易华公司是否存在欺诈行为。易华公司作为专业销售电脑配件产品的商家在向史某杰出售案涉显卡时并未告知该显卡的真实信息，将曾维修过的显卡作为全新显卡向史某杰出售，而该显卡因质量问题无法实现保修，亦无法正常使用，经华硕电脑定点维修服务中心检修确认此前曾维修的情况，且易华公司与史某杰沟通时亦认可出货渠道出现问题，故一审判决其单位承担三倍货款的赔偿责任等并无不当。综上所述，易华公司的上诉请求不能成立，应予驳回；一审判决认定事实清楚，适用法律正确，应予维持。依照《中华人民共和国民事诉讼法》第一百七十条第一款第一项的规定，判决如下：

驳回上诉，维持原判。

【法官后语】

第一，消费者对网购商品系由网络商户出售的主张负有举证责任，消费者在网购行为中应注意保存相应证据。传统买卖方式往往由双方当面商谈，现场完成货物、价款的交割；而时下流行的网购通过线上操作，买卖双方不需要会面即可完成交易，既带来便利的同时，也造成了消费者维权难度加大。根据我国民事诉讼法有关举证责任分配规则的规定，适用“谁主张，谁举证”的原则。消费者作为买受方，在货物出现质量问题向出售人主张权利时，经营者往往会提出非其出卖的货物，而消费者此时对其货物的关联性负有举证责任。消费者在对该类关联证据的搜集上，应当贯穿在整个交易过程中，如在买卖合同的成立方面，消费者保存好网络电子交易信息、聊天记录、付款记录、发货清单和快递单，及时索要相应发票等，该证据能够证明双方交易行为的成立及合同履行的事实；在签收货物时，确认货物外观、数量的完整，如出现不一致情形，应当拒收快件或及时和经营者沟通；在商品使用过程中，如出现质量问题，对货物质量呈现的质量状况可以通过拍照、录制视频等方式留存相应证据，及时与经营者沟通，并保存聊天记录、电话录音等证据；在提请网络平台第三方、消费者组织或市场监管部门对质量问题介入处理时，保留相应的往来材料。

法院在审理该类案件时，应结合消费者提供的全部证据材料，审查关联证据能否形成证据锁链，结合案件事实作出综合认定。

第二，网络商户出售商品而未告知消费者存在维修记录的，即构成欺诈，应承担惩罚性赔偿。网络商户作为出卖人、经营者，对其向消费者提供的商品价格、产地、生产者、用途、性能、规格、等级、主要成分、生产日期、有效期限、检验合格证明、使用方法说明书、售后服务等信息，应当真实、全面，不得隐瞒或作虚假表示。而消费者在购买商品时，享有知情权，有权要求经营者如实提供商品的上述信息。经营者的经营行为应当遵守诚实信用原则，出售商品时告知虚假情况和隐瞒真实情况，均系欺诈行为的表现形式，应依法承担相应的惩罚性赔偿责任。本案中，网络商户明知其出售给消费者的显卡存在维修的情况，而故意隐瞒该事实，以全新商品的价格出售给消费者，消费者得不到对价的货物质量，违背诚实信用原则，严重侵犯消费者的合法权益，该违法行为应依法受到法律的制裁。

网络不是法外之地，网络经营行为应当依法遵守法律规定。消费者权益受损时，法院应引导消费者提供相应证据，以查明案件事实，对经营者的不法行为应当依法予以制裁，以维护消费者的合法权益，净化网络交易市场。

编写人：江苏省常州市溧阳市人民法院　刘金文

7

判定食品是否合格应当依据该食品本身的产品标准，营养标签标示值误差并非判定产品是否合格的标准

——杨某勇诉上海天翌电子商务有限公司网络购物合同案

【案件基本信息】

1. 裁判书字号

北京市第一中级人民法院（2018）京01民终5607号民事判决书

2. 案由：网络购物合同纠纷

3. 当事人

原告（上诉人）：杨某勇

被告（被上诉人）：上海天翌电子商务有限公司（以下简称天翌公司）

【基本案情】

杨某勇在天翌公司开设于天猫超市的网上店铺中购买了“西域美农大白杏干250g”160袋，商品单价21.99元，店铺优惠100元后，杨某勇共计付款3418.40元。该商品营养成分表中脂肪含量标识为每100克含脂肪0克。杨某勇委托某检测公司对上述商品进行检测显示该商品杏肉及杏籽的总脂肪含量为7.29g/100g。

杨某勇提交的某检测公司的检测报告载明：“检测项目：脂肪、检测结果：7.29g/100g、备注：根据委托方指定要求，脂肪含量为该样品的杏肉和杏籽的总脂肪含量。”

天翌公司提交的涉案产品的出厂检测报告显示：“生产日期：2017.7.11、抽检数：5袋、规格：250g、检验依据：GB16325－2005、检测项目：感官……净含量负偏差（g）：0.9 g、水分：14%、氧化硫：未检出、检测结论：检验项目符合GB16325－2005指标规定同意出厂。检验时间：2017.7.12。”

杨某勇认为天翌公司销售了不符合食品安全标准的食品，诉讼请求：1. 判令天翌公司退还杨某勇货款3418元；2. 判令天翌公司增加赔偿杨某勇10倍货款34180元。

【案件焦点】

1. 涉案商品营养标签对于脂肪含量的标注是否违反了营养通则的规定，涉案商品营养标签对于脂肪含量的标注是否违反了该食品本身的标准；2. 本案应否适用《中华人民共和国食品安全法》第一百四十八条第二款。

【法院裁判要旨】

北京市海淀区人民法院经审理认为：本案的争议焦点有二：一是涉案商品对脂肪含量的标注是否与事实不符；二是涉案商品是否不符合食品安全标准。

一、涉案商品对脂肪含量的标注是否与事实不符

涉案商品外包装标注脂肪含量为0g/100g，杨某勇提交了其自行委托的检测机关出具的检测报告，显示该商品果肉加果核总的脂肪含量为7.29g/100g，天翌公司提交的证据不足以证明涉案商品的脂肪含量确实处于可标示为零含量的范围，天翌公司亦表示不同意申请鉴定，故其应当承担不利的后果。法院认定杨某勇所提交的检测报告足以用于证明涉案商品的脂肪含量，检测得出的数值明显高于涉案商品所标注的数值，故涉案商品确实存在对所含营养成分标注不实的瑕疵。

二、涉案商品是否不符合食品安全标准

《中华人民共和国食品安全法》第一百四十八条第二款规定：“食品的标签、说明书存在不影响食品安全且不会对消费者造成误导的瑕疵的除外。”该规定将食品标签中不影响食品安全的标注性瑕疵排除在十倍价款赔偿之外，该条也同时明确，食品标签的标注瑕疵并不必然导致食品安全问题，而要区分具体情形予以确定。具体到本案，依据《中华人民共和国食品安全法》第一百五十条的规定：“食品安全，指食品无毒、无害，符合应当有的营养要求，对人体健康不造成任何急性、亚急性或者慢性危害。”该规定明确了食品安全的标准。本案涉及脂肪是否属于影响食品安全的因素。从脂肪本身来看，其属于人体所必需的一种营养物质，脂肪本身不属于对人身有毒、有害或导致急性、亚急性或慢性危害的物质，故脂肪本身不属于影响食品安全的物质。至于涉案杏干标签中脂肪含量标注瑕疵是否会造成

误导，因杏干属于干果类，不同于肉、蛋、蔬菜、主食等食品，正常情况下，不可能长期、大量食用；另外，杨某勇也未提供证据证明，如果杏干标注脂肪含量为0，其就会长期、大量食用，如果标注为7.29g/100g，其就不会长期、大量食用。故从杏干的食用特点和食用习惯方面来看，杏干标签中脂肪含量的标注瑕疵，并不会造成误导，不至于因目前的脂肪含量标注瑕疵就让消费者长期、大量食用。综上，在食品标签瑕疵不影响食品安全的情况下，杨某勇要求退货款及十倍赔偿价款的请求，没有法律依据，法院不予支持。

依照《中华人民共和国合同法》第八条，《中华人民共和国食品安全法》第一百四十八条、第一百五十条之规定，判决：

驳回杨某勇的全部诉讼请求。

杨某勇不服一审判决，提起上诉。

北京市第一中级人民法院经审理认为：

一、关于涉案商品营养标签对于脂肪含量的标注是否违反了营养通则的规定，涉案商品营养标签对于脂肪含量的标注是否违反了该食品本身的标准

对此，法院论述如下：1. 法院认为脂肪属于应当强制标示的核心营养素，本案中天翌公司并未提供证据证明涉案的食品属于生鲜食品，法院无法判断涉案食品在生产过程中是否加入了其他配料，而且涉案食品本身亦用营养成分表的形式标注了其营养成分，因此，天翌公司关于涉案食品属于豁免强制标示营养标签的食品的主张证据不足，法院不予采信。2. 获得营养成分含量的方法，可以分为直接检测法以及间接计算法。利用权威机构发布（中国疾病预防控制中心营养与食品安全所编著的《中国食物成分表》）的数据根据原料进行计算是一种间接计算的方法。涉案食品属于水果类及制品类中的核果类食品中的杏干，在《中国食物成分表》中标明的脂肪含量为0.4 g/100g。营养通则规定，当脂肪含量≤0.5g/100 g（固体）或100mL（液体）时，可以声称该食品无或不含脂肪。涉案食品的营养标签标注的脂肪含量标注为0g/100g，所要表述的意思并不违反前述要求。3. 营养标签标示值允许存在误差，而误差是判断标签标示值是否正确的依据，不能以误差来判定产品是否合格，判定食品是否合格食品的标准应当是该食品本身的产品标准。现杨某勇提供的证据并不能证明涉案食品本身是否符合该食品本身标注的标准GB16325－2005。4. 杨某勇一审期间提交的检测报告系针对其提供的样品中的杏肉及杏籽的脂

肪含量的检测，首先，法院无法确定该检测的样品是否为天翌公司向其出售的产品；其次，该检测报告并没有写明其具体的检测方法，实际的检测方法是否适宜涉案食品法院无法判断；最后，涉案食品含有非可食用部分，这对检测过程或结果有无影响，法院亦无从得知。5. 即便杨某勇提交了针对涉案食品杏肉部分脂肪含量的检测报告，又即便实际检测的数值大于营养通则对于脂肪含量的“0”界限值要求，根据查明的事实，法院认为这仅能说明涉案食品的营养标签不合格，并不能判定涉案食品本身不符合该食品的产品标准。因此，法院认为涉案商品营养标签对于脂肪含量的标注并不违反营养通则的规定，本案中并无有效证据证明涉案商品营养标签对于脂肪含量的标注违反了该食品本身的标准。

二、关于本案应否适用《中华人民共和国食品安全法》第一百四十八条第二款

《中华人民共和国食品安全法》第一百四十八条第二款规定：“生产不符合食品安全标准的食品或者经营明知是不符合食品安全标准的食品，消费者除要求赔偿损失外，还可以向生产者或者经营者要求支付价款十倍或者损失三倍的赔偿金；增加赔偿的金额不足一千元的，为一千元。但是，食品的标签、说明书存在不影响食品安全且不会对消费者造成误导的瑕疵的除外。”法院认为前述规定，因生产者或经营者的不同有不同的积极适用条件，但有相同的消极适用条件。具体到案件中，只有符合积极条件，同时不属于消极条件时，才能适用于前述规定。

积极的适用条件：对生产者而言，就是生产了不符合食品安全标准的食品。就经营者而言，不仅要求食品客观上不符合食品安全标准，还要求经营者明知其经营的食品是不符合食品安全标准的食品。

消极的适用条件：如果生产者生产或者经营者经营的食品不符合食品安全标准是因为标签或说明书的瑕疵导致的，标签、说明书瑕疵如果不影响食品安全并且不会对消费者造成误导，那么就不能适用前述规定。

本案中，首先，杨某勇并无有效证据证明涉案食品的脂肪含量标注数值违反了营养通则的规定。如前“一”所述，脂肪含量是否超出食品安全国家标准允许的误差范围是判断食品营养标签本身是否正确的依据，并不是判断涉案食品本身的脂肪含量是否符合其产品标准的依据。其次，天翌公司属于涉案食品的经营者。天翌公司向一审法院提交了涉案食品的出厂检测报告、生产商的资质证明文件，一审中其亦对营养成分表中的脂肪含量的标注数值进行了合理说明，天翌公司对于营养标签

的标注形式主观上不存在过错。因此，本案不符合食品安全法第一百四十八第二款的适用条件，杨某勇提出的诉讼请求，均是基于其请求符合前述规定提出，因此，均应予驳回。

依照《中华人民共和国民事诉讼法》第一百七十条第一款第一项之规定，判决如下：

驳回上诉，维持原判。

【法官后语】

一、营养成分表中标注的脂肪含量数值的来源

获得营养成分含量的方法，可以分为直接检测法以及间接计算法。

1. 直接检测法……通过检测产品直接得到营养成分含量数值。

2. 间接计算法：利用原料的营养成分含量数据，根据原料配方计算获得；利用可信赖的食物成分数据库数据，根据原料配方计算获得……可用于计算的原料营养成分数据来源：供货商提供的检测数据；企业产品生产研发中积累的数据；权威机构发布的数据，如《中国食物成分表》。可使用的食物成分数据库：中国疾病预防控制中心营养与食品安全所编著的《中国食物成分表》第一册和第二册。

二、营养标签标示值允许误差与执行的产品标准之间的关系

营养标签的标示值应真实客观地反映产品中营养成分的含量，而允许误差则是判断标签标示值是否正确的依据，不能仅以允许误差判定产品是否合格。如《灭菌乳》（GB25190－2010）中规定牛乳中蛋白质含量应≥2. 9g/100g，若该产品营养标签上蛋白质标示值为3. 0g/100g，判定产品是否合格应看其蛋白质实际含量是否≥2. 9g/100g。

三、食品安全法第一百四十八条第二款的适用条件该如何理解

食品安全法第一百四十八条第二款规定：“生产不符合食品安全标准的食品或者经营明知是不符合食品安全标准的食品，消费者除要求赔偿损失外，还可以向生产者或者经营者要求支付价款十倍或者损失三倍的赔偿金；增加赔偿的金额不足一千元的，为一千元。但是，食品的标签、说明书存在不影响食品安全且不会对消费者造成误导的瑕疵的除外。”前述规定，因生产者或经营者的不同有不同的积极适用条件，但有相同的消极适用条件。具体到案件中，只有符合积极条件，同时不属于消极条件时，才能适用于前述规定。

积极的适用条件：对生产者而言，就是生产了不符合食品安全标准的食品。就经营者而言，不仅要求食品客观上不符合食品安全标准，还要求经营者明知其经营的食品是不符合食品安全标准的食品。

消极的适用条件：如果生产者生产或者经营者经营的食品不符合食品安全标准是因为标签或说明书的瑕疵导致的，标签、说明书瑕疵如果不影响食品安全并且不会对消费者造成误导，那么就不能适用前述规定。

本案中，首先，杨某勇并无有效证据证明涉案食品的脂肪含量标注数值违反了营养通则的规定。脂肪含量是否超出食品安全国家标准允许的误差范围是判断食品营养标签本身是否正确的依据，并不是判断涉案食品本身的脂肪含量是否符合其产品标准的依据。其次，天翌公司属于涉案食品的经营者。天翌公司向一审法院提交了涉案食品的出厂检测报告、生产商的资质证明文件，一审中其亦对营养成分表中的脂肪含量的标注数值进行了合理说明，天翌公司对于营养标签的标注形式主观上不存在过错。因此，本案不符合食品安全法第一百四十八第二款的适用条件，杨某勇一审提出的诉讼请求，均是基于其请求符合前述规定提出，一审法院因此判决驳回其全部诉讼请求并无不当。

编写人：北京市第一中级人民法院　梁睿

8

车辆存在瑕疵时销售者是否一律承担退一赔三的民事责任

——赵某柱诉乌鲁木齐名聚新力汽车销售有限公司等汽车买卖合同案

【案件基本信息】

1. 裁判书字号

新疆维吾尔自治区乌鲁木齐市中级人民法院（2018）新01民终3040号民事判决书

2. 案由：汽车买卖合同纠纷

3. 当事人

原告（上诉人）：赵某柱

被告（上诉人）：乌鲁木齐名聚新力汽车销售有限公司（以下简称名聚新力公司）

被告（被上诉人）：河北裕诚国际贸易有限公司（以下简称裕诚公司）、天津正奇国际贸易有限公司（以下简称正奇公司）

【基本案情】

2016年1月24日，赵某柱与名聚新力公司签订一份《代购协议》，甲方为名聚新力公司，乙方为赵某柱。协议第一条约定：代购车型为中东版奔驰ML400，代购价格为79万元；协议第二条约定：乙方向甲方支付2万元定金，乙方在甲方通知车到后3天内付清余款77万元……车辆发票由厂家汽车4S专卖店/供应商开具；协议第五条约定：甲乙双方约定，甲方在乙方处购得中东奔驰ML400，成交价为79万元，无质量问题不退不换。签订协议后，赵某柱向名聚新力公司指定账户支付购车款79万元（包括定金2万元）。2016年1月27日，名聚新力公司向赵某柱交付车辆，并在名聚新力公司指定的进口车辆维护点进行了初次保养。2016年1月28日，裕诚公司向赵某柱出具机动车统一销售发票一份。2016年3月，赵某柱办理车辆落户手续时得知车辆玻璃非原装玻璃，且车辆引擎盖存在喷漆情况，赵某柱怀疑该车经过维修，遂于2016年5月23日向乌鲁木齐市新市区工商行政管理局进行投诉，但投诉对象为新疆裕航汽车销售服务有限公司（以下简称裕航公司）。赵某柱认为裕航公司构成欺诈，要求工商局对该公司进行处罚。2016年5月31日，乌鲁木齐市新市区工商行政管理局通知裕航公司进行调查，王某以该公司销售总监身份到工商局接受了调查，王某表示实际向赵某柱销售车辆的单位为名聚新力公司。后赵某柱投诉的诉求未得到解决，遂诉至法院。

本案系争车辆由裕诚公司从国外购买后销售给正奇公司，正奇公司又销售给了兴隆公司，兴隆公司又销售给了名聚新力公司。庭审中，裕诚公司承认车辆在运输途中发生轻微刮擦，曾进行过后挡风玻璃更换和前引擎盖的喷漆。裕诚公司将瑕疵告知了正奇公司，并做了降价处理；正奇公司承认对瑕疵知情，但表示亦告知了兴隆公司；名聚新力公司称其对瑕疵不知情，但未向法庭举证。赵某柱在本案中未主张车辆落户过程中产生的经济损失，并表示另案处理；赵某柱表示不对车辆瑕疵及状况提出鉴定申请。

【案件焦点】

1. 合同相对人的确定；2. 是否构成欺诈；3. 赵某柱退一赔三的主张是否成立。

【法院裁判要旨】

新疆维吾尔自治区乌鲁木齐市新市区人民法院经审理认为：赵某柱虽与名聚新力公司签订的是“代购协议”，但根据庭审调查可以看出，首先，赵某柱是在名聚新力公司经营地点看到现车后购买，并无预先委托名聚新力公司根据赵某柱的要求去购买车辆的客观事实；其次，名聚新力公司未出具授权委托书等证据证明其与赵某柱之间系委托关系，而根据名聚新力公司自述，其是以自己的名义从兴隆公司购买的车辆。据此可以确定，名聚新力公司并未以受托人身份为赵某柱选购车辆，不符合委托关系的一般法律特征。反之，根据“代购协议”第五条约定“甲乙双方约定，甲方在乙方处购得中东奔驰 ML400，成交价为 79 万元，无质量问题不退不换”，该条款系手写部分，应认为是合同签订双方对格式合同的特别说明。根据该记载，亦可以判断赵某柱与名聚新力公司之间实际是买卖合同关系。赵某柱于 2016 年 1 月 27 日提车，发现车辆存在问题后于 2016 年 5 月 23 日向工商行政管理局提出投诉，期限不满 6 个月。对于该瑕疵名聚新力公司负有举证责任，其若不能证明车辆不存在瑕疵，则不能免除汽车销售者应承担的诚信义务。名聚新力公司作为专业的车辆销售商，不同于普通购车人，其具有更优势的条件去判断车辆是否存在瑕疵，特别是本案系争车辆的瑕疵均是外观方面，故名聚新力公司以其对瑕疵不知情要求免责理由不充分。名聚新力公司虽然存在未向赵某柱告知车辆瑕疵的行为，但是从“欺诈”行为构成要件分析，首先，名聚新力公司“隐瞒”瑕疵行为相比主动虚构事实、故意引诱而言，非恶意欺诈性质；其次，从客观方面而言，本案系争车辆瑕疵系外观问题，并未涉及主要配件，不影响安全使用，故针对本案情形若适用“退一赔三”的责任形式则过重。

依照《中华人民共和国合同法》第六十条，《中华人民共和国消费者权益保护法》第二十三条、第四十条、第五十五条第一款，《最高人民法院关于贯彻执行若干问题的意见》第六十八条之规定，判决：

一、名聚新力公司于判决生效后十日内返还原告赵某柱购车款750500元；

二、赵某柱于判决生效后十日内返还名聚新力公司中东版奔驰ML400一辆；

三、驳回赵某柱对裕诚公司的诉讼请求；

四、驳回赵某柱对正奇公司的诉讼请求；

五、驳回赵某柱的其他诉讼请求。

赵某柱、名聚新力公司不服一审判决，提起上诉。

新疆维吾尔自治区乌鲁木齐市中级人民法院经审理认为：第一，赵某柱与名聚新力公司之间合同关系的认定。赵某柱在购买车辆时与名聚新力公司签订有书面的合同。该合同名称虽是《代购协议》，但双方在协议中约定了车辆的型号、价格、款项的支付、车辆的交接等内容。协议签订后，赵某柱支付了车款，名聚新力公司向赵某柱交付了车辆。从协议中所约定的内容以及双方的实际履行情况看，赵某柱与名聚新力公司之间实际形成的是车辆买卖合同关系。对于赵某柱提出车辆的发票由裕诚公司出具的问题，赵某柱与名聚新力公司约定由合同之外的第三人裕诚公司开具发票，代为履行部分合同义务，并不影响双方间的买卖合同关系。

第二，涉案车辆买卖过程中是否存在欺诈行为。所谓欺诈是指故意告知对方虚假情况，或故意隐瞒真实情况，诱使对方做出错误的意思表示。结合本案看，裕诚公司将车辆销售给正奇公司时已向其告知车辆存在更换挡风玻璃、前引擎盖喷漆的事实，故对车辆做出降价8000元的处理。正奇公司对此也表示认可。同时，正奇公司称，其将车辆销售给兴隆公司时也已告知车辆存在的瑕疵，亦降价8000元。为此，正奇公司提交了双方间的转款凭证加以证实。本案二审期间，名聚新力公司提交了兴隆公司向其出具的情况说明，用以证实其对车辆存在的瑕疵不知情。因兴隆公司也是涉案车辆连环买卖中的一环，存在一定的利害关系。在无其他证据与之相印证的情况下，对该份证据的效力不予确认。退一步讲，即便兴隆公司未向名聚新力公司履行车辆瑕疵的告知义务，名聚新力公司作为专业销售汽车的公司完全能够通过自己的专业知识识别车辆存在的瑕疵。再者，名聚新力公司作为销售方，有义务保证车辆的质量，且其与赵某柱在协议中也约定“无质量问题不退不换”。现名聚新力公司将存在瑕疵的车辆销售给赵某柱，显然没有尽到审慎义务。名聚新力公司以车辆瑕疵其不知情为由，推卸责任的上诉请求及理由显然不能成立。

第三，赵某柱主张退一赔三的请求能否成立。赵某柱依据《中华人民共和国消费者权益保护法》的相关规定要求名聚新力公司承担退一赔三的民事责任。对此法院认为，涉案车辆存在挡风玻璃更换及引擎盖漆面维修的事实，存在的瑕疵属于外观瑕疵，且赵某柱在一审中也明确表示不对车辆瑕疵及状况提出鉴定申请。由于涉案车辆存在的瑕疵并不影响车辆的正常使用和安全性能。同时考虑到该型号车辆的现值及赵某柱并无实际损失等因素，一审法院作出退车退款的判决并无不妥之处。

依照《中华人民共和国民事诉讼法》第一百七十条第一款第一项规定，作出如下判决：

驳回上诉，维持原判。

【法官后语】

在本案中，对于赵某柱与谁构成买卖合同关系，各方各持己见，分歧较大。虽然赵某柱在购买车辆时与名聚新力公司签订的是《代购协议》，但在该协议中约定了车辆的型号、价格、款项的支付、车辆的交接等内容。协议签订后，赵某柱支付了车款，名聚新力公司向赵某柱交付了车辆。从协议中所约定的内容以及双方的实际履行情况看，赵某柱与名聚新力公司之间实际形成的是车辆买卖合同关系。对于赵某柱提出车辆的发票由裕诚公司出具的问题，赵某柱与名聚新力公司约定由合同之外的第三人裕诚公司开具发票，代为履行部分合同义务，并不影响双方间的买卖合同关系。对于“退一赔三”的主张，要求审判人员要综合各方行为及车辆实际情况进行综合考虑。笔者在查询相关案例中，对于销售者隐瞒发动机等车辆核心、主要部件的实际情况的，有做出“退一赔三”的裁判，对于车辆瑕疵较小的情况有做出解除合同的裁判，所以对“退一赔三”的主张要结合案件实际情况，公平做出裁决。赵某柱依据《中华人民共和国消费者权益保护法》的相关规定要求名聚新力公司承担退一赔三的民事责任。涉案车辆存在挡风玻璃更换及引擎盖漆面维修的事实，存在的瑕疵属于外观瑕疵，且赵某柱在一审中也明确表示不对车辆瑕疵及状况提出鉴定申请，由于涉案车辆存在的瑕疵并不影响车辆的正常使用和安全性能。同时考虑到该型号车辆的现值及赵某柱并无实际损失等因素，一审法院作出退车退款的判决并无不妥之处。

编写人：新疆维吾尔自治区乌鲁木齐市中级人民法院　何新

9

未交付食品中文标签的损失赔偿范围

——福安市宝杰食品经营部诉厦门中欧联贸易有限公司买卖合同案

【案件基本信息】

1. 裁判书字号

福建省厦门市中级人民法院（2018）闽02终830号民事判决书

2. 案由：买卖合同纠纷

3. 当事人

原告（上诉人）：福安市宝杰食品经营部（以下简称宝杰经营部）

被告（上诉人）：厦门中欧联贸易有限公司（以下简称中欧公司）

【基本案情】

2016年9月13日，郭某宝以每箱60元的价格从中欧公司购进80箱“Royal Dutch”啤酒，规格每箱24瓶，并以每瓶4.5元的价格对外销售。2016年10月11日，福安市市场监督管理局对郭某宝经营的宝杰经营部进行检查发现，在其经营场所内堆放有无中文标签的待售的“Royal Dutch”啤酒。2016年10月17日，福安市市场监督管理局以郭某宝的行为涉嫌构成经营无中文标签的预包装食品的违法行为立案调查。2016年11月29日，福安市市场监督管理局作出安市场监管阳罚字（2016）24号《福安市市场监督管理局行政处罚决定书》，查明该啤酒整箱采用半透明塑料袋封装，整箱外包装上无任何标签，每瓶采用易拉罐封装，外包装瓶身除“此日期前最佳日/月/年”采用简体、繁体中文标示外，罐体外包装上只有一些图案和阿拉伯数字，没有任何中文标签。截至案发日，郭某宝共售出上述“Royal Dutch”啤酒3箱、与朋友喝了12箱、其余65箱被福安市市场监督管理局依法扣押，郭某宝的违法经营额（包括已售和未售，以售价计）共计8640元，违法所得

144 元。福安市市场监督管理局以郭某宝所经营的“Royal Dutch”啤酒为进口预包装食品，无中文标签，不符合《中华人民共和国食品安全法》第九十七条规定，其行为违反了该法第一百二十五条第一款第二项规定，构成经营标签不符合《中华人民共和国食品安全法》规定的食品的行为为由，对郭某宝作出如下处罚：1. 没收无中文标签的“Royal Dutch”啤酒 65 箱（折合 1560 瓶）；2. 没收违法所得 144 元；3. 处以罚款 28000 元。郭某宝已履行处罚决定书规定义务。

【案件焦点】

1. 被没收啤酒损失赔偿标准按照批发价还是零售价认定；2. 被没收的违法所得及罚款是否应予赔偿。

【法院裁判要旨】

福建省厦门市湖里区人民法院经审理认为：依照《中华人民共和国民法通则》第二十六条规定，公民在法律允许的范围内，依法经核准登记，从事工商业经营的，为个体工商户。郭某宝作为宝杰经营部的经营者，向中欧公司购进 80 箱“Royal Dutch”啤酒用于出售，应认定属于从事工商业经营行为的个体工商户，依法应以登记的字号为当事人。依照《中华人民共和国合同法》第一百三十六条规定，出卖人应当按照约定或者交易习惯向买受人交付提取标的物单证以外的有关单证和资料。中欧公司向郭某宝销售的“Royal Dutch”啤酒为进口预包装食品。依照《中华人民共和国食品安全法》第九十七条规定，进口的预包装食品、食品添加剂应当有中文标签。因此，中欧公司在交付所销售的“Royal Dutch”啤酒时，应当向郭某宝提供中文标签。根据市场监督管理机关查处情况，郭某宝销售的“Royal Dutch”啤酒并无中文标签。中欧公司并无证据证明已提供中文标签，应认定未全面履行交货义务。现市场监督管理机关对待售的 65 箱“Royal Dutch”啤酒予以没收，对该部分损失，应由中欧公司承担赔偿责任。依照《中华人民共和国合同法》第一百一十三条规定，当事人一方不履行合同义务或者履行合同义务不符合约定，给对方造成损失的，损失赔偿额应当相当于因违约所造成的损失，包括合同履行后可以获得的利益。宝杰经营部主张按每箱零售价 108 元计算损失，未超出合理范围，法院予以支持。由此计算，中欧公司应赔偿宝杰经营部的损失为 7020 元。依照《中华人民共和国合同法》第一百一十九条第一款规定，当事人一方违约后，对方应当采取适当措施防止损失的扩大；没有采取适当措施致使损失扩大的，不得就扩大的损失要求赔偿。郭某宝作为经营者，应当清楚销售进口预包装食品需附有中文标签，其在明知中欧公司未提供中文标签的情况下，没有及时提出异议，而是将部分货物进行违法销售，违反了减损义务，应自行承担因其违法经营行为扩大的损失，包括被没收的违法所得144元以及罚款28000元。对其要求中欧公司赔偿该部分损失的诉讼请求，法院不予支持。

福建省厦门市湖里区人民法院依照《中华人民共和国合同法》第一百零七条、第一百一十三条第一款、第一百一十九条第一款、第一百三十六条，《中华人民共和国食品安全法》第九十七条，《中华人民共和国民事诉讼法》第六十四条第一款规定，判决如下：

一、中欧公司应于本判决生效之日起十日内赔偿宝杰经营部损失7020元；

二、驳回宝杰经营部的其他诉讼请求。

宝杰经营部、中欧公司不服一审判决，提起上诉。

福建省厦门市中级人民法院经审理同意一审法院裁判意见，依照《中华人民共和国民事诉讼法》第一百七十条第一款第一项的规定，判决如下：

驳回上诉，维持原判。

【法官后语】

预包装食品，指预先定量包装或者制作在包装材料、容器中的食品。《中华人民共和国食品安全法》第九十七条规定，进口的预包装食品、食品添加剂应当有中文标签。《中华人民共和国食品安全法》第三十四条第十一项规定，禁止生产经营无中文标签的预包装食品。本案中，宝杰经营部从中欧公司购买的80箱“Royal Dutch”啤酒并无中文标签，宝杰经营部在销售该进口啤酒的过程中被市场监督管理机关处罚，包括没收待售啤酒、没收违法所得和罚款。其中被没收的啤酒，属于因中欧公司违约造成的宝杰经营部的损失，宝杰经营部主张按照零售价计算损失，符合《中华人民共和国合同法》第一百一十三条第一款“当事人一方不履行合同义务或者履行合同义务不符合约定，给对方造成损失的，损失赔偿额应当相当于因违约所造成的损失，包括合同履行后可以获得的利益”的规定。对于相关行政机关没收宝杰经营部的违法所得及对其进行罚款的问题。郭某宝作为经营者，应当知道销售进口预包装食品需附有中文标签，其在明知中欧公司未提供中文标签的情况下，没有及时提出异议，而是将部分货物进行违法销售，违反了减损义务，应自行承担因其违法经营行为扩大的损失，包括被没收的违法所得144元以及罚款28000元。法院据此作出如上判决。

编写人：福建省厦门市湖里区人民法院　李福清

10

合同未约定的事项，不得无故加重当事人的义务

——万全万特制药（厦门）有限公司诉武汉远成共创科技有限公司买卖合同案

【案件基本信息】

1. 裁判书字号

福建省厦门市中级人民法院（2019）闽02民终124号民事判决书

2. 案由：买卖合同纠纷

3. 当事人

原告（上诉人）：万全万特制药（厦门）有限公司（以下简称万全万特公司）

被告（被上诉人）：武汉远成共创科技有限公司（以下简称远成公司）

【基本案情】

2016年12月22日，万全万特公司（甲方）和远成公司（乙方）签署一份《产品供销合同》，约定万全万特公司向远成公司购买L－盐酸半胱氨酸（－水合物）1500千克，第七条验收：1. 初步验收：对本合同规定的产品货物的种类、规格、产品批号、数量、包装、有效期进行检验，初步检验不符合要求，甲方电话通知乙方并提供相关证据（书面提交），乙方收到电话或书面异议后应在3个工作日内给予无条件退换货，乙方承担因此发生的费用。对不符合要求的货物，甲有代为保管的义务，但保管费用和风险由乙方承担。2. 如初步验收合格、甲方按双方确认的供货质量标准验收。经检验不合格，甲方向乙方发出书面退换货通知（附检验

结果）……3. 如乙方对甲方的检验结果有异议的，需在以到甲方通知的2个工作日内提供有异议的书面意见、若乙方不在规定的日期内提出异议，则视为乙方对检验结果无异议。第十条单据和相关文件：乙方应向甲方提供所供货物检验报告单，该报告单须加盖红章；货到检验合格后10日内乙方给甲方开具与合同金额相应的17%增值税专用发票；乙方应向甲方提供全套资质文件（首次合作），须加盖红章。2017年1月7日，万全万特公司收到远成公司提供的L－盐酸半胱氨酸（－水合物）1500千克，该批货物外包装袋显示有效期是2018年11月12日。万全万特公司出具的《入库单》载明："检验结果：无异常合格；备注：其中50kg包装破损退回，重新补货，该供应商无现审资料，待审计完后合格，方可放行使用。"2017年1月17日，远成公司向万全万特公司补发50千克案涉货物。

后万全万特公司两次向远成公司邮寄《法务函》，要求远成公司配合对相关物料质量体系进行现场质量审计，否则追究法律责任。

【案件焦点】

买卖合同双方在履行合同的过程中已通过合同对货物的质量做出过明确约定并曾依照此质量标准履行。要认定标的物质量是否存在问题，应按照合同约定检验，合同未约定的事项，不得无故加重当事人的义务。

【法院裁判要旨】

福建省厦门市海沧区人民法院经审理认为：万全万特公司与远成公司于2016年8月12日签订的《质量保证协议书》和于2016年12月22日签订的《产品供销合同》合法有效，双方均应依约履行。双方在《产品供销合同》中约定"产品质量标准和有效期：乙方销售的产品质量须符合AJI92标准；到货时产品的剩余有效期不得少于物料总有效期的80%"，远成公司向万全万特公司交付的案涉货物的总有效期符合案涉买卖合同约定。万全万特公司主张交付验收时因远成公司未提供现场质量审计文件，案涉货物属于质量不合格产品。对此，法院认为，现场质量审计是质量管理部门对药品供应商人员机构、厂房设施和设备、物料管理、生产工艺流程和生产管理、质量控制实验室的设备、仪器、文件管理等进行检查，以全面评估其质量保证系统。本案中，案涉货物为L－盐酸半胱氨酸（－水合物），属于食品添加剂范畴，远成公司仅是案涉货物供应商，不是案涉货物生产单位，《质量保证协议书》和案涉买卖合同中均未明确约定双方可对案涉货物生产单位进行现场质量审计或提供现场质量审计文件。合同未约定的事项，不得无故加重当事人的义务。根据查明的事实，在签订案涉买卖合同之前，双方已两次进行了L－盐酸半胱氨酸（－水合物）买卖交易。远成公司的案涉货物的交货流程、交货方式等也符合双方前两次相关物品买卖的交易习惯。况且，万全万特公司并未提供证据证明案涉货物存在不符合合同约定的AJI92质量标准的情形。因此，万全万特公司主张案涉货物为质量不合格产品，要求解除合同并赔偿损失，缺乏事实依据，法院不予采纳。依照《中华人民共和国合同法》第八条、第六十条、第六十一条、第一百三十条，《中华人民共和国民事诉讼法》第六十四条第一款之规定，判决：

驳回原告万全万特公司的全部诉讼请求。

万全万特公司不服一审判决，提起上诉，福建省厦门市中级人民法院经审理同意一审法院裁判意见，依照《中华人民共和国民事诉讼法》第一百七十条第一款第一项规定，判决：

驳回上诉，维持原判。

【法官后语】

一、现场质量审计并非案涉合同约定的质量检验手段

现场质量审计是质量管理部门对药品供应商人员机构、厂房设施和设备、物料管理、生产工艺流程和生产管理、质量控制实验室的设备、仪器、文件管理等进行检查，以全面评估其质量保证系统。本案中，案涉货物为L－盐酸半胱氨酸（－水合物），属于食品添加剂范畴，远成公司仅是案涉货物供应商，不是案涉货物生产单位，《质量保证协议书》和案涉买卖合同中均未明确约定双方可对案涉货物生产单位进行现场质量审计或提供现场质量审计文件。合同未约定的事项，不得无故加重当事人的义务。

二、提出质量异议的合理期间

质量检验期间分为约定期间、合理期间、两年期间和质量保证期间。本案买卖合同的双方订立书面合同，但双方仅仅约定了初步验收和供货质量标准验收，没有约定具体的检验期间。本案案涉产品药品具有保质期，应适用质量保证期间。

三、提出异议期间经过后的法律后果

买受人未在检验期间内提出标的物瑕疵异议的，按照《中华人民共和国合同

法》第一百五十八条的规定，视为标的物的数量和质量合格，出卖人知道或者应当知道提供的标的物不符合约定的除外。这里的“视为”属法律拟制，而非事实推定，上述期间一旦经过买受人即丧失法律救济权和期限利益。无论是买受人有证据证明瑕疵的存在，买受人都丧失救济权和抗辩权。

编写人：福建省厦门市海沧区人民法院　李庆东　许晔

11

二手车销售隐瞒涉水事故构成欺诈适用三倍赔偿

——王某刚诉熟人网络科技河北有限公司买卖合同案

【案件基本信息】

1. 裁判书字号

河北省石家庄市中级人民法院（2019）冀01民终2796号民事判决书

2. 案由：买卖合同纠纷

3. 当事人

原告（被上诉人）：王某刚

被告（上诉人）：熟人网络科技河北有限公司（以下简称熟人网络公司）

【基本案情】

熟人网络公司经营范围为网络技术开发、技术推广、汽车销售、汽车租赁、二手汽车销售、旧机动车鉴定、评估、互联网信息服务等。2017年11月3日，王某刚向熟人网络公司出具《定车协议书》，并向熟人网络公司支付了5000元定金。2017年11月14日，王某刚（乙方）与熟人网络公司（甲方）签订了《车辆买卖合同》，合同约定：“一、甲方将宝马525Li车，车号为冀A6B3××卖给乙方，颜色为黑色，价格为395000元。二、甲方必须保证该车无盗抢、无诈骗、无经济纠纷、无私自改动车架号和发动机号，如有盗抢、诈骗、经济纠纷、私自改动车架号和发动机号，甲方给退车退款。三、付款方式：乙方在2017年11月14日前一次性付清购车款……五、甲方在2017年11月14日前出现的事故由甲方负责，在2017年11月14日之后出现的事故由乙方负责……九、补充协议：如有事故、泡水，原价退还乙方。”王某刚于当日向熟人网络公司交付购车首付款280900元和保险保证金2000元，并向中国平安银行贷款128900元。当日，熟人网络公司熟人网络公司将案涉车辆交付给王某刚使用。

另，案涉车辆原所有人为朱某，原车牌号为冀FBM4××，于2017年5月19日进行了注册登记。在开票日期为2017年10月23日的二手车销售统一发票显示，朱某将车辆出卖给河北速之捷新能源汽车销售有限公司石家庄桥西区分公司，2017年11月14日案涉车辆由该公司转移登记至王某刚名下，车牌号由冀A6B3××变更为冀AY79××。2018年8月12日19时，王某刚驾驶案涉车辆在石家庄市长安区长街发生涉水道路交通事故后了解到车辆在买卖之前曾发生过涉水事故。根据双方的调证申请，法院依法调取了案涉车辆在中国人民财产保险股份有限公司、阳光保险集团股份有限公司保险理赔记录及理赔档案材料和石家庄铁路运输法院（2018）冀8601民初140号的卷宗材料。上述材料显示案涉车辆曾于2017年4月5日发生涉水事故，原车主朱某于2017年4月17日委托河北厚鸿旧机动车评估有限公司对车辆损失进行了定损评估，损失评估金额为300920元。后朱某起诉中国人民财产保险股份有限公司石家庄市分公司要求其赔偿各项损失311020元，2018年1月22日在石家庄铁路运输法院主持下，双方自愿达成调解，中国人民财产保险股份有限公司石家庄市分公司给付朱某保险金28万元。

【案件焦点】

本案熟人网络公司是否构成欺诈，应否适用三倍赔偿的损失赔偿原则。

【法院裁判要旨】

河北省石家庄市裕华区人民法院经审理认为：王某刚与熟人网络公司签订《车辆买卖合同》，双方形成买卖合同关系，法院予以确认。王某刚从熟人网络公司处以39.5万元购买宝马525Li车辆，并足额支付了购车款，熟人网络公司应告知王某刚该车辆的全部基本情况，但熟人网络公司在向王某刚出售案涉车辆时未告知王某刚该车辆曾发生过重大涉水事故的事实，而该事实足以影响或改变王某刚购买该车辆的意思表示。虽然熟人网络公司称其通过查询保险公司、汽车销售4S店，没有发现车辆发生涉水事故的情况，但其作为专业的二手车销售公司应对车辆的来源、是否有过维修、是否发生过事故等重要信息进行全面的核查、检测，并将信息如实告知消费者。案涉车辆曾于2017年4月5日发生过重大涉水事故，车损金额高达30余万元，而被告在检车时仅通过询问、目测，而未进行实质检测即将车辆出售给原告，程序明显存在瑕疵。对于上述涉水事故，熟人网络公司应当通过检测掌握情况，但熟人网络公司未尽到告知义务，其行为构成欺诈。根据《中华人民共和国合同法》第五十四条规定："一方以欺诈胁迫的手段或者乘人之危，使对方在违背真实意思的情况下订立的合同，受损害方有权请求人民法院或者仲裁机构变更或者撤销。"故王某刚要求撤销双方签订的《车辆买卖合同》，法院予以支持。合同被撤销后，因合同取得的财产，应当予以返还，故熟人网络公司应返还王某刚购车款39.5万元，王某刚应将案涉车辆返还熟人网络公司。虽然《车辆买卖合同》中约定"如有事故、泡水，原价退还乙方"，但根据《中华人民共和国消费者权益保护法》第五十五条的规定："经营者提供商品或者服务有欺诈行为的，应当按照消费者的要求增加赔偿其受到损失，增加赔偿的金额为消费者购买商品的价款的或者接受服务的费用的三倍。"熟人网络公司的行为构成欺诈，王某刚要求熟人网络公司赔偿购车款的三倍损失118.5万元，符合法律规定，法院予以支持。王某刚采用贷款方式购买案涉车辆，是王某刚选择的支付方式，《车辆买卖合同》被撤销后熟人网络公司返还其全部购车款且进行三倍赔偿损失，故对其主张的贷款利息损失法院不予支持。王某刚主张的因车辆保养花费及添置导航的费用是王某刚在使用车辆过程中的选择支出的，属于正常消耗，对该项主张法院不予支持。关于熟人网络公司要求王某刚赔偿案涉车辆二次涉水造成的损失，双方可另行解决。

综上所述，依照《中华人民共和国合同法》第五十四条、第五十八条，《中华人民共和国消费者权益保护法》第五十五条，《最高人民法院关于适用〈中华人民共和国民事诉讼法〉的解释》第九十条的规定，判决如下：

一、撤销原告王某刚与被告熟人网络公司于2017年11月14签订的《车辆买卖合同》；

二、原告王某刚于本判决生效之日起十日内向被告熟人网络公司返还冀A6B3××宝马牌BWM525Li小型轿车，同时被告熟人网络公司向原告王某刚返还购车款39.5万元；

三、被告熟人网络公司于本判决生效之日起十日内赔偿原告王某刚损失 118.5 万元；

四、驳回原告王某刚的其他诉讼请求。

熟人网络公司不服一审判决，提起上诉。

河北省石家庄市中级人民法院经审理认为：根据《中华人民共和国消费者权益保护法》第五十五条第一款“经营者提供商品或者服务有欺诈行为的，应当按照消费者的要求增加其受到的损失，增加赔偿的金额为消费者购买商品的价款或者接受服务的费用的三倍；增加赔偿的金额不足五百元的，为五百元。法律另有规定的，依照其规定”的规定，本案中，熟人网络公司作为二手车市场的经营者，有专门的检车机构，在其收购二手车时，理应对车辆状况进行全面查验，车辆的事故及维修情况系购买二手车时的重要考量事项，属于决定购买人对车辆性价比衡量的因素之一，故，熟人网络公司在出售涉案车辆时，未就案涉车辆存在重大水淹事故告知王某刚，足以构成王某刚基于获知的信息不全面而造成错误的意思表示。尽管熟人网络公司称其对案涉车辆的水淹事故并不知情，但消费者权益保护法规定消费者获得三倍赔偿的前提是经营者存在“欺诈行为”，并不要求经营者具备欺诈消费者的主观故意。主观故意上的故意欺诈是一种心理状态，消费者难以就经营者的主管心理状态作出判断。熟人网络公司销售车辆时就车辆出售前的事故及维修项目未对王某刚进行告知，对王某刚而言熟人网络公司存在欺诈行为，已构成《中华人民共和国消费者权益保护法》规定的经营者“欺诈”，应当承担赔偿责任。综上，熟人网络公司的上诉请求不能成立，应予驳回；一审认定事实清楚，适用法律正确。

河北省石家庄市中级人民法院依照《中华人民共和国民事诉讼法》第一百七十条第一款第一项之规定，作出如下判决：

驳回上诉，维持原判。

【法官后语】

近几年，二手车买卖市场逐渐兴盛，不仅方便了广大群众多渠道购车的需求，也促进了市场繁荣。但二手车交易市场混乱，各个公司（平台）水平参差不齐。消费者作为普通人购买二手车时并不掌握所购买车辆的整体状况，仅能依靠自己对车辆情况的朴素认知，更重要的是依赖二手车交易公司（平台）的披露，进而根据自己的需求选择合适的车辆。二手车交易公司（平台）在收购车辆时应运用专业检测手段及专门渠道对车辆进行整体检测，确定出售价格，尤其对车辆是否涉水、是否发生过交通事故、何时发生过何种事故的情况应着重核实并检测清楚，这是首要应该披露的内容，也是消费者在选购车辆时的首要考量因素。如果二手车交易公司仅凭微信查询、肉眼查看，即告知消费者车辆的状况，进而导致消费者做出购车的意思表示，未免过于潦草，也不利于二手车销售市场的繁荣稳定发展。如果消费者在使用车辆过程中，发现车辆在购买前曾发生重大交通事故，二手车交易公司（平台）却称经过检测未发现该种情况、已尽到告知义务来推卸责任，显然站不住脚。

总之，在购买二手车时，消费者和二手车交易公司对车辆的状况信息掌握地位不对等，消费者依赖于二手车交易公司的信息披露而做出是否构成的意思表示，二手车公司应严格尽到自己的检测义务，不能以自己不知情而逃避责任，否则可能要承担更严重的赔偿责任。本案是对二手车销售公司（平台）的一个警醒。

编写人：河北省石家庄市裕华区人民法院　陈慧

12

车辆买卖合同纠纷中的欺诈认定

——张某诉北京东南得利卡汽车贸易有限公司买卖合同案

【案件基本信息】

1. 裁判书字号

北京市第二中级人民法院（2018）京02民终12149号民事判决书

2. 案由：买卖合同纠纷

3. 当事人

原告（上诉人）：张某

被告（被上诉人）：北京东南得利卡汽车贸易有限公司（以下简称得利卡公司）

【基本案情】

2010年8月20日，张某在得利卡公司处购买东南牌轿车1辆，车辆型号为

DN7150L，该车购置税实缴金额为3916元；张某向得利卡公司支付购车款57600元，得利卡公司向张某开具机动车销售统一发票并于当日将上述车辆交付给张某。

涉案车辆登记书中“注册登记机动车信息栏”处载明：“轮胎规格：185/65R14”；车辆一致性证书中“车辆一致性证书参数”处载明：“轮胎规格：第1轴：195/55R15，第2轴：195/55R15”。

张某主张，因得利卡公司交付给其的车辆的轮胎型号与车辆合格证、车辆登记证载明的轮胎型号不一致，导致其在2017年8月24日无法正常验车，故得利卡公司存在欺诈行为。

【案件焦点】

张某是否有权就实际购买的轮胎规格与车辆一致性证书上该车辆轮胎规格不一致而主张解除与得利卡公司之间的车辆买卖合同关系并要求三倍赔偿款。

【法院裁判要旨】

北京市大兴区人民法院经审理认为本案争议焦点为：第一，张某是否有权解除与得利卡公司之间的车辆买卖合同关系并要求三倍赔偿款；第二，张某的诉讼请求是否超过诉讼时效。

关于第一个争议焦点。首先，本案张某在购车时明确要求车辆轮胎型号为195/55R15，得利卡公司依据张某的要求向其交付轮胎型号为195/55R15的涉案车辆，故张某并没有因陷入错误的认识而购买涉案车辆。《机动车登记证书》系车辆管理行政部门所登记的车辆的相关信息，涉案车辆《机动车登记证书》载明的轮胎型号虽与得利卡公司实际交付给张某的车辆轮胎型号不一致，但该不一致的原因并不是得利卡公司故意欺骗张某所导致的，而是张某要求得利卡公司交付的车辆轮胎型号有别于登记证载明的车辆轮胎型号所导致的。故张某关于得利卡公司存在欺诈行为的主张不应成立。其次，得利卡公司将涉案车辆交付给张某的时间是2010年8月20日，《机动车登记证书》上载明发证日期为“2010－08－24”，故张某在拿到《机动车登记证书》时就应知晓涉案车辆在北京市公安局公安交通管理局登记的轮胎情况与涉案车辆实际情况不符。但张某在拿到《机动车登记证书》后一直使用涉案车辆至2017年11月，超出法律规定的两年期限，应视为张某认可得利卡公司交付的涉案车辆质量符合约定。

关于第二个争议焦点。向人民法院请求保护民事权利的诉讼时效期间为3年；诉讼时效期间自权利人知道或者应当知道权利受到损害以及义务人之日起计算。涉案车辆《机动车登记证书》的发证日期为2010年8月24日，张某于当日即应当知晓涉案车辆的实际轮胎型号与北京市公安局公安交通管理局登记备案的轮胎型号不符。庭审中张某称其最早向得利卡公司主张关于本案的诉讼请求的时间为2017年11月，已长达7年多，故张某本案相关诉讼请求已经超过诉讼时效。

据此，依据《中华人民共和国消费者权益保护法》第五十五条，《中华人民共和国合同法》第一百五十七条、第一百五十八条，《中华人民共和国民法总则》第一百八十八条之规定，判决：

驳回张某的全部诉讼请求。

张某不服一审判决，提起上诉。

北京市第二中级人民法院经审理认为：本案的争议焦点为得利卡公司在向张某销售涉案车辆时是否存在欺诈行为。《中华人民共和国消费者权益保护法》第五十五条第一款规定："经营者提供商品或者服务有欺诈行为的，应当按照消费者的要求增加赔偿其受到的损失，增加赔偿的金额为消费者购买商品的价款或者接受服务的费用的三倍；增加赔偿的金额不足五百元的，为五百元。法律另有规定的，依照其规定。"《最高人民法院关于贯彻执行〈中华人民共和国民法通则〉若干问题的意见（试行）》第六十八条规定："一方当事人故意告知对方虚假情况，或者故意隐瞒真实情况，诱使对方当事人作出错误意思表示的，可以认定为欺诈行为。"本案中，张某主张得利卡公司存在欺诈行为的事项为《机动车登记证书》上登记的轮胎规格与涉案车辆实际的轮胎规格不一致。但是张某亦在诉讼过程中认可其在购车时选择的轮胎规格为195/55R15，该轮胎规格与涉案车辆的实际情况一致。此外，在《车辆一致性证书》中"车辆一致性证书参数"处亦载明："轮胎规格：第1轴：195/55R15，第2轴：195/55R15。"因此，得利卡公司并不存在故意告知张某虚假情况或者故意向张某隐瞒真实情况诱使张某作出错误意思表示的行为。张某以得利卡公司存在欺诈行为提出相应诉讼请求，缺乏事实与法律依据，一审法院不予支持并无不当。需要指出的是，一审法院在认定得利卡公司并不存在欺诈行为的基础上，也即张某并不存在因"欺诈行为"而致权利受损的情况下，对诉讼时效是否经过的问题进行论述无必要，法院在此予以纠正。

综上所述，张某的上诉请求不能成立，应予驳回；一审判决虽存在瑕疵，但处理结果并无不当，法院予以维持。依照《中华人民共和国民事诉讼法》第一百七十条第一款第一项、《最高人民法院关于适用〈中华人民共和国民事诉讼法〉的解释》第三百三十四条的规定，判决如下：

驳回上诉，维持原判。

【法官后语】

经营者在销售车辆时存在欺诈可以主张惩罚性赔偿，所以消费者通过诉讼要求“退一赔三”的情况很多。但由于机动车标的较大，不同于一般的生活消费品，在认定是否构成欺诈的时候存在诸多难点。

首先，关于欺诈的认定，《最高人民法院关于贯彻执行〈中华人民共和国民法通则〉若干问题的意见（试行）》第六十八条规定：“一方当事人故意告知对方虚假情况，或者故意隐瞒真实情况，诱使对方当事人作出错误意思表示的，可以认定为欺诈行为。”欺诈应当具备四个构成要件：第一，欺诈人具有欺诈故意，包括直接故意和间接故意；第二，存在欺诈行为，即欺诈人实施了虚假陈述或隐瞒真相的行为；第三，被欺诈人因欺诈行为而陷入错误的认识；第四，因果关系，被欺诈人因此作出不真实的意思表示。因此，涉案机动车存在瑕疵、经营者未尽必要告知义务并不必然导致欺诈认定的成立。而对于消费者明知商品存在瑕疵但仍然购买的行为，由于与欺诈的构成要件不符，不宜认定为欺诈。

其次，关于举证责任的分配和证明标准。就机动车存在瑕疵以及经营者是否存在欺诈，一般不应采取严格的举证责任倒置的责任分配方式，而应采取“主张——对抗——再对抗”的证明责任方式，即原则上由消费者提供初步证据证明机动车存在瑕疵或经营者存在欺诈，转而由经营者举证证明自己的商品不存在瑕疵或自己不存在欺诈。这种分配方式可以较好地平衡经营者和消费者的利益，在具体判断和适用上也有一定的弹性。在经营者主张买受人知假买假的情况下，经营者应提供初步证据予以证明，其仅提出买受人明知作为抗辩，未提供初步证据的，不应予以认定；经营者能够提供证明买受人明知的初步证据的，转由买受人就其受到欺诈进行举证，买受人不能举证的，应当认定其构成明知。在证明标准上，欺诈的证明标准应按照《最高人民法院关于适用〈中华人民共和国民事诉讼法〉的解释》第一百零九条的规定，有别于一般民事案件的高度盖然性标准而应达到排除合理怀疑的程度。

最后，关于惩罚性赔偿基数的确定。对于机动车这种大件商品，进行局部欺诈，不影响整体效用，不足以构成根本违约的，应仅就局部欺诈部分进行惩罚性赔偿。比如欺诈部分与整体性能的关联性较小，尤其是可单独配置的如汽车音响等不影响汽车驾驶性能的部分，可以局部欺诈部分的价值为赔偿基数。如果构成对商品的整体欺诈，如欺诈部分属于机动车的核心部件，如发动机、制动系统等关乎车辆主要功能和驾驶人员安全的，则应以整车价格为赔偿基数。在个案中还要综合考量瑕疵对整体价值的影响，对消费者做出购买意思表示的影响，以及欺诈的恶劣程度和对汽车交易秩序的影响等因素来确定赔偿的基数。

编写人：北京市大兴区人民法院　李蕊　杨慧

13

消费者重复购买行为及消费维权案件中“欺诈”的认定

——崔某利诉北京赛特奥特莱斯商贸有限公司买卖合同案

【案件基本信息】

1. 裁判书字号

北京市第三中级人民法院（2018）京03民终13577号民事判决书

2. 案由：买卖合同纠纷

3. 当事人

原告（上诉人）：崔某利

被告（被上诉人）：北京赛特奥特莱斯商贸有限公司（以下简称赛特奥莱公司）

【基本案情】

2016年3月15日、3月21日，崔某利分别在赛特奥莱公司购买某品牌女装上衣2件，单价均为6950元，服装水洗标标注面料成分为桑蚕丝60%、羊绒40%。崔某利称回家后感觉服装有质量问题，于3月16日将购买的其中1件上衣送至山东省某质量监督检验测试中心（以下简称检测中心）检测，支付检测费500元。该检测中心出具的编制日期为2016年3月21日的《检测报告》显示该服装面料实测值为桑蚕丝100%。崔某利认为赛特奥莱公司的行为系掺杂掺假、以次充好，以不合格产品冒充合格产品，误导欺诈了消费者。故诉至法院，要求判令赛特奥莱公司退还货款13900元，支付三倍赔偿金41700元及检验费500元。

诉讼中，赛特奥莱公司就同一服装申请司法鉴定，国家纺织质量检验中心出具《检验报告》，载明样品标准值为桑蚕丝60%、羊绒40%，大身前片部分纤维含量实测值桑蚕丝100%，大身后片部分纤维含量山羊绒66.8%、桑蚕丝33.2%，袖子部分纤维含量山羊绒65.3%、桑蚕丝34.7%。庭审中，崔某利表示因桑蚕丝、羊绒面料比较舒适而购买涉案服装，购买时注意到了商品标注的面料比例，但对两种面料具体比例没有特殊需求；崔某利实际于2016年4月1日才取得《检测报告》，3月21日购买第2件服装时并不知晓《检测报告》结果。

【案件焦点】

消费者重复购买行为及消费维权案件中“欺诈”的认定。

【法院裁判要旨】

北京市朝阳区人民法院经审理认为：一方当事人故意告知对方虚假情况，或者故意隐瞒真实情况，诱使对方当事人作出错误意思表示的，可以认定为欺诈行为。本案中，崔某利有两次购买行为。就第一次购买行为而言，所购服装标签标注的面料成分比例与诉讼中委托检验结果不符，但差异性非普通公众穿着所能感受，崔某利也承认在购买时对服装面料比例没有特殊需求，故上述服装标签错误并不足以使消费者陷入对面料成分比例的错误认识并基于该认识而作出错误购买的意思表示，故崔某利主张赛特奥莱公司销售该服装的行为构成欺诈，法院不予支持。鉴于确存标签瑕疵，崔某利主张退货退款，法院予以支持。崔某利要求赛特奥莱公司支付赔偿金的诉讼请求，于法无据，不予支持。

针对崔某利2016年3月21日所购服装而言，崔某利第一次购买同款服装后因疑存问题而送检测中心检测，第二次购买时间与《检测报告》记载的检测结束、批准、审核、编制日期及发票开票日期为同一天。崔某利称第二次购买时尚未取得报告，但无证据证明具体取得报告时间，即使如其所述，也表明其已存疑送检，结果未出而再次购买，要么是明知涉案服装标注与实际不符而进行购买，要么是自愿扩大损失。总之其该次购买行为非受欺诈而为，就有关该次购买服装的诉讼请求，一审法院不予支持。

关于检验费，崔某利将服装送检并实际支出了检验费，该服装在诉讼中再鉴定确存瑕疵，故崔某利已付检验费系为主张自身权利支出的合理费用损失，相应诉求，法院予以支持。

北京市朝阳区人民法院依照《中华人民共和国消费者权益保护法》第八条、第四十条第一款、第五十五条第一款之规定，作出如下判决：

一、被告赛特奥莱公司于本判决生效之日起七日内退还原告崔某利货款6950元，同时原告崔某利于本判决生效之日起七日内将送检服装退还被告赛特奥莱公司［货号FL046K－F58D6的Lane Crawford服装1件，号型170/88A（42）］；

二、被告赛特奥莱公司于本判决生效之日起七日内支付原告崔某利检验费500元；

三、驳回原告崔某利的其他诉讼请求。

崔某利不服一审判决，提起上诉。

北京市第三中级人民法院经审理同意一审法院裁判意见，判决：依照《中华人民共和国民事诉讼法》第一百七十条第一款第一项规定，驳回上诉，维持原判。

【法官后语】

消费欺诈行为是严重侵害消费者合法权益的违法经营行为，其引发的惩罚性赔偿问题也是消费者权益保护领域的热点问题。2013年修订的《消费者权益保护法》第五十五条规定惩罚性赔偿以“经营者提供商品或者服务有欺诈行为”为前提，但该法并未对消费维权纠纷中的“欺诈”进行明确定义，导致司法实践中存在一定认识分歧。其中，“欺诈”是否以消费者“因欺诈而陷入错误认识”“因错误认识而为意思表示”为要件即本案争点。就此，有观点认为只要经营者存在欺诈行为，消费者购买了该商品，即可认定消费者陷入错误认识，经营者存在“欺诈”。另一种观点则认为消费者具有一定的审慎义务，在购买前通过观察商品的外包装标识、商品描述等内容能够辨识商品的正确信息，未陷入错误认识而作出意思表示，不宜适用惩罚性赔偿。

《最高人民法院关于贯彻执行〈中华人民共和国民法通则〉若干问题的意见》

第六十八条规定了欺诈的构成要件，即一方当事人故意告知对方虚假情况，或者故意隐瞒真实情况，诱使对方当事人作出错误意思表示的，可以认定为欺诈行为。《最高人民法院关于贯彻执行〈中华人民共和国民法通则〉若干问题的意见》是对《中华人民共和国民法通则》的司法解释，属于一般规定的范畴。《中华人民共和国消费者权益保护法》作为民法中的特别法，在无其他特别规定的情况下，应当适用《最高人民法院关于贯彻执行〈中华人民共和国民法通则〉若干问题的意见》中的一般性规定。因此，消费维权案件的“欺诈”应同样具备传统民事“欺诈”的四要件：一是行为人有欺诈的主观故意；二是行为人实施了欺诈的客观行为；三是被欺诈人因该欺诈行为而陷入错误认识；四是被欺诈人因为该错误认识而作出了错误的意思表示，即欺诈行为和意思表示之间具有因果关系。值得注意的是，2013年颁布的《最高人民法院关于审理食品药品纠纷案件适用法律若干问题的规定》第三条明确了在食品药品纠纷中，若消费者主张惩罚性赔偿，法院不支持生产者、销售者提出的消费者“明知存在质量问题而仍然购买”的抗辩意见。该司法解释属于对消费维权案件中食品药品纠纷的特殊性规定。

具体而言，对于非食品药品类消费维权案件中消费者是否因欺诈行为而陷入错误认识并作出意思表示的司法认定，应结合经营者告知虚假信息和隐瞒信息的程度、消费者购买行为过程、购买次数、购买数量、一般社会群体的消费认知能力和消费观念等因素综合进行判断。本案中，崔某利存在多次重复购买相同服装的行为，其在第一次购买后即将服装送检，在检测报告出具之日又进行了第二次重复购买行为。从崔某利在庭审中陈述的第一次决定购买服装的因素分析，其所购服装标签所载面料材质及比例并未形成足以导致其作出错误意思表示的后果，其要求赛特奥莱公司承担惩罚性赔偿责任，于法无据。崔某利的第二次购买行为，要么是明知商品标注与实际不符而进行购买，要么是自愿扩大损失，该次购买行为非受欺诈而为，其要求赛特奥莱公司承担惩罚性赔偿责任，亦于法无据。

编写人：北京市朝阳区人民法院　李有光　温晓汾

14

未告知售前检查处理信息且售前检查处理不当的法律责任

——何某诉重庆百事达丰田汽车销售服务有限公司买卖合同案

【案件基本信息】

1. 裁判书字号

重庆市第一中级人民法院（2018）渝01民终584号民事判决书

2. 案由：买卖合同纠纷

3. 当事人

原告（被上诉人）：何某

被告（上诉人）：重庆百事达丰田汽车销售服务有限公司（以下简称百事达公司）

【基本案情】

2016年12月21日，何某与百事达公司签订《新车定购单》，约定何某订购皇冠车辆一台，车辆价格266800元。百事达公司向何某开具机动车销售统一发票并交付涉案车辆。后何某办理了涉案车辆的付款手续并缴纳了保险费、车辆购置税。2017年1月3日，何某委托案外人黄某办理涉案车辆机动车注册登记手续，但未办理成功，涉案车辆至一审庭审辩论终结前未办理机动车注册登记手续。生产厂家的《PDS交车前服务手册》载明了PDS（交车前服务）的相关信息。

2017年1月9日，何某委托鉴定机构鉴定，结论是所购车辆后行李箱盖有拆卸痕迹，原车机械钥匙无法开启后行李箱盖锁。案外人张某所购车辆与何某所购车辆系同款同型同颜色，发票载明购买价格与何某购车价一致。

关于涉案车辆的行李箱盖有过拆卸痕迹且机械锁不能代开行李箱盖，何某称涉案车辆发生过事故且百事达公司未告知车辆有过拆卸行为，故其销售行为构成欺诈；百事达公司称此事属于其售前检查操作失误所致，其不存在欺诈的故意。

【案件焦点】

1. 百事达销售公司在销售涉案车辆过程中是否存在欺诈行为并应承担购车价款三倍的惩罚性赔偿责任；2. 百事达销售公司是否应退还货款并赔偿因购车产生的相关损失。

【法院裁判要旨】

重庆市江北区人民法院经审理认为：首先，百事达公司在销售时未告知何某涉案车辆曾拆卸并更换行李箱盖的事实。其次，何某未办理车辆登记手续的原因系后备厢缺失车辆识别代号。最后，百事达公司作为专业公司，其关于工作失误的辩称难以让人采信。故法院最终认定百事达销售公司的销售行为构成欺诈，支持何某"撤销合同，百事达公司退还何某购车款以及赔偿相应损失，并承担三倍赔偿责任"的诉讼请求。据此依照《中华人民共和国合同法》第五十四条、第五十八条、第一百一十三条第二款，《中华人民共和国消费者权益保护法》第二条、第八条第一款、第九条、第五十五条第一款，《中华人民共和国仲裁法》第二十六条，《中华人民共和国民事诉讼法》第六十四条第二款、第一百四十二条之规定，判决如下：

一、撤销原告何某与被告百事达公司于2016年12月21日签订的《新车定购单》；

二、被告百事达公司于本判决生效之日起十日内返还原告何某购车款266800元；

三、被告百事达公司于本判决生效之日起十日内赔偿原告何某车辆购置税22803元、保险费7913.21元、鉴定费700元；

四、被告百事达公司于本判决生效之日起十日内赔偿原告何某购车款800400元；

五、驳回原告何某的其他诉讼请求。

百事达公司不服一审判决，提起上诉。

重庆市第一中级人民法院经审理认为：现有证据不能证明百事达公司为获利而故意将两车后备厢盖进行互换。虽然百事达公司在PDS检测调试中存在过失，但对售出车辆因此存在瑕疵并不知情，没有制造假象或者隐瞒真实情况的故意。同时，百事达公司对涉案车辆进行PDS检测，应按照生产厂家要求，向何某告知检测清单所涉及相应调校内容，其未进行告知，客观上侵犯了何某对购买车辆真实情况的知情权，但PDS检测中对后备厢盖缝隙、错位进行拆卸调校的操作本身不足以影响涉案汽车质量及其综合性能，不会让消费者陷入错误认识而作出错误意思表示。故百事达公司虽未履行涉案车辆PDS检测情况的告知义务，但其行为并不构成消费欺诈，故何某请求百事达公司承担购车价款三倍的惩罚性赔偿责任缺乏相应事实依据。但因百事达公司的过错，造成涉案车辆因后备厢盖被换装而缺失车辆识别代号，致使涉案车辆未能办理登记，无法上路行驶，无法实现车辆基本使用性能从而满足何某购车目的，此系因百事达公司的过错导致存在质量问题，应承担相应责任。法院依据新查证的事实，对一审判决予以改判，依照《中华人民共和国消费者权益保护法》第二条、第八条第一款、第四十条第一款，《中华人民共和国产品质量法》第四十条第一款第一项，《最高人民法院关于贯彻执行若干问题的意见（试行)》第六十八条，《中华人民共和国民事诉讼法》第六十四条第二款、第一百四十二条、第一百七十条第一款第二项之规定，判决：

一、撤销重庆市江北区人民法院（2017）渝0105民初3266号民事判决。

二、百事达公司在本判决生效之日起十日内返还何某购车款266800元。

三、百事达公司在本判决生效之日起十日内赔偿何某车辆购置税22803元、保险费7913.21元、鉴定费700元。

四、何某于本判决生效之日起十日内将其购买的皇冠车辆退还给百事达公司。

五、驳回何某的其他诉讼请求。

【法官后语】

本案处理难点主要在于对“汽车销售者未向消费者告知售前检查处理信息且售前检查处理不当”行为性质的理解。

售前检查系汽车行业对乘用新车售前检查的通称，指的是汽车供应商要求其授权销售者在将新车交付给购车者前，对新车进行全面检查和矫正的一项必经检测程序。因现行法律没有对售前检查作出具体规定，当消费者发现所购汽车有修理痕迹而主张汽车销售者构成欺诈要求赔偿时，汽车销售者通常抗辩该痕迹是售前检查处理痕迹，且抗辩售前检查是汽车行业向消费者交付新车前的行业惯例。针对汽车销售者的抗辩，法院面临认定售前检查是否是行业惯例的难题。本案根据汽车行业协会的《乘用车新车售前检查服务指引（试行)》的规定，明确汽车销售者在向消费者交付新车前进行售前检查是长期通行做法；同时认为售前检查程序平等保护了消费者与经营者利益，其目的是给消费者提供更好的服务，其结果是使交付的车辆达到原厂出厂检验标准，故该程序不违背公序良俗。因此，最终生效判决认定售前检查是汽车行业通行的行业惯例。

但对“销售者未向消费者告知售前检查处理信息且售前检查处理不当”行为的定性，是本案一、二审不一致的主要分歧点，涉及认定该行为是合法行为、欺诈行为或侵犯消费者知情权行为。销售者所应提供的汽车信息应从一般消费者认知能力和消费心理出发，以相关信息是否足以影响到一般消费者的消费选择为判断依据。本案百事达公司按照售前检查这一行业惯例对消费者所购汽车进行了修复或者拆卸行为，但其未告知消费者售前检查处理结果以及查询途径。百事通公司的前述行为虽然主观上没有实施欺诈行为的故意，但因该售前检查处理涉及拆卸等影响消费者消费选择信息，其未告知行为客观上侵犯了消费者对所购汽车真实情况的知情权。同时百事达公司在售前检查过程中，因百事达公司的过错，造成涉案车辆因后备厢盖被换装，从而导致原车机械钥匙不能开启后备厢门以及后备厢门缺失车辆识别代号，致使涉案车辆未能办理登记，无法上路行驶，无法实现车辆基本使用性能从而满足消费者购车目的，此系因百事达公司的过错导致存在质量问题，应向消费者承担退货责任并赔偿相应损失。

销售者向消费者交付新车前进行售前检查是一种行业惯例，该种行业惯例应得到尊重。但销售者进行售前检查发现问题时，应将其对汽车局部的修复或拆卸行为等影响消费者消费选择的信息告知消费者，否则将侵犯消费者知情权而承担相应责任；同时汽车销售者因售前检查问题处理不当造成车辆质量问题应向消费者承担相应责任。这种裁判思路最终实现了尊重汽车行业惯例促进汽车行业繁荣发展与保护消费者合法权益之间的平衡。

编写人：重庆市第一中级人民法院　李立新　王美阳

15

企业不能作为消费者主张惩罚性赔偿

——贾某夯诉北京燚坤星防雷科技有限公司买卖合同案

【案件基本信息】

1. 裁判书字号

北京市第二中级人民法院（2018）京02民终7119号民事判决书

2. 案由：买卖合同纠纷

3. 当事人

原告（反诉被告、被上诉人）：贾某夯

被告（反诉原告、上诉人）：北京燚坤星防雷科技有限公司（以下简称燚坤星公司）

【基本案情】

2014年12月16日，贾某夯与燚坤星公司（原名为北京亿通汇防雷科技有限公司）分别签订三份合同，约定燚坤星公司从贾某夯处购买家具。标的额为690000元的合同（以下简称第一份合同）约定付款时间为2015年5月1日前付清，违约责任为5月1日前未付清全款买方承担全款10%的违约金。标的额为2485000元的合同（以下简称第二份合同）约定付款时间为买方在签约时支付20000元，2015年1月15日前付1000000元，2015年5月1日前付清。标的额为60000元的合同（以下简称第三份合同）约定付款时间为2015年5月1日前付清。此外，双方在第一份合同中备注退一套办公桌（即规格为1.8米的老板台）共250000元，余款440000元。

合同签订当天，燚坤星公司支付预付款20000元。2014年12月26日，燚坤星公司在送货清单上签字盖章，送货清单中的数量、单价与第一份、第二份合同的数量、单价一致，总计货款是3175000元。关于第三份合同中的五屉柜，贾某夯表示已作为赠品赠送给了燚坤星公司，起诉时未主张该笔货款。2015 年 4 月 21 日，燚坤星公司向贾某夯出具欠条一份，内容为“我北京亿通汇防雷科技有限公司欠到贾某夯先生人民币叁佰壹拾柒万伍仟圓整（3175000 元），此款 5 月 1 日前先付壹佰万元整，余款在 5 月 30 日前付清”。2015 年 5 月 7 日，燚坤星公司支付货款 300000 元。2015 年 6 月 29 日，燚坤星公司再次向贾某夯出具承诺书，承诺剩余款额在 2015 年 7 月底之前付清。2015 年 6 月 30 日，燚坤星公司支付货款 200000 元。2015 年 8 月 17 日，燚坤星公司再次向贾某夯出具承诺书，承诺剩余款额在 2015 年 8 月底之前付清。后燚坤星公司支付货款 73 万元。2016 年 12 月 15 日，燚坤星公司再次向贾某夯出具欠条，内容为“北京亿通汇防雷科技有限公司欠到贾某夯先生人民币壹佰玖拾贰万伍仟元整”。

后经鉴定，合同约定面料为黄金楠的圈椅 2 套和面料为金丝楠木的五屉柜的材质均与合同约定不符。

【案件焦点】

1. 已交付的涉案货物是否全部符合合同约定，买受人是否应向出卖人支付货款并赔偿经济损失；2. 本案中的违约行为是否构成根本违约、一方当事人是否有权主张解除合同；3. 公司主体作为买受人是否有权主张消费者权益保护法中的惩罚性赔偿。

【法院裁判要旨】

北京市房山区人民法院经审理认为：对于贾某夯交付的 2 套黄金楠圈椅，因交货货物与合同约定不符，燚坤星公司主张退货的反诉请求法院予以支持。除 2 套黄金楠圈椅外，燚坤星公司主张涉案家具存在开裂、变形、变色等质量问题，根据鉴定意见书并不能推断出涉案家具存在的质量问题是由贾某夯所致，故对于燚坤星公司要求解除合同和退还已付货款的反诉请求，虽然贾某夯交付的货物中有部分货物不符合合同约定，但该部分货物的交付从数量、价值来看达不到根本违约的程度，不符合法定解除条件，故对该项反诉请求法院不予支持。本案中，燚坤星公司购买涉案家具放于其办公场所，目的是为生产经营所需，而非为生活消费需要，故对燚坤星公司的该项反诉请求，法院亦不予支持。关于贾某夯要求支付经济损失的诉讼请求，合同约定的最后付款日期是 2015 年 5 月 1 日，2015 年 8 月 17 日的承诺书双方一致将付款时间变更为2015年8月底，故利息起诉时间需从2015年9月1日起算。

北京市房山区人民法院依照《中华人民共和国合同法》第一百零七条、第一百零九条、第一百一十一条、第一百二十条规定，判决：

一、燚坤星公司于判决生效之日起十日内支付贾某夯货款1835000元；

二、燚坤星公司于判决生效之日起十日内支付贾某夯经济损失（以1835000元为基数，按照中国人民银行同期贷款利率，自2015年9月1日起至实际付清之日止）；

三、燚坤星公司于判决生效后十日内退还贾某夯品牌为鸿翔阁、约定材质为黄金楠的圈椅2套（含4把单椅和2个茶几）；

四、驳回贾某夯的其他诉讼请求；

五、驳回北京燚坤星防雷科技有限公司的其他诉讼请求。

燚坤星公司不服一审判决，提起上诉。

北京市第二中级人民法院经审理认为：第一，关于货款数额，燚坤星公司在送货清单上对贾某夯交付的货物盖章确认，此后燚坤星公司多次出具欠条、承诺书对欠付贾某夯的货款数额予以确认并承诺付款，故依据上述证据确定的货款数额，扣除燚坤星公司已付款数额以及经鉴定不符合合同约定、应予退回的部分货物价值，据此确定燚坤星公司应当支付的剩余货款，判决燚坤星公司向贾某夯支付并赔偿相应的利息损失，处理正确。第二，现并无证据证明贾某夯存在致使燚坤星公司无法实现合同目的的根本违约行为，燚坤星公司要求法定解除合同，缺乏事实及法律依据。第三，关于燚坤星公司能否要求贾某夯支付三倍赔偿金及违约金，燚坤星公司购买涉案家具的目的系生产经营所需，而非为生活消费需要，且合同亦未约定违约金，故对燚坤星公司要求依据《中华人民共和国消费者权益保护法》进行三倍赔偿及支付违约金的诉讼请求不予支持。故依照《中华人民共和国民事诉讼法》第一百七十条第一款第一项规定，判决：

驳回上诉，维持原判。

【法官后语】

本案的典型问题是企业能否作为消费者主体依据《中华人民共和国消费者权益保护法》主张惩罚性赔偿。关于消费者的概念，我国立法并未对此进行明文规定，

《中华人民共和国消费者权益保护法》第二条仅规定了该法的调整范围为“消费者为生活消费需要购买、使用商品或者接受服务，其权益受本法保护；本法未作规定的，受其他有关法律、法规保护”，亦未对消费者概念进行明示。故因消费者概念尚未得到明确界定，关于《中华人民共和国消费者权益保护法》中的消费者主体是否仅限于自然人亦或包括企事业单位及其他组织体存在争议，在司法实践中审理消费者权益纠纷案件存在着一定困难，本案对如何理解消费者概念及处理相关案件具有参考意义。

在理解把握《中华人民共和国消费者权益保护法》中的消费者概念时，应明确消费者的主体身份仅限于自然人而非企事业单位及其他组织体。《中华人民共和国消费者权益保护法》明确规定其调整的法律关系是为生活消费需要购买、使用商品或者接受服务的该类生活消费关系，企事业单位及其他组织体虽然也可以因购买、使用商品或者接受服务与经营者签订相关合同，但因其本身不具备生活消费需要，且通常其与个体经营者在交易经验、交易能力、谈判地位等方面并不似自然人一般居于弱势地位，换言之，并非消费关系中的弱者，故从立法解释和司法解释的双重角度来看，企事业单位及其他组织体基于消费目的而购买商品或接受服务亦不具备消费者权益保护法中的消费者身份。本案中与贾某夯签订买卖合同的相对人系燚坤星公司，而非该公司的自然人股东，燚坤星公司作为企业法人主体其行为能力应依据营业执照确定，亦即从事营业执照载明的生产经营活动，不存在生活消费需要，故燚坤星公司购买涉案家具进行消费的行为属于经营者与经营者之间所发生的关系，应适用《中华人民共和国消费者权益保护法》之外的法律规定，无须通过《中华人民共和国消费者权益保护法》予以特殊保护。因此燚坤星公司要求依据《中华人民共和国消费者权益保护法》进行三倍赔偿的诉讼请求应予以驳回。关于如何界定消费者的生活消费目的一节，应严格区分消费行为与生产经营行为，明确《中华人民共和国消费者权益保护法》意义上的消费者在购买商品或接受服务之时系出于生活消费需要而非生产经营消费需要，不得为营利性目的。

应当说明的是，《中华人民共和国消费者权益保护法》是我国第一部保护消费者权益的专门法律，在保护消费者权益方面，只有在《中华人民共和国消费者权益保护法》未作规定的情况下，才适用其他有关法律法规的规定。在案件一方当事人因不具备法律意义上的消费者身份而不能依据《中华人民共和国消费者权益保护法》主张惩罚性赔偿的情况下，不排除其作为商品买受人、服务合同订立人的身份，在《中华人民共和国合同法》《中华人民共和国产品质量法》等其他法律的调整范围下主张其相应诉讼请求。

编写人：北京市第二中级人民法院　孙盈　贾凯迪

二、买卖合同的订立

16

合同期满后未另行订立合同双方权利义务的确定

——泰兴新奥燃气有限公司诉扬州中石油昆仑燃气有限公司买卖合同案

【案件基本信息】

1. 裁判书字号

江苏省泰州市中级人民法院（2018）苏12民终559号民事判决书

2. 案由：买卖合同纠纷

3. 当事人

原告（被上诉人）：泰兴新奥燃气有限公司（以下简称新奥公司）

被告（上诉人）：扬州中石油昆仑燃气有限公司（以下简称昆仑公司）

【基本案情】

双方自2011年起发生“压缩天然气”（英文简称CNG）业务往来。2013年10月24日，双方签订《购销合同》一份，合同载明：本合同约定甲方（昆仑公司）自2013年10月20日开始向乙方（新奥公司）稳定供气。本合同有效期内甲方日供应乙方压缩天然气1.5万~3万方（即立方米，下同）。运输方式及交接：由甲方负责CNG运输车负责运输。压缩天然气的交接地点为：乙方泰兴北二环天然气储配站内。双方应委派代表在《供购气量交验单》上签字确认甲方加气数量，乙方于卸气后在交验单上注明实际卸气数量。本合同约定压缩天然气的计量方式采用质量流量计计量。以甲方充装计量结果为准，乙方计量结果为复核。双方的计量器具按国家规定的检测周期进行计量检定，需向对方提供法定检测部门的鉴定书。根据国家规定及行业惯例，根据乙方复核结果，甲方供应给乙方的压缩天然气产生的气差，由乙方承担每车CNG气差≤气量的2%以下部分，甲方承担每车CNG气差大于总气量的2%以上。任何一方对对方的天然气计量有异议时，聘请双方认可的法定检测部门对双方计量器具予以检定。如果属于计量器具精度的原因造成的误差，误差方应根据检定结果修正计量值并承担由本次检定所涉及的计量器具及其他仪表的检定费、陪检人员劳务费等。并补足因计量误差引起的气量损失。本合同约定甲方供应给乙方的压缩天然气价格定为3.7元/立方米（含运费和税金）。气款结算：气量结算以双方签认的《供购气量交验单》为结算依据。双方合作采用预付款方式，即从双方确定首次用气之日前五日内，预付下周7天的总计划量气款；以后以七天用气量为周期进行预付，每周四前预付下周的预付款，甲方收到乙方的预付款后给予加气。每月月末前一天为结算日。结算日后3日内甲方将当月的气量明细表以传真形式发给乙方，经乙方核对无误后，甲方根据结算金额向乙方开具增值税发票，并于月底前邮寄给乙方。

双方因供气量、价格问题，又签订《补充协议》一份，载明：为甲乙双方于2013年10月24日签订的压缩天然气购销合同作为补充，经双方友好协商达成如下协议。1. 供气时间及价格：从2013年12月5日起至2014年1月31日止，当甲方日供应乙方压缩天然气1.5万~3万方（含3万方），气价执行3.7元/立方米（含运费和税金），当甲方日供应乙方压缩天然气3万~5万方（含5万方），气价执行3.85元/立方米（含运费和税金）。2. 乙方每日上报计划量不超过5万立方米且上下浮动控制在1万立方米以内，特殊情况经双方协商，超出5万方气量部分执行气价3.85元/立方米。3. 甲方需保证为乙方提供足够的运输的车辆（淮安三江运输有限公司）随到、随加和随卸。4. 乙方预付款按3万方/日×3.7元/立方米×7天，支付77.7万元，在下一结算周期提前2个自然日到账，节假日提前预付。5. 此协议为原合同的补充协议，其他条款不变。

2013年10月至2014年6月14日，新奥公司分批向昆仑公司购买了部分压缩天然气。双方之间产生的天然气往来货款均已结清，昆仑公司向新奥公司分批开具了相应的增值税发票，新奥公司已收到增值税发票。

2014年10月至2015年12月16日，双方工作人员通过QQ联系，核对码单量、卸气量及运输气差、发票开具等事宜。2014 年 5 月 29 日双方工作人员通过 QQ 联系，就 4 月 30 日至 5 月 26 日开票事宜，昆仑公司工作人员表述“领导说按原价先结，气损后算，需要商议，之后再补上，之后我们王总会过去跟你们商议”，新奥公司工作人员陈述“刚我也问了一下顾总，他让你们先不要开票了，票开过来我们也不能入账”。

2014 年 11 月 13 日双方工作人员通过 QQ 联系，确认 2014 年 4 月 21 日至 6 月 14 日码单量为 1032668.95 方，卸气量为 955713 方，昆仑公司已按照码单量开具了发票，在此期间输差未结算。

讼争双方因 2014 年 4 月 21 日至 6 月 14 日天然气的气损差额产生争议，双方协商未果，新奥公司遂诉至法院。

【案件焦点】

1. 双方 2013 年 10 月 24 日签订的《购销合同》是否已经到期且履行完毕；2. 新奥公司要求昆仑公司赔偿气差损失的诉讼请求能否予以支持。

【法院裁判要旨】

江苏省泰州市泰兴市人民法院经审理认为：《泰兴新奥压缩天然气购销合同补充协议》所约定的期限不是 2013 年 10 月 24 日《压缩天然气购销合同》期限的补充规定。首先，2013 年 10 月 24 日双方签订的《压缩天然气购销合同》并未明确约定合同终止时间，亦未约定合同的解除或终止条件。从该合同内容可以看出双方均希望保持长期友好的合作关系。其次，《泰兴新奥压缩天然气购销合同补充协议》中明确载明“为甲乙双方于 2013 年 10 月 24 日签订的压缩天然气购销合同 KLRQ—YZ-KL—2013—031 第 4.1 条和第 7.1 条作为补充，经双方友好协商达成如下协议……”，说明《泰兴新奥压缩天然气购销合同补充协议》签订目的是为 2013 年 10 月 24 日原被告签订的《压缩天然气购销合同》中第 4.1 条和第 7.1 条进行补充，仅是对合同部分条款的补充。2013 年 10 月 24 日《压缩天然气购销合同》中第 4.1 条约定“本合同有效期内甲方日供应乙方压缩天然气 1.5 万 ~ 3 万方”，第 7.1 条约定“本合同约定甲方供应给乙方的压缩天然气价格定位 3.7 元/立方米（含运费和税金）”，由此可见该补充协议的主要目的系对天然气的价格和供气量进行变更，而非对合同期限进行变更。虽《泰兴新奥压缩天然气购销合同补充协议》中约定了供气时间，但在该补充协议的第5条约定“此协议为原合同的补充协议，其他条款不变”，该时间约定应视为双方对特定时间内天然气价格和供气量进行进行了变更，而非对《压缩天然气购销合同》的期限进行了变更。最后，《泰兴新奥压缩天然气购销合同补充协议》期满后，双方仍然发生了数笔天然气的购销往来。双方既未另行达成天然气购销合同，又未书面或以其他合法形式通知对方解除或终止2013年10月24日签订的《压缩天然气购销合同》，故《泰兴新奥压缩天然气购销合同补充协议》所约定的期限不是2013年10月24日《压缩天然气购销合同》期限的补充规定。

双方仍应遵照2013年10月24日签订的《压缩天然气购销合同》约定履行各自义务。《压缩天然气购销合同》中约定“根据国家规定及行业惯例，根据乙方复核结果，甲方供应给乙方的压缩天然气产生的气差，由乙方承担每车CNG气差≤气量的2%以下部分，甲方承担每车CNG气差大于总气量的2%以上”。因此在天然气购销合同中，天然气气差在气量2%以内由原告自行负担，超出气量2%的部分应由被告负担。关于气差数额的确定，法院认为，在《压缩天然气购销合同》中第6.2条、第6.4条进行了约定压缩天然气的计量“以甲方充装结果为准，乙方计量结果为复核”“根据国家规定及行业惯例，根据乙方复核结果，甲方供应给乙方的压缩天然气产生的气差……”，即一般情形下，天然气的气量以被告方的充装计量结果为依据，乙方计量结果为复核，但在发生气差时，应当以国家规定、行业惯例及原告复核结果计算。同时，在《压缩天然气购销合同》中第8.1条中约定“气量结算以双方共同签认的《供购气量交验单》为结算依据”，而非昆仑公司辩称的“气差结算依据在于《天然气销售交接凭证》”。在双方实际交易期间，双方也是遵循上述原则进行资金结算，新奥公司提供的QQ记录及2014年2月至4月20日的增值税发票证明了双方工作人员在实际交易中，以此方式对气差进行了核对、结算，已形成了该阶段的交易习惯，故对于昆仑公司辩称的意见法院不予采纳。2014年4月21日至2014年6月14日昆仑公司共计少供给天然气56302.57方，共208319.5元，该款项系被告超额收取，应予返还。关于新奥公司要求昆仑公司承担超收气款利息的诉求，因双方未在合同中约定该项违约责任，新奥公司在实际交易中对气差的结算、管理上也存在一定的责任，故对超收气款利息的诉求，法院不予支持。

依照《中华人民共和国民法通则》第九十二条，《中华人民共和国合同法》第九十三条之规定，作出如下判决：

一、被告昆仑公司于本判决生效之日起二十日内返还原告新奥公司人民币208319.5元。

二、驳回原告新奥公司的其他诉讼请求。

昆仑公司不服一审判决，提起上诉。

江苏省泰州市中级人民法院经审理认为：讼争双方于2013年10月24日签订《购销合同》，其中第三条规定，“合同履行期限：本合同约定甲方（昆仑公司）自2013年10月20日开始向乙方（新奥公司）稳定供气”，双方未明确约定合同终止时间。嗣后，双方又签订《补充协议》，明确供气时间“从2013年12月5日起至2014年1月31日止”。该约定系双方真实意思表示，且不违反法律、行政法规强制性规定，应认定为合法、有效。依据《中华人民共和国合同法》第六十一条规定，合同生效后，当事人就质量、价款或者报酬、履行地点等内容没有约定或者约定不明确的，可以协议补充。故在《购销合同》对合同履行终止时间未有约定的情况下，《补充协议》中确定的供气终止时间即为《购销合同》的终止时间。据此，案涉《购销合同》已经到期且已履行完毕。一审法院认为，《补充协议》所约定的期限不是案涉《购销合同》期限的补充规定，认定有误，法院予以纠正。

2014年2月1日后，讼争双方仍然发生压缩天然气的购销往来。对此，法院认为，依据《最高人民法院关于适用〈中华人民共和国合同法〉若干问题的解释（二）》第二条的规定，当事人未以书面形式或者口头形式订立合同，但从双方从事的民事行为能够推定双方有订立合同意愿的，人民法院可以认定是以合同法第十条第一款中的“其他形式”订立的合同；结合《中华人民共和国合同法》第三十六条的规定，当事人未采用书面形式但一方已经履行主要义务，对方接受的，该合同成立。据此，虽然案涉《购销合同》到期后双方没有续签合同，但是双方实际发生了天然气交易，在双方未另行达成新的书面天然气购销合同的情形下，应继续依据《购销合同》《补充协议》及交易习惯来确定双方的权利义务。依据《购销合同》6.4条，“根据国家规定及行业惯例，根据乙方复核结果，甲方供应给乙方的压缩天然气产生的气差，由乙方承担每车CNG气差≤气量的2%以下部分，甲方承担每车CNG气差大于总气量的2%以上”。因此在天然气购销合同中，天然气气差在气量2%以内由新奥公司自行负担，超出气量2%的部分应由昆仑公司负担。本案中，双方一直通过QQ联系，核对码单量、卸气量及运输气差、发票开具等事宜。关于讼争2014年4月21日至2014年6月14日的气差，根据双方工作人员的QQ聊天记录，双方已确认该时间段天然气的码单量为1032668.95方，卸气量为955713方。故新奥公司已完成关于案涉气差损失的初步证明责任；昆仑公司虽然对新奥公司提供的卸气量数据持有异议，二审中也提供了《天然气销售交接凭证》（绿联）以及证人证言等证据予以反驳，但法院认为，前述证据依然不足以推翻新奥公司提供的有关卸气量的数据，相应举证不能的法律后果，应由昆仑公司承担。昆仑公司还辩称，双方关于气差损失一直系核对气差比例（5%左右），而不是确定具体的气差数值，没有事实依据，法院不予采纳。

综上，昆仑公司的上诉请求不能成立，应予驳回；一审判决认定事实清楚，审判程序合法，判决结果正确，应予维持。但一审判决关于合同履行期间的认定错误，法院对此予以纠正。

依照《中华人民共和国民事诉讼法》第一百七十条第一款第一项之规定，作出如下判决：

驳回上诉，维持原判。

【法官后语】

随着市场经济的活跃发展，各类参与主体法律意识的不断增强，交易双方都有意识选择合同作为双方往来的凭证，但随着交易数量的频繁，交易数额的增大，合同双方往往会忽视合同期限，在合同期满后，双方未订立新合同的情况下，而继续发生往来，一旦出现纠纷，往往互相推诿扯皮，因为缺乏书面合同，对双方权利义务难以准确把握。本案中，双方长期发生业务往来，在合同期限届满后，双方未订立新的购销合同，继续发生购销往来，在后期结算过程中，对天然气价格的确定，气损数量及责任的负担产生争议，故引发诉讼。

依据《最高人民法院关于适用〈中华人民共和国合同法〉若干问题的解释（二）》第二条的规定，当事人未以书面形式或者口头形式订立合同，但从双方从事的民事行为能够推定双方有订立合同意愿的，人民法院可以认定是以合同法第十条第一款中的“其他形式”订立的合同；结合《中华人民共和国合同法》第三十六条的规定，当事人未采用书面形式但一方已经履行主要义务，对方接受的，该合同成立。在不存在书面合同情况下，应当遵循诚实信用原则，根据双方实施的民事行为，探究双方当事人真实意思，进而确定交易习惯，明确双方的权利义务。同时，《最高人民法院关于适用〈中华人民共和国合同法〉若干问题的解释（二）》也明确规定对于交易习惯，由提出主张的一方承担举证责任，若该当事人不能提供证据或证据不足以证明其所主张的事实时，那么该当事人要承担不利的后果。本案中，新奥公司提供了双方工作人员的QQ聊天记录，通过聊天记录，新奥公司已完成了气差损失的初步证明责任，也进一步佐证了双方之间的交易习惯，昆仑公司未能提交充分的反驳证据，故对其辩称意见不予支持。

编写人：江苏省泰州市泰兴市人民法院　吴鹏

17

法官认定买卖合同成立的标准及对合同相对性的把控

——崔某平诉陈某清买卖合同案

【案件基本信息】

1. 裁判书字号

河北省沧州市中级人民法院（2018）冀09民终7237号民事判决书

2. 案由：买卖合同纠纷

3. 当事人

原告（被上诉人）：崔某平

被告（上诉人）：陈某清

【基本案情】

崔某平经营钻头生意，于2013年4月至2013年9月陆续向陈某清供应钻头，陈某清购买钻头时向崔某平出具的销货清单上签字确认购货数量、类型及货款。被告陈某清共签字确认销货清单8张，记载价款共计111800元。因陈某清未向崔某平支付上述款项，崔某平起诉至法院，要求判令陈某清偿还货款111800元；陈某清承担全部诉讼费。

【案件焦点】

1. 崔某平与陈某清之间是否成立买卖合同；2. 濮阳市联创钻采工程技术有限公司、盛某清是否是买卖合同的相对人。

【法院裁判要旨】

河北省沧州市任丘市人民法院经审理认为：崔某平提交的8张销货清单均记载了销售货物的种类、数量、价款，同时被告就上述内容进行签字确认，根据证据形式及交易习惯可以认定双方之间成立了买卖合同。陈某清辩称，其系濮阳市联创钻采工程技术有限公司的职工，钻头的实际购买和使用方系濮阳市联创钻采工程技术有限公司，且依据崔某平提交的销货单中有的供货单位记录为盛某清，因此双方间从未成立买卖合同。但依据崔某平的证据不能判定合同相对方系濮阳市联创钻采工程技术有限公司，同时陈某清未提供证据证实其签字行为是基于该公司的授权委托，此外，2013年5月25日签订的销货清单中虽显示供货单位系盛某清，但该单据为崔某平持有，盛某清供货行为基于崔某平授权委托符合常理，故对陈某清的以上辩解不予采信。陈某清未提供证据证实合同成立后其向崔某平支付货款，现崔某平主张陈某清支付货款111800元，符合法律规定，予以支持。

依照《中华人民共和国合同法》第八条、第一百三十条、第一百五十九条的规定，作出如下判决：

陈某清于判决生效后十日内向崔某平支付货款111800元。

陈某清不服一审判决，提起上诉。

河北省沧州市中级人民法院经审理认为：一审时，崔某平提交的销货清单载明了销售货物的数量、种类、价款，陈某清在该销货清单签字确认，对此，双方当事人均无异议，法院予以确认。根据证据形式及人们日常交易习惯，可以认定双方当事人之间买卖关系成立。陈某清称崔某平提供的销货清单不能证明双方存在买卖关系不能成立，法院不予支持。关于陈某清主张追加濮阳市联创钻采工程技术有限公司、盛某清的问题，法院认为，案涉的销货清单并未载明或加盖濮阳市联创钻采工程技术有限公司印章，陈某清申请追加该公司没有事实基础和法律依据，法院不予采信。崔某平持有销货清单并主张权利，主体适格。盛某清不是本案必要诉讼参加人，法院不予追加。

河北省沧州市中级人民法院依照《中华人民共和国民事诉讼法》第一百七十

条第一款第一项规定，判决如下：

驳回上诉，维持原判。

【法官后语】

本案的第一个焦点是买卖合同是否成立。合同成立需要具备三个要件，第一是适格的主体；第二是合同当事人的意思表示真实一致；第三是合同不违反法律、行政法规的强制性规定，不损害社会公共利益。就本案来看，买卖合同的双方都是完全民事行为能力人，双方均具备订立合同的民事行为能力，故主体适格。再来看案涉合同本身，既没有违反法律、行政法规的强制性规定，又没有损害社会公共利益。最后我们重点分析合同双方当事人的意思表示，合同双方当事人的意识表示是合同成立的核心要件，意思表示由要约与承诺两部分组成。《中华人民共和国合同法》第十四条规定："要约是希望和他人订立合同的意识表示，该意思表示应当符合下列规定，（一）内容具体确定；（二）表明经受要约人承诺，要约人即受该意思表示的约束。"第二十一条规定："承诺是受要约人同意要约的意思表示。"由此我们进一步分析本案中双方当事人是否作出了促使合同成立的要约与承诺。第十二条规定："合同的内容由当事人约定，一般包括以下条款，（一）当事人的名称或者姓名和住所；（二）标的；（三）数量；（四）质量；（五）价款或者报酬；（六）履行期限、地点和方式；（七）违约责任；（八）解决争议的方法。"崔某平持有的主要证据是若干张销货清单，这些销货清单上载明了销售货物的种类、数量、价款，从字面意思上来看销货清单即销售货物的明细，因此可以判断崔某平向合同相对方发出了内容具体确定，且需受要约人承诺的意思表示。陈某清在销货清单上签字，是一种确认的意思表示，因此可视为同意了崔某平的要约。综上，双方的买卖合同成立。这里还有一点我们需要强调，就是合同的成立不必要以合同书的外观形式体现，只要满足主体适格，双方意思表示真实一致，合同不违反法律、行政法规的强制性规定，不损害社会公共利益，合同就应当成立。另外，合同是否成立也应参考合同类型的交易习惯。《最高人民法院关于审理买卖合同纠纷案件适用法律问题的解释》第一条规定："当事人之间没有书面合同，一方以送货单、收货单、结算单、发票等主张存在买卖合同关系的，人民法院应当结合当事人之间的交易方式、交易习惯以及其他相关证据，对买卖合同是否成立作出认定。"再回到本案，虽然双方当事人未签订书面的买卖合同，但法官根据证据形式及人们日常交易习惯，认定双方当事人之间买卖合同成立。

本案第二个焦点是濮阳市联创钻采工程技术有限公司和盛某清是否是本案的当事人。关于第二个焦点的审理，我们可以得到一个非常重要的启示，就是法官应严格进行形式审查，准确把握合同的相对性，通过运用合同相对性的原理来保证审判效率，秉持追加当事人与审理的案件需具备关联性的原则，从而增强追加当事人程序的审慎性和严格性，减少追加当事人的随意性。本案审理过程中，尽管陈某清主张其为濮阳市联创钻采工程技术有限公司职工并申请追加濮阳市联创钻采工程技术有限公司为当事人，但法院严格进行了形式审查，即查明销货清单并未载明濮阳市联创钻采工程技术有限公司字样，亦未加盖濮阳市联创钻采工程技术有限公司印章，据此不予追加盖濮阳市联创钻采工程技术有限公司。另外陈某清辩称，有一张销货清单的供货单位记录为盛某清，因此该张单据的售货方不是崔某平。崔某平对此作出了合理的解释，故一审、二审法院均认定崔某平持有销货清单并主张权利主体适格，二审法院以盛某清不是本案必要诉讼参加人为由，未准予追加盛某清。对于当事人而言，本案给我们带来了另外一个启示：即诉讼的证据至关重要，有时法律上认定的事实未必是客观事实，这就要求当事人应当树立法律风险意识，当代理他人做出民事行为的时候应该固定号授权委托证据，同时也应确保合同相对人对委托事宜和委托权限的知晓。

编写人：河北省沧州市任丘市人民法院　张瀚

18

当事人否认存在项目章的情况下如何认定买卖合同的相对方

——金牛区鑫岚祥建材经营部诉广东西南建设工程有限公司等买卖合同案

【案件基本信息】

1. 裁判书字号

四川省成都市中级人民法院（2018）川01民终10725号民事判决书

2. 案由：买卖合同纠纷

3. 当事人

原告（被上诉人）：金牛区鑫岚祥建材经营部（以下简称鑫岚祥经营部）

被告（上诉人）：广东西南建设工程有限公司（以下简称西南建司）

被告：广东省六建集团有限公司（以下简称广东六建公司）、黄某华、王某

【基本案情】

2014年9月10日，黄某华向鑫岚祥经营部出具《欠款协议》载明："广东西南建设工程有限公司欠金牛区鑫岚祥建材经营部钢材款790000元（所有单据对清）。10月中付20万元，11月到1月付50万元左右，今年付百分之八十。欠款人：黄某华，2014.9.10"。在该份欠款协议上，西南建司加盖"广东西南建设工程有限公司第一工程处"的印章确认，黄某华签字并捺印确认。

西南建司账户于2013年4月27日向鑫岚祥经营部支付材料费300000元，2013年8月28日向鑫岚祥经营部支付钢材款40000元，2013年9月25日向鑫岚祥经营部支付钢材款200000元，2014年1月22日向鑫岚祥经营部支付锦江工地钢材款200000元。庭审中，鑫岚祥经营部自认签订《欠款协议》后第三方公司代西南建司付了50000元货款，黄某华又付了75000元货款，尚余665000元货款未付。

各方对未付货款金额，最终未达成一致意见，遂诉至法院。

【案件焦点】

与鑫岚祥经营部发生买卖关系的相对人和承担付款责任方的问题。

【法院裁判要旨】

四川省成都市金牛区人民法院经审理认为：因鑫岚祥经营部未与发生买卖关系的相对方签订书面合同，但鑫岚祥经营部提交的2014年9月10日有黄某华签名并加盖西南建司第一工程处印章的《欠款协议》，系西南建司和黄某华对该欠款协议的确认。虽然西南建司在公安部门刻制印章档案中没有查询到西南建司第一工程处印章的刻制备案档案，但该工程处亦是西南建司的下属机构。西南建司通过自己的账户分四次向鑫岚祥经营部直接支付了共计740000元的货款，表明西南建司实际承担了部分付款责任。且本案的另一被告王某分别挂靠在西南建司和广东六建公司名下实际承建案涉工程的室内装修和幕墙工程，作为实际承建人的王某指派黄某华

在鑫岚祥经营部处购买的材料在两个案涉项目上存在混同使用。综上，法院确认与鑫岚祥经营部发生买卖关系的相对方是西南建司和黄某华，因黄某华系王某聘请的工作人员，其向鑫岚祥经营部购买材料的行为系职务行为，相应的法律责任应当由王某承担。王某庭审中亦表示自愿承担付款责任，因此法院认为西南建司与王某应共同向鑫岚祥经营部承担付款责任。虽然王某挂靠在广东六建公司名下实际承建了幕墙工程，但是广东六建公司与鑫岚祥经营部之间既无书面合同也无向鑫岚祥经营部付款的行为，因此广东六建公司既不是本案所涉买卖关系的相对方，也不应承担相应的付款责任。

四川省成都市金牛区人民法院依照《中华人民共和国民事诉讼法》第六十四条第一款，《中华人民共和国合同法》第四十九条、第一百零七条、第一百零九条、第一百一十三条第一款、第一百五十九条，《最高人民法院关于审理买卖合同纠纷案件适用法律问题的解释》第二十四条第四款之规定，作出如下判决：

一、西南公司、王某于本判决生效之日起十日内向鑫岚祥经营部支付欠款665000元及利息，利息的计算方法为：以未付货款665000元为基数，从2017年11月22日起至实际付清之日止，以中国人民银行公布的同期同类贷款基准利率为标准进行计算；

二、驳回鑫岚祥经营部的其他诉讼请求。

西南公司不服一审判决，提起上诉。

四川省成都市中级人民法院经审理认为：本案的争议焦点为西南建司是否是案涉买卖关系的相对方。西南建司主张其并非案涉买卖关系相对方，对此法院认为，首先，案涉《欠款协议》上加盖了“广东西南建设工程有限公司第一工程处”印章，虽然该印章并非西南建司在国家相关部门的备案章，但除在本案外，西南建司在他处也对该印章进行了使用；其次，西南建司的对公账户向鑫岚祥经营部支付了货款74万元。西南建司声称该对公账户是王某自行开设，该情况是否成立是属于西南建司内部的管理问题，综上，西南建司的主张不能成立，西南建司是案涉买卖关系的相对方，应承担相应的付款责任。

综上所述，上诉人西南建司的上诉理由不能成立。一审判决认定事实清楚，适用法律正确，应予维持。据此，依照《中华人民共和国民事诉讼法》第一百七十条第一款第一项规定，判决如下：

驳回上诉，维持原判。

【法官后语】

买卖合同是所有有偿合同的典范，是社会经济生活中最典型、最普遍、最基本的交易形式。从合同法的角度来看，当事人订立合同，有书面形式、口头形式和其他形式。一般而言，买卖合同是诺成合同、非要式合同，因此并不能因为没有书面形式的合同而认定买卖合同不成立。没有书面合同时，当事人可以通过提交一方已经履行交付标的物或者给付价款的义务作为对方所接受的证据，来证明买卖合同的成立。如果没有直接证据证明买卖合同成立的，可以提供诸如当事人签署的送货单、收货单、结算单、发票或者对账确认函、债权确认书等凭证。司法实践中，尤其在涉及建筑工程的买卖合同关系中经常会出现收货单、结算单等凭证加盖项目部章的情况。就如案例中的情况，采购材料的工作人员在出具的《欠款协议》上不仅自己签名确认并加盖了项目部章确认。这种只有工作人员及项目部章的债权凭证是否对项目部章所属的企业产生效力，只要有证据证明合同内容系用于案涉工程项目以及有证据证明该项目章在施工企业承包的工程项目中使用过，就可以认定其具有表见代理权利外观。结合承包施工的企业向出卖人支付了部分货款的情况，加盖了项目部章的债权凭证对该项目章所属的企业产生效力。

本案中采购人不是项目章所属企业的员工，其在《欠款协议》中作为欠款人的签字视为其自愿为该笔债务承担付款责任，但采购人是挂靠在承包施工企业名下的实际施工人雇用的工作人员，实际施工人承认采购人是职务行为，因此本案中与原告发生买卖关系的相对方是承包施工的企业和实际施工人。如果因为没有书面买卖合同，仅凭当事人否认项目章的存在，就错误地认为承包施工的企业不承担责任，就会对保护出卖人的利益不利。

因此，鉴于买卖合同是社会经济中最典型、最普遍、最基本的交易形式，买卖合同所约定的事项，不仅事关交易关系的稳定和当事人合法权益之保护，而且关涉市场经济的健康发展。如果要更周到地保护买卖双方当事人的合法权益，就要做到明晰交易主体之间的法律关系，强化社会信用，维持交易秩序，确保交易顺畅。因此本案的审理不仅彰显了法律对合法有效的买卖关系的保护，而且体现了对双方当事人的平等保护实现了双方权益平衡，维护了公平交易秩序，体现了对社会经济发展中诚信原则的维护。

编写人：四川省成都市金牛区人民法院　臧庆　常志宇

19

发票出票人与实际出卖人不一致时应对合同相对方进行实质审查

——司某华诉北京大方饭店有限责任公司买卖合同案

【案件基本信息】

1. 裁判书字号

北京市第二中级人民法院（2018）京02民终11949号民事判决书

2. 案由：买卖合同纠纷

3. 当事人

原告（上诉人）：司某华

被告（被上诉人）：北京大方饭店有限责任公司（以下简称大方饭店）

【基本案情】

司某华主张大方饭店是涉案商品的销售人，并向法院出示了北京市长安公证处出具的《公证书》一份及《北京增值税普通发票》一张、北京市中信公证处出具的《公证书》一份及《北京增值税普通发票》一张。北京市长安公证处出具的公证书记载，公证事项为保全证据公证，过程为2017年11月2日上午，公证员与司某华来到大方酒店，在公证员的见证下，司某华以刷卡方式在大方饭店首层商场购买了外包装盒写有“贵州茅台酒”字样的酒2箱共计12瓶，并当场取得《北京增值税普通发票》一张。增值税发票显示，购买人为个人，服务名称为餐费，价税合计金额为19400元，开票时间为2017年11月2日。北京市中信公证处出具的公证书记载，公证事项为保全证据公证，过程为2017年11月23日上午，公证员与司某华来到大方酒店，在公证员的见证下，司某华以刷卡方式在大方饭店首层商场购买了外包装盒写有“贵州茅台酒”字样的酒4箱，并当场取得《北京增值税普通发票》一张。增值税发票显示，购买人为个人，服务名称为餐费，价税合计金额为36000元，开票时间为2017年11月23日。

大方饭店主张其不是案涉商品的销售人，其已经于2015年10月13日将北京市丰台区西客站南广场东侧北京大方饭店一层出租给北京万兴聚财商贸中心并签订了《租赁合同》。双方在《租赁合同》中约定，租赁物位于北京市丰台区西客站南广场东侧北京大方饭店一层，使用面积约为38平方米，租赁期限自2016年1月1日起至2017年12月31日止；经营范围包含北京特产、烟酒、礼品等内容。2016年11月1日，大方饭店与北京万兴聚财商贸中心、北京光耀通达科技有限公司签订《补充协议》，将北京万兴聚财商贸中心租赁的上述房屋由北京光耀通达科技有限公司承租。2018年2月9日，北京市食品药品监督管理局铁路车站地区分局对北京光耀通达科技有限公司出具（京铁）食药监食罚（2018）010001号行政处罚决定书，载明“你单位经营的‘贵州茅台酒’经中国贵州茅台酒厂（集团）有限责任公司及贵州茅台酒股份有限公司认定为正品，经谱尼测试集团股份有限公司检测，符合食品安全标准要求，检验结果合格。经查，你单位存在经营上述食品及其他食品过程中未存留供货方许可证和相关证明文件的行为，以及未按规定遵守进货查验记录制度，未如实记录食品的供货者名称、地址、联系方式、验收人等内容的行为”。

【案件焦点】

本案争议焦点为仅凭大方饭店出具的发票能否认定其为案涉买卖合同关系的相对方。

【法院裁判要旨】

北京市丰台区人民法院经审理认为：当事人之间没有书面合同，一方以送货单、收货单、结算单、发票等主张存在买卖合同关系的，人民法院应当结合当事人之间的交易方式、交易习惯以及其他相关证据，对买卖合同是否成立作出认定。本案中，争议的焦点为大方饭店是否是案涉商品的销售人。根据公证书的记载，司某华是在大方饭店首层商场购买的案涉商品。大方饭店就此出示了租赁合同及补充协议，上述租赁合同显示北京光耀通达科技有限公司是上述区域的承租人，同时根据行政处罚决定书，也认定经营者为北京光耀通达科技有限公司。对此法院认为，司某华的公证书仅能证明购买过程及购买地点，现大方饭店已经证明其不是相关地点的经营人，故仅凭公证书不能证明大方饭店是该场所的经营人。现有证据不能证明司某华与大方饭店之间存在买卖合同关系，司某华的诉讼请求证据不足，法院不予支持。

北京市丰台区人民法院依据《最高人民法院关于审理买卖合同纠纷案件适用法律问题的解释》第一条之规定，作出如下判决：

驳回原告司某华的诉讼请求。

司某华不服一审判决，提起上诉。

北京市第二中级人民法院经审理认为：本案中，没有证据证明涉案商品的所有权属于大方饭店，亦无证据证明在司某华购买涉案商品时，大方饭店对涉案商品具有处分权。虽然，涉案商品的销售地点在大方饭店内，但并不等于涉案商品的销售人必然是大方饭店。因此，司某华自称涉案商品是从大方饭店购买、其与大方饭店之间存在买卖合同关系的上诉理由没有事实根据和法律依据。在没有直接证据进行佐证的情况下，一审法院认定涉案商品的销售人不是大方饭店并无不当。

依照《最高人民法院关于审理买卖合同纠纷案件适用法律问题的解释》第一条第一款规定，仅凭一方向另一方开具发票的行为，并不意味着涉事双方之间必然存在买卖合同关系，况且在案两张发票在“服务名称”项内均写明为“餐费”。据此，一审法院认定在大方饭店已经提交证据证明涉案场地由他人承租经营、并对开具发票的行为予以解释的情况下，该两张发票不能直接证明大方饭店就是涉案商品的实际销售者。对一审法院这一认定法院予以支持。

司某华诉请大方饭店承担涉案商品销售价款十倍的赔偿责任，并退还购货款、承担相关费用支出，其诉讼请求成立的事实基础在于大方饭店应当是涉案商品的销售者。一审法院经审理后认定司某华所提交的证据不能证明大方饭店是涉案商品的销售者，并依照法律规定判决驳回了司某华的诉讼请求，并不存在适用法律错误的问题。法院对司某华的这一上诉理由不予支持。

北京市第二中级人民法院依据《中华人民共和国食品安全法》第一百四十八条第二款，《中华人民共和国合同法》第一百三十条、第一百三十二条，《中华人民共和国民事诉讼法》第一百七十条第一款第一项之规定，判决如下：

驳回上诉，维持原判。

【法官后语】

确认合同相对方是审理买卖合同纠纷案件的基石，只有正确认定买卖合同的相对方才能保证审判结果的公平公正。理论上，买卖合同的出卖方应当向买受人出具发票，因此人们通常都将发票的出票人视为买卖合同的相对方。在认定本案所涉买卖合同关系时，也曾有一部分人主张，应按照案涉发票的出票人确认大方饭店为合同相对方。持该种观点的人认为，司某华作为自然人，并没有能力分辨出卖人的身份，因此其主张按照发票出票人身份来确认买卖合同的相对方应当被支持。我们认为这种观点并不妥当。

首先，司某华并非一般意义的消费者，从其在购买商品的同时还邀请公证人员到场取证这一行为分析，司某华很可能在购买商品前就对商品的销售者进行过调查，再结合其在购买过程中积极取证以及在之后的诉讼行为中索要高额赔偿等情形分析，司某华试图通过诉讼手段牟取个人利益的目的十分明显。事实上，大方饭店在答辩中也多次表示，司某华并非普通的消费者，而是职业打假人。我们认为，在审理涉及此类人员的买卖合同案件时，应将之与一般的消费者加以区分。第一，此类人员通常具备较高的诉讼能力，他们比一般消费者更了解法律的相关规定；第二，此类人员对商品的辨别能力也较一般消费者高，其之后往往有一个团队辅助其工作；第三，此类人员通常不会盲目选择被告，在确定诉讼对象前通常都会进行事前调查，力图做到一击必中。因此，我们认为将此类群体理解为一般消费者极其不妥当。

其次，仅仅以发票确认合同相对方，实际上是将发票与合同画等号，属于机械理解法律规定，并不可取。诚然，在日常交易中，绝大多数交易均可以通过发票来确认交易的相对方，但如果我们仔细分析便会发现，此类交易的出卖人与发票的出票人都是同一主体。也就是说，只有当出卖人（或合同相对方）与发票出票人均为同一主体时，发票才能作为确认合同相对方的依据。本案的特殊性在于，大方饭店抗辩认为自己并非合同相对方，此时为了确认发票出票人与合同相对方是否是同一主体，就需要法官对买卖合同关系进行实质审查。

本案中，一审、二审法官对买卖关系进行的实质审查经历了一个完整、严密的逻辑判断过程。首先，法官并没有仅因大方饭店抗辩其并非买卖合同主体就对事实进行认定，而是要求大方饭店就此举证证明；大方饭店就向法院出示了《租赁合同》及《补充协议》；该租赁合同显示北京光耀通达科技有限公司是上述区域的承租人。其次，法官通过审查司某华的证据发现，司某华出示的公证书内容仅能证明其从北京光耀通达科技有限公司承租的区域购买了案涉商品。最后，大方饭店提供的行政处罚决定书中，也认定经营者为北京光耀通达科技有限公司。通过上述证据我们可以看出这样一个逻辑顺序：司某华能够证明其从案涉区域购买了茅台酒；大方饭店证明了该案涉区域已经租给北京光耀通达科技有限公司；而行政处罚更进一步佐证了北京光耀通达科技有限公司在案涉区域销售茅台酒。通过这一系列严谨的逻辑判断，法官才能得出大方饭店并非案涉买卖关系相对方的结论。

除逻辑判断外，现行法律体系也对类似情形有过规定。《最高人民法院关于审理买卖合同纠纷案件适用法律问题的解释》第一条规定，当事人之间没有书面合同，一方以送货单、收货单、结算单、发票等主张存在买卖合同关系的，人民法院应当结合当事人之间的交易方式、交易习惯以及其他相关证据，对买卖合同是否成立作出认定。因此我们认为，法官在审理买卖合同纠纷时，特别是不能直接确认发票出票人与合同相对方是同一主体时，应当结合具体交易方式等相关证据认定买卖关系是否成立。通过调查，我们发现本案的双方当事人之间并不成立买卖合同关系，因此司某华的主张不能得到支持。

编写人：北京市丰台区人民法院　汪成明

20

微信聊天承诺性质的认定

——马某真诉温州华夏机械设备有限公司买卖合同案

【案件基本信息】

1. 裁判书字号

安徽省滁州市中级人民法院（2018）皖11民终480号民事判决书

2. 案由：买卖合同纠纷

3. 当事人

原告（上诉人）：马某真

被告（被上诉人）：温州华夏机械设备有限公司（以下简称华夏公司）

【基本案情】

马某真系从事制作电视背景墙业务的个体工商户。2017年4月20日前，马某真与华夏公司就瓷砖喷砂机设备（手动型）的性能及价格等情况通过微信方式进行洽谈。华夏公司在微信中承诺：一般情况下，增压是普压的3～5倍，普压的一天喷20片，增压的一天喷50～60片。华夏公司建议马某真使用增压的。双方通过微信谈妥订购瓷砖喷砂机设备及价格。具体设备为：瓷砖喷砂机一整套（规格型号HX－9080立式带增压机器），喷砂机包括主机、增压机、尘沙分离器、除尘箱。螺杆式空气压缩机一整套（规格型号11KW），空压机一套包括螺杆空压机一台、储气罐一台、冷冻式干燥机一台、精密过滤器二只，总价合计27450元。马某真支付设备款26600元。华夏公司于2017年5月1日将马某真所订购的设备运送至其经营处。马某真收到设备后对所购设备进行试用几次，但都没有达到华夏公司在微信中宣传的性能，马某真即又通过微信与华夏公司沟通协商，但未能协商好。马某真目前又重新购买了一套瓷砖喷砂机（自动型），所购华夏公司的设备已集中停放在马某真的经营场所内，未再使用。

【案件焦点】

1. 出卖人在微信聊天中所作出的说明和允诺性质如何认定；2. 当事人违反该说明和允诺，是否应当承担违约责任。

【法院裁判要旨】

安徽省滁州市来安县人民法院经审理认为：马某真关于华夏公司虚假宣传、提供的商品不符合承诺的行为属于欺诈消费，给其正常生产经营造成了巨大损失的诉称。经查，双方签订的订货合同中并无关于生产效率的约定，马某真也未能提供相应损失的证据，故对马某真的诉讼请求不予支持。

安徽省来安县人民法院依照《中华人民共和国合同法》第一百五十八条，《中华人民共和国民事诉讼法》第六十四条第一款之规定，作出如下判决：

驳回马某真的诉讼请求。

马某真不服一审判决，提起上诉。

安徽省滁州市中级人民法院经审理认为：根据马某真在购设备之前与华夏公司通过微信进行洽谈的记录，华夏公司承诺：普压的一天喷20片，增压的一天喷50~60片。马某真所购设备是基于华夏公司在微信中宣传的性能一天喷50~60片才购买该设备的。虽双方签订的订货合同并未约定设备的性能，但双方在微信聊天记录中，能够确定设备的性能。华夏公司在微信聊天所宣传的设备一天喷50~60片对其自身有约束力。马某真收到设备试用几次后仅10来片，达不到华夏公司所宣传的一天喷50~60片性能。华夏公司也未能举证设备达到其微信宣传的性能。故华夏公司应承担举证不能的不利后果。马某真主张退货、返还货款（扣除设备折旧费2000元）予以支持。关于一倍赔偿问题。因马某真系个体工商户，所购设备是用于经营需要，而非生活消费需要，故马某真所购设备并非消费者。马某真依据《中华人民共和国消费者权益保护法》规定，要求华夏公司应给予一倍赔偿请求法院不予支持。

安徽省滁州市中级人民法院依照《中华人民共和国合同法》第六十条第一款、第一百一十一条，《中华人民共和国民事诉讼法》第一百七十条第一款第三项之规定，作出如下判决：

一、撤销一审判决；

二、马某真于本判决生效后十五日内将涉案设备退还华夏公司，由华夏公司自行提货，退货运费由华夏公司负担；

三、华夏公司于本判决生效后十五日内退还马某真设备款24600元；

四、驳回马某真的其他诉讼请求。

【法官后语】

随着信息技术和网络信息产业的发展，网络以其方便快捷的沟通方式在各种商业活动中逐渐成为主流。微信作为一种新兴的网络传媒工具，它的使用承载了很多重要信息传递的过程。当这些重要的信息导致了分歧，引发诉讼，这些微信聊天记录能否作为定案证据，微信聊天中所作出的说明和允诺性质如何认定，违反该说明和允诺应承担什么民事责任。本案在司法实践中，具有一定的代表性。

一、微信聊天记录能否作为定案证据

电子数据即电子证据，2012年修订的《中华人民共和国民事诉讼法》首次将电子数据与书证、物证等并列为民事诉讼中的证据种类之一。2015年2月4日施行的《最高人民法院关于适用〈中华人民共和国民事诉讼法〉的解释》第一百一十六条对电子证据的种类和内涵作了进一步解释。该条第二款、第三款规定，电子数据是指通过电子邮件、电子数据交换、网上聊天记录、博客、微博客、手机短信、电子签名、域名等形成或者存储在电子介质中的信息。存储在电子介质中的录音资料和影像资料，适用电子数据的规定。根据上述规定，微信聊天记录属于电子数据，经查证属实，能够作为认定案件事实的根据，能作为定案证据。

二、微信聊天中作出的说明和允诺，性质如何认定

《中华人民共和国合同法》第十四条规定，要约是希望和他人订立合同的意思表示，该意思表示应当符合下列规定：（一）内容具体确定；（二）表明经受要约人承诺，要约人即受该意思表示约束。《最高人民法院关于审理商品房买卖合同纠纷案件适用法律若干问题的解释》第三条规定，商品房的销售广告和宣传资料为要约邀请，但是出卖人就商品房开发规划范围内的房屋及相关设施所作的说明和允诺具体确定，并对商品房买卖合同的订立以及房屋价格的确定有重大影响的，应当视为要约。该说明和允诺即使未载入商品房买卖合同，亦应当视为合同内容，当事人违反的，应当承担违约责任。《最高人民法院关于审理买卖合同纠纷案件适用法律问题的解释》对此虽未作出类似规定，但立法精神是一致的。本案出卖人在微信聊天中，对其设备性能进行说明和允诺："瓷砖喷砂机增压是普压的3~5倍，普压的一天喷20片，增压的一天喷50~60片。"出卖人建议买受人使用增压的，最终买受人订购的是增压设备。出卖人在微信聊天中，对其设备性能进行说明和允诺具体确定，买受人也是基于该说明和允诺，谈的价格和确定订购的是该设备。根据上述法律规定，出卖人在微信聊天中所作出的说明和允诺具体确定，并对买卖合同的订立以及价格的确定有重大影响的，应当视为要约。该说明和允诺即使未载入买卖合同，亦应当视为合同内容，当事人违反的，应当承担违约责任。

编写人：安徽省滁州市中级人民法院　杨达

21

买卖合同关系存在与否的认定

——福建辅仁医药有限公司诉福建乐济堂医药连锁有限公司买卖合同案

【案件基本信息】

1. 裁判书字号

福建省福州市中级人民法院（2018）闽01民终6547号民事判决书

2. 案由：买卖合同纠纷

3. 当事人

原告（被上诉人）：福建辅仁医药有限公司（以下简称辅仁公司）

被告（上诉人）：福建乐济堂医药连锁有限公司（以下简称乐济堂公司）

【基本案情】

2015年3月26日至2016年10月7日，辅仁公司陆续向乐济堂公司开具药品增值税专用发票（被告已进行抵扣税认证），乐济堂公司亦曾通过公司账户向原告支付款项，用途备注为货款。2016年12月12日，辅仁公司向乐济堂公司发送对账单，载明截至2016年10月30日，乐济堂公司结欠辅仁公司166996.75元，欠款金额包含2016年5月6日开具的价税合计为6544元的增值税发票一份。2017年2月7日，辅仁公司向乐济堂公司发送对账单，载明截至2017年2月7日乐济堂公司欠辅仁公司中药货款70383.39元，并附有具体明细。2017年3月3日，辅仁公司向乐济堂公司发送对账单，要求乐济堂公司将辅仁公司于2016年4月11日、2016年5月5日销售给乐济堂公司的药品金额43004.2元，回款至辅仁公司指定的账号。但上述对账单，乐济堂公司均未予以确认。庭审中，乐济堂公司仅确认2016年10月7日的一笔订货交易金额为385.8元。乐济堂公司提供公司医药出入库系统即创智系统部分内容，显示乐济堂公司向辅仁公司订货的数据，该信息备注栏填写的票据编号与辅仁公司提供的增值税发票及销售清单的编号相一致。

另，辅仁公司法定代表人及股东夏某浪系乐济堂公司原股东和监事，夏某浪配偶宇文某霞系乐济堂公司原股东、经理和法定代表人，后夏某浪、宇文某霞退出乐济堂公司，并于2016年7月4日办理工商变更登记。案外人杨某民在担任乐济堂公司法定代表人期间基于与夏某浪、宇文某霞间的股权转让纠纷，向法院提交辅仁公司发给乐济堂公司的对账单3份（内容如上文所述）。

【案件焦点】

1. 关于合同存在与否的问题；2. 关于货款认定问题。

【法院裁判要旨】

福建省福州市仓山区人民法院经审理认为：辅仁公司主张与乐济堂公司间存在药品购销合同关系，并提供其向乐济堂公司开具的一百多张增值税专用发票、销售清单及乐济堂公司通过公司账户向辅仁公司支付货款的建行电子回单，且该部分增值税专用发票已由乐济堂公司用于抵扣税认证，乐济堂公司自有的药品出入库的创智系统记录的内容亦可体现其向辅仁公司订购药品的情况。根据《最高人民法院关于审理买卖合同纠纷案件适用法律问题的解释》第一条关于“当事人之间没有书面合同，一方以送货单、收货单、结算单、发票等主张存在买卖合同关系的，人民法院应当结合当事人之间的交易方式、交易习惯以及其他相关证据，对买卖合同是否成立作出认定”的规定，辅仁公司提交的证据能够形成证据锁链，对双方间存在药品买卖合同关系予以确认。乐济堂公司仅对辅仁公司主张的最后一笔金额为385.8元的予以认可，其余款项乐济堂公司均以交易期间双方因法定代表人一致，系关联企业为由予以否认，其理由不足以推翻乐济堂公司收取增值税发票并用于抵扣税认证，通过账户向辅仁公司支付货款的事实，不予采纳。乐济堂公司应承担向辅仁公司支付尚欠货款的责任，辅仁公司的诉请，有事实和法律依据，均予以支持。

福建省福州市仓山区人民法院依照《中华人民共和国合同法》第一百零七条、第一百零九条，《最高人民法院关于审理买卖合同纠纷案件适用法律问题的解释》第一条第一款，《中华人民共和国民事诉讼法》第六十四条第一款及《最高人民法院关于适用〈中华人民共和国民事诉讼法〉的解释》第九十条规定，判决如下：

一、被告乐济堂公司应于本判决生效之日起十日内偿还原告辅仁公司货款

167496.75元，并自2016年12月12日起按中国人民银行同期同类人民币贷款基准利率标准计算逾期付款利息至款项还清之日止；

二、如果未按本判决指定的期间履行给付金钱义务，应当依照《中华人民共和国民事诉讼法》第二百五十三条之规定，加倍支付迟延履行期间的债务利息；

三、案件受理费3758元，由被告乐济堂公司负担。

乐济堂公司不服一审判决，提起上诉。

福建省福州市中级人民法院经审理认为：辅仁公司主张与乐济堂公司存在买卖合同关系，乐济堂公司二审中并不否认，予以确认，双方二审的争议焦点是乐济堂公司尚欠货款金额如何认定。

因药品事关人民群众生命财产安全，国家对药品生产经营企业的购销流程有严格要求。根据《中华人民共和国药品管理法》和《原国家食品药品监督管理局关于规范药品购销活动中票据管理有关问题的通知》的相关规定，药品经营企业购销药品，必须有真实完整的购销记录；药品生产、批发企业销售药品必须开具增值税发票，税票上应列明销售药品的名称、规格、单位、数量、金额等详细内容，如不能全部列明则应附销售货物或提供应税劳务清单；药品零售企业购进药品必须验明税票、供货方销售出库单与实际购进药品的品种、数量，核对一致后方可作为合格药品入库或上架销售。辅仁公司提交的销售清单虽无乐济堂公司的盖章或签字，但与辅仁公司向乐济堂公司开出的增值税发票以及后者支付部分货款的建行电子回单能够相互印证，且部分增值税发票已由乐济堂公司进行抵扣税认证，故应认定辅仁公司提交的前述证据已能初步证明其主张。乐济堂公司以其医药出入库系统数据为据辩解未收到相应货物，但该证据并未完整反映双方之间的交易情况且真实性存疑，已体现的部分交易对应的票据编号与辅仁公司提交的发票上备注的票据编号及销售清单的编号一致，其举证明显不足。且乐济堂公司在一审答辩时称双方不存在买卖合同关系，一审庭审中称双方仅存在2016年10月7日一笔385.8元的交易，二审中又称不否认双方存在交易但其仅认证了27万元的发票且其系统数据中仅有5万元的记录与辅仁公司的销售清单吻合，其陈述前后不一又未能对此作合理解释。另外，辅仁公司于2016年12月12日向乐济堂公司发出对账单，乐济堂公司时任法定代表人杨某民在与该公司原股东股权转让纠纷一案（2016年9月立案，2017年8月一审判决作出）中以该对账单为据主张所载货款为公司股权变更前的对外负债，说明乐济堂公司已收到该对账单且有将所载欠款纳入公司债务的意图。从全案证据来看，辅仁公司主张的事实具有高度盖然性，一审法院对其主张予以支持并无不当。至于辅仁公司与乐济堂公司曾为关联企业、辅仁公司曾因违规经营被行政处罚问题，并不影响本案处理，乐济堂公司的相关上诉理由不予采纳。

综上，乐济堂公司的上诉请求不能成立，应予驳回。一审判决认定事实清楚，适用法律正确，应予维持。依照《中华人民共和国民事诉讼法》第一百七十条第一款第一项的规定，判决如下：

驳回上诉，维持原判。

【法官后语】

首先，关于合同的成立问题，根据《最高人民法院关于审理买卖合同纠纷案件适用法律问题的解释》第一条关于“当事人之间没有书面合同，一方以送货单、收货单、结算单、发票等主张存在买卖合同关系的，人民法院应当结合当事人之间的交易方式、交易习惯以及其他相关证据，对买卖合同是否成立作出认定”的规定，辅仁公司提交的销售清单虽无乐济堂公司的盖章或签字，但与辅仁公司向乐济堂公司开出的增值税发票以及后者支付部分货款的建行电子回单能够相互印证，且部分增值税发票已由乐济堂公司进行抵扣税认证，故应认定辅仁公司提交的前述证据已能初步证明其主张。乐济堂公司以其医药出入库系统数据为据辩解未收到相应货物，但该证据并未完整反映双方之间的交易情况且真实性存疑，已体现的部分交易对应的票据编号与辅仁公司提交的发票上备注的票据编号及销售清单的编号一致，其举证明显不足。其次，关于当事人主张前后不一致问题。乐济堂公司在一审答辩时称双方不存在买卖合同关系，一审庭审中称双方仅存在2016年10月7日一笔385.8元的交易，二审中又称不否认双方存在交易但其仅认证了27万元的发票且其系统数据中仅有5万元的记录与辅仁公司的销售清单吻合，其陈述前后不一又未能对此作合理解释。因此，从全案证据来看，辅仁公司主张的事实具有高度盖然性。

编写人：福建省福州市仓山区人民法院　刘海燕

三、买卖合同的效力

22

“背靠背”合同条款应认定为附期限条款

——无锡波汇光电科技有限公司诉四川雷克斯智慧科技股份有限公司买卖合同案

【案件基本信息】

1. 裁判书字号

四川省成都市中级人民法院（2018）川01民终8215号民事判决书

2. 案由：买卖合同纠纷

3. 当事人

原告（反诉被告、被上诉人）：无锡波汇光电科技有限公司（以下简称波汇公司）

被告（反诉原告、上诉人）：四川雷克斯智慧科技股份有限公司（以下简称雷克斯公司）

【基本案情】

波汇公司（卖方、乙方）与雷克斯公司（买方、甲方，后名称变更为四川雷克斯智慧科技股份有限公司）签订《销售合同》，约定甲方向乙方购买分布式光纤测温系统用于成都地铁4号线110kv变电站新建工程，总价195万元。交货时间：双方协商。付款方式：甲方收到总承包单位工程款后同比例向乙方支付本合同价款，每次付款前乙方应提交相应金额的发票，甲方审核无误后支付相应款项。甲方在收到总承包单位支付的工程预付款后同比例向乙方支付本合同价款的10%作为预付款，甲方按总承包单位支付工程项目比例累计支付至90%，留5%审计预留金（根据回款支付），留5%作为质量保证金，产品质量保证期间乙方产品未发生质量问题或已经修复的，在质保期满且乙方提交等额发票后，结清剩余质保金（不计息），质保期两年，质保期起算时间为项目整体投运时间起算。乙方对合同项下产品的保修期为：自甲方验收合格之日起24个月或货到现场28个月，以先到日期为准。若因甲方原因延迟付款，每延迟一日，甲方须支付延迟支付款项的1%作为违约金，但违约金总价不超过合同总价的5%。违约金不足以弥补乙方损失的，甲方应当就不足部分向乙方承担赔偿责任。合同签订后，原告（反诉被告）履行了供货义务（其中“测温光缆”100千米，变更为12千米），被告（反诉原告）支付19.5万元货款。2013年12月1日被告（反诉原告）向原告（反诉被告）出具工程验收单，确认设备运行正常、短信报警正常及时。

另查明，成都地铁4号线已于2014年12月26日运行。

【案件焦点】

买卖合同中“甲方收到总承包单位工程款后同比例向乙方支付本合同价款”（通常称之为“背靠背”条款）的规定是附条件还是附期限条款。

【法院裁判要旨】

四川省成都市武侯区人民法院经审理认为：双方当事人买卖合同关系成立，内容不违反法律、行政法规的强制性规定，合法有效。本案中，雷克斯公司尚欠货款149.1万元（合同总价195万元，扣减已付款19.5万元，此外，双方认可争议的100千米光缆总价30万元，按变更后12千米计算，应折算为3.6万元，总价合计149.1万元），应履行支付货款的合同义务。雷克斯公司辩称支付货款的条件未成就、履行期限未届满，理由不成立。首先，地铁4号线于2014年12月26日运营，根据双方合同约定，质保期已经届满。其次，关于按业主方付款比例付款的抗辩意见。对该约定应依据诚实信用原则进行解释和理解，从交易的性质和目的来看，双方真实意思是通过合同约定将业主迟延付款的商业风险，部分转嫁给材料供应商，但该约定不宜理解为付款条件，实际上双方并没有“条件如不成就，被告即可永不付款的意思”，综合市场一般情况和经验常识、常理，在经过合理期间后，波汇公司应履行付款义务。本案中，从雷克斯公司出具验收材料起算，波汇公司履行义务已近四年半时间，从地铁投入运营起算也近三年半时间，应认为履行期限届满。

关于违约金和其他损失的诉讼请求，波汇公司主张违约金9.75万元以及因雷克斯公司逾期给原告造成的超过逾期付款违约金的损失。同时主张违约金及损失，无法律依据且损失主张内容不明确，故逾期损失主张依法不予支持，违约金9.75万元的主张，符合合同约定，法院予以支持。

关于反诉主张违约金9.75万元的诉讼请求，根据庭审查明的事实，双方已协商变更合同履行内容，波汇公司并未违约，故对反诉请求不予支持。

四川省成都市武侯区人民法院依照《中华人民共和国合同法》第一百五十九条之规定，作出如下判决：

一、被告雷克斯公司自本判决生效之日起七日内向原告波汇公司支付货款149.1万元及违约金9.75万元；

二、驳回原告波汇公司的其他诉讼请求；

三、驳回雷克斯公司的反诉请求。

雷克斯公司不服一审判决，提起上诉。

四川省成都市中级人民法院经审理依照《中华人民共和国民事诉讼法》第一百七十条第一款第一项规定，判决：

驳回上诉，维持原判。

【法官后语】

期限与条件都是当事人约定的限制合同效力的方式，但二者有重要的区别，期限是将来确定要发生的事实，是可知的；而附条件，将来可能发生，也可能不发生，是不确定的事实。按照判断附期限与附条件的四大原则，即：A 时期确定，到来亦确定，为期限，如某年某日。B. 时期确定，到来不确定，为条件，如某年某一日发生地震。C. 时期不确定，到来确定，为期限，如某人死亡。D. 时期不确定，到来亦不确定，为条件，如某人结婚。本案买卖合同中“甲方收到总承包单位工程款后同比例向乙方支付本合同价款”的约定属于附期限，原因在于：合同中的权利义务是确定的，总承包单位付款是确定会发生的，支付价款的义务是确定的，并未对付款义务的生效与否作出特别约定。该合同约定的价款也具有确定性、恒定性。总承包单位向甲方履行付款义务，甲方向乙方履行付款义务的到来是确定的，只是时期不确定，故应为附期限的约定。本案中，双方真实意思是通过合同约定将总承包方迟延付款的商业风险部分转嫁给材料供应商，双方没有“条件如不成就，雷克斯公司就永远不付款”的意思。从这个角度看，这个约定是一个附期限的约定。无论总承包方是否向甲方清偿，甲方都按照买卖合同向乙方付款的义务是确定不变的。如双方未就期限作出明确的时间约定，那么在经过合理期间后，雷克斯公司应履行付款义务。

编写人：四川省成都市武侯区人民法院　于磊

23

合同解除应符合法定解除条件

——北京市政中燕工程机械制造有限公司诉北京车网互联科技有限公司买卖合同案

【案件基本信息】

1. 裁判书字号

北京市第二中级人民法院（2018）京02民终11261号民事判决书

2. 案由：买卖合同纠纷

3. 当事人

原告（反诉被告、上诉人）：北京市政中燕工程机械制造有限公司（以下简称中燕公司）

被告（反诉原告、被上诉人）：北京车网互联科技有限公司（以下简称车网公司）

【基本案情】

中燕公司（甲方、需方）与车网公司（乙方、供方）签订《汽车产品购销合同》，约定：产品名称东风国V汽车底盘50台，改装车辆作业控制系统、车辆作业视频监控系统、车辆运行状态监控系统、机械作业管理系统。乙方向甲方出售的汽车在车辆上加装车联网系统。签订合同后甲方向乙方付订金250000元，订金到账后55个工作日内乙方将底盘送至甲方公司所在地或甲方指定地点，甲方在收到产品后10日内进行验收，验收合格的应出具验收合格手续，乙方将车辆发到甲方公司验收合格之日，甲方向乙方付清全款。2017年4月1日，中燕公司汇给车网公司合同订金250000元。2017年7月13日，车网公司向中燕公司发函，通知中燕公司回函确认收货地址、收货时间、收货联系人及联系方式。2017年8月10日，中燕公司向车网公司发函，变更发车地址为湖州客车厂，并说明具体地址和接收人及电话。2017年8月29日，中燕公司收到车网公司交付的50辆东风汽车底盘，并向车网公司出具《合同车辆验收报告》，记载：车辆底盘主体完好，手续（除合格证原件外）齐全，确定合格，已经收车入湖州客车厂；2. 车辆底盘未按照合同中约定的改装配置说明进行加装车联网系统等，不符合合同要求。2017年9月12日、2017年10月18日，车网公司向中燕公司发函，称进行车联网系统的加装整改以专用车上装部分安装完毕为前提，要求中燕公司安装车上装部分。涉案车辆底盘系车网公司从十堰公司购买，双方于2017年3月31日签订了《汽车产品购销合同》，单价310800元，总价15540000元。中燕公司认为车网公司交付的车辆不符合《汽车产品购销合同》约定，故起诉至法院，要求判令：解除《汽车产品购销合同》，车网公司退还订金。车网公司认为其已经按《汽车产品购销合同》约定交付了车辆，故反诉请求判令：中燕公司支付车网公司货款1779万元及逾期付款利息损失。

【案件焦点】

1. 中燕公司是否有权解除《汽车产品购销合同》；2. 中燕公司是否应向车网公司支付货款。

【法院裁判要旨】

北京市大兴区人民法院经审理认为：双方签订的《汽车产品购销合同》系双方当事人真实意思表示，应为合法有效。双方当事人均应善意、积极履行合同。现双方当事人对是否应先加装作业设备争议较大，中燕公司坚持车网公司交付的产品不符合改装配置要求，车网公司应先在车辆底盘布线，中燕公司才能完成外部设备加装；车网公司称应由中燕公司先安装设备，包括环卫清扫作业设备的车载电脑，根据作业需要加装环卫清扫作业设备，否则车网公司无法安装改装配置。法院认为，该争议合同并无明确约定，应由双方当事人先进行协商，双方当事人充分沟通仍未达成一致的情况下，当事人应当按照合同的性质、目的、车辆情况和交易习惯等确定。现车网公司已经履行了合同的主要义务即交付车辆底盘，履行改装配置义务一方仍在车网公司，但车网公司明确提出了合同另一方当事人应先行加装具体作业设备，车网公司从而根据具体作业设备安装改装配置，这符合交易常理和车辆性质，中燕公司应予以配合，现中燕公司未予以配合，造成改装配置一直未完成，从而货款一直未支付，存在一定过错。故中燕公司主张解除合同和退还订金的诉讼请求，法院不予支持。关于车网公司主张货款 17790000 元，因车网公司现未完成合同改装配置义务，但履行了车辆底盘交付的主要义务，中燕公司也接收了车辆底盘，考虑到合同标的额较大，现距车辆交付已经一年，中燕公司一直未配合车网公司完成改装配置造成车网公司资金占用损失，构成违约，应当承担责任，故根据合同情况，法院确定中燕公司应给付车网公司部分货款 15540000 元。剩余货款，应待车网公司完成改装配置义务后根据合同约定再行给付。关于车网公司主张的利息，法院不予支持。

北京市大兴区人民法院依照《中华人民共和国合同法》第八条、第六十一条、第六十二条、第一百零七条之规定，判决：

一、驳回中燕公司的全部诉讼请求；

二、中燕公司于判决生效后十日内给付车网公司货款 15540000 元；

三、驳回车网公司的其他反诉请求。如果未按判决指定的期间履行给付金钱义务，应当依照《中华人民共和国民事诉讼法》第二百五十三条规定，加倍支付迟延履行期间的债务利息。

中燕公司不服一审判决，提起上诉。

北京市第二中级人民法院经审理认为：针对争议焦点一，《中华人民共和国合同法》第九十四条规定了合同解除的情形和条件。本案中，《汽车产品购销合同》签订后，车网公司向中燕公司交付车辆底盘，中燕公司对涉案车辆底盘验收合格，可以认定车网公司已经履行车辆底盘交付的主要义务。中燕公司对涉案车辆底盘加装车联网系统和加装清扫作业设备的顺序存在争议，由于《汽车产品购销合同》对安装顺序并无明确约定，中燕公司也未能提供充分证据证明必须采取其主张的安装顺序，故中燕公司主张车网公司未先装车联网系统构成违约，《汽车产品购销合同》应当解除的主张缺乏依据。针对争议焦点二，根据《汽车产品购销合同》第三条约定，中燕公司向车网公司支付250000元订金，车网公司将涉案车辆底盘发到中燕公司验收合格之日，中燕公司应支付全款。车网公司已将涉案车辆底盘发至中燕公司指定的收货地点，中燕公司也已对涉案车辆底盘验收合格并出具《合同车辆验收报告》，中燕公司应向车网公司支付货款。由于车网公司交付的涉案车辆底盘尚未安装车联网系统，一审判决确定中燕公司应支付15540000元货款，其余部分货款待车网公司完成改装配置义务后按《汽车产品购销合同》约定另行支付，并无不当。

北京市第二中级人民法院依照《中华人民共和国民事诉讼法》第一百七十条第一款第一项规定，判决：

驳回上诉，维持原判。

【法官后语】

近年来，随着我国经济的快速发展和工商业主法律意识的不断增强，买卖合同纠纷案件的数量呈现稳定增长态势。在实践中，买卖合同的交易流程通常涉及多个主体，标的物从生产商处售出，经过若干中间商到达最终用户。因为各种原因，最终用户可能无法支付价款，此时中间商为保护自己的利益，在上游厂商要求支付货款时，经常以合同无效、合同可撤销或合同应当解除为理由先行起诉或提起反诉。此类案件审理的重点，在于依据法律规定审查合同效力，并在确定合同效力的基础上处理各方的诉讼请求。就本案而言，就是审查涉案的《汽车产品购销合同》是否存在当事人可以解除合同的情形

根据《中华人民共和国合同法》第九十四条的规定，合同当事人可以解除合同的情形包括五种情形：1. 不可抗力致使合同目的不能实现；2. 在履行期限届满之前，相对方明确表示或者以自己的行为表明不履行主要债务；3. 相对方迟延履行主要债务，经催告后在合理期限内仍未履行；4. 相对方迟延履行债务或者有其他违约行为致使不能实现合同目的；5. 法律规定的其他情形。对于何为合同的“主要债务”，何种情形下可以认定“合同目的”无法实现，是当事人争议的主要焦点。

本案中，中燕公司与车网公司签订《汽车产品购销合同》，购买加装设备的改造车辆。车网公司将未进行改装的车辆底盘交付给中燕公司，中燕公司对未进行改装的涉案车辆底盘进行验收并出具验收合格报告。在此情况下，中燕公司起诉主张

涉案车辆未首先加装车网互联系统属于违反《汽车产品购销合同》的主要义务。中燕公司未提供证据证明其主张的安装顺序属于《汽车产品购销合同》内容或双方就此进行过约定，故其主张的车网公司未履行合同主要债务，并据此要求解除《汽车产品购销合同》的诉讼请求，不应得到支持。根据《汽车产品购销合同》的约定，在中燕公司对涉案车辆验收合格的情况下，车网公司有权要求中燕公司支付《汽车产品购销合同》项下剩余货款。

编写人：北京市第二中级人民法院　闫飞

24

合同上加盖的公司印章与备案印章不一致时应如何认定公司印章的效力

——浙江开成电缆制造有限公司诉陈某生、云南德晟电力工程有限公司买卖合同案

【案件基本信息】

1. 裁判书字号

云南省昆明市中级人民法院（2018）云01民终795号民事判决书

2. 案由：买卖合同纠纷

3. 当事人

原告（上诉人）：浙江开成电缆制造有限公司（以下简称开成公司）

被告（被上诉人）：陈某生、云南德晟电力工程有限公司（以下简称德晟公司）

【基本案情】

2011年6月至2014年2月，陈某生多次借用云南建源电力工程有限公司（以下简称建源公司）名义与开成公司签订电缆采购合同。2016年6月2日，开成公司（甲方）与陈某生（乙方）签订《债务处理协议》载明：陈某生累计未支付货款总

额为 9860524.58 元。其中，建源公司同意直接承担 1323767.30 元，昆明惠宇电气开发有限公司同意承担 2066129.32 元。其余 6470627.96 元由陈某生负责归还，德晟公司（丙方）承担连带保证责任……乙方向甲方承诺上述款项应在 2016 年 7 月 1 日前付清，如届时未能足额支付，则需按照未归还部分总额的 20% 承担违约金。后陈某生未能在上述约定期限内付款，开成公司遂诉至法院。

另查明，2016 年 5 月 19 日，德晟公司法定代表人沈某使用“云南德晟电力工程有限公司”公章，将其加盖在昆明市盘龙区市场监督管理局存档的企业换发“三证合一”新码营业执照申请书上。经云南天禹司法鉴定中心鉴定，该公章与《债务处理协议》上德晟公司的公章系同一枚印章所印盖。

【案件焦点】

1. 协议上加盖的公司印章与公司备案印章不一致时，对公司印章效力如何认定；2. 该公司是否应当承担相应民事责任。

【法院裁判要旨】

云南省昆明市石林彝族自治县人民法院经审理认为：因开成公司提交的《债务处理协议》上德晟公司的印章与德晟公司庭审中提交的作为鉴定比对材料的该公司备案印章明显不一致（德晟公司提交的印章有备案编号，而开成公司提交的《债务处理协议》上加盖的德晟公司印章则没有备案编号），经法庭释明，开成公司也未能提供证据证实德晟公司在其他场合使用过与《债务处理协议》上相同的公司印章及法定代表人印鉴的检材作为鉴定依据，且根据德晟公司在庭审中的陈述，开成公司与德晟公司、陈某生之前并未在一起协商过债务处理的相关内容，陈某生也否认带开成公司到德晟公司确认过债务，故依现有证据不能认定《债务处理协议》系德晟公司的真实意思表示，对开成公司提出要求德晟公司对本案债务承担连带清偿责任的主张，法院不予支持。依照《中华人民共和国合同法》第八条、第一百三十条、第一百五十九条、第一百零七条、第一百一十四条第一款及《中华人民共和国民事诉讼法》第六十四条、第一百一十八条之规定，作出如下判决：

一、由被告陈某生于本判决生效之日起十五日内向原告开成公司支付所欠货款 6470627.96 元及违约金 1294125.59 元；

二、驳回原告开成公司对德晟公司的诉讼请求。

开成公司不服一审判决，提起上诉。

云南省昆明市中级人民法院经审理认为：德晟公司于2016年6月2日在债务处理协议上加盖了公司公章，同意对陈某生欠开成公司的债务6470627.96元承担连带保证责任。虽德晟公司不认可该印章的真实性，但经司法鉴定，该印章与德晟公司法定代表人沈某于2016年5月19日使用的系同一枚印章。故德晟公司预交的鉴定费由其自行承担。该债务处理协议对德晟公司有约束力，德晟公司应当按照合同约定承担连带保证责任。德晟公司的保证范围应当是陈某生所欠开成公司货款6470627.96元，债务处理协议未约定保证期间，根据《中华人民共和国担保法》第二十六条第一款的规定："连带责任保证的保证人与债权人未约定保证期间的，债权人有权自主债务履行期届满之日起六个月内要求保证人承担保证责任。"开成公司也在法律规定的保证期间内要求德晟公司承担保证责任。故德晟公司应当对上述债务承担连带保证责任。

云南省昆明市中级人民法院依照《中华人民共和国合同法》第八条、第一百零七条、第一百一十四条第一款、第一百三十条、第一百五十九条，《中华人民共和国担保法》第十八条、第二十六条、第三十一条，《中华人民共和国民事诉讼法》第一百七十条第一款第二项之规定，判决如下：

一、撤销云南省石林彝族自治县人民法院（2016）云0126民初1200号民事判决；

二、由被上诉人陈某生于本判决生效之日起十五日内向上诉人开成公司支付所欠货款6470627.96元及违约金1294125.59元；

三、由被上诉人德晟公司对上述第二项债务中的所欠货款6470627.96元承担连带保证责任，被上诉人德晟公司承担保证责任后，有权向被上诉人陈某生追偿；

四、驳回上诉人开成公司的其他诉讼请求。

【法官后语】

单位主体包括公司法人及非法人主体在对外活动中均离不开公司印章。换言之，印章就是公司权利和意志的象征。在现行法律和司法实践中，审查是否加盖了公司法人的印章成为判断公司民事活动是否成立和生效的重要标准。从当前司法实践中不难看出，当前公司对印章的管理使用非常混乱，一个公司持有和使用多枚印章的情况比比皆是，有的甚至恶意使用不同的印章，而公司印章的使用往往意味着相应的法律后果。在诉讼中，公司往往以案涉材料上加盖的印章不是本公司备案印章为由拒绝承担相应义务，在此种情况下应当如何认定公司印章的效力成为处理此类案件的关键。

针对此问题，有两种不同的观点，第一种认为公司承担责任应以其印章真实性为前提，否则公司不承担责任；第二种认为公司印章虽不真实，但符合表见代理，或是公司在其他场合使用过同一枚印章，公司即应承担相应义务及责任。

笔者赞同上述第二种观点，理由如下：首先，公司有妥善保管期印章的义务，有的公司在不同场合使用不同印章或是同意、默许他人使用公司印章、以公司名义从事民商事活动，该行为表明使用该印章行为是公司的意志，那产生的法律后果理应由公司来承担。其次，交易相对方对公司印章真实性进行外观性审查，只要双方进行交易时所持有的公司印章符合形式要件即可，则交易相对方就有理由相信对方是以公司名义同自己交易，我们不应当也不可能要求相对方必须对印章的实质真实尽到审查义务，否则对相对方的要求就过于严苛，必然会加大交易成本，不符合市场经济对效率价值的追求。最后，公司在其他场合使用过同一枚印章，表明公司对该印章代表该公司是予以认可的，这也符合实质上的公平和正义，法律或法院判决具有一定导向性，不可能支持公司只承认同一枚印章对自己有利情况下的效力，而不认可对自己不利情况下的效力的不诚信行为。在本案一审中，开成公司提交的《债务处理协议》中加盖的德晟公司印章无备案编号，与该公司当庭提交的有备案编号的印章，通过肉眼就可以看出二者明显不一致，而开成公司在法庭释明后，仍未能提供证据证实德晟公司在其他场合使用过与《债务处理协议》上相同的印章，故一审法院据此判决德晟公司不承担责任。而二审中，开成公司补充提交了德晟公司加盖在企业换发“三证合一”新码营业执照上的印章，经鉴定，与《债务处理协议》上的一致，二审法院据此撤销一审判决，改判德晟公司按照《债务处理协议》的约定对所欠货款承担连带保证责任的处理也符合上述第二种观点。

编写人：云南省昆明市石林彝族自治县人民法院　李翠芬

25

超出经营范围售卖机动车的并不一定构成销售欺诈

——肖某勇诉滨湖区胡埭祥瑞电动车商行买卖合同案

【案件基本信息】

1. 裁判书字号

江苏省无锡市中级人民法院（2018）苏02民终4859号民事判决书

2. 案由：买卖合同纠纷

3. 当事人

原告（上诉人）：肖某勇

被告（被上诉人）：滨湖区胡埭祥瑞电动车商行（以下简称祥瑞商行）

【基本案情】

肖某勇因年纪大、腿脚不便，想购买一辆电动车（非机动车）代步。2016年2月14日，肖某勇在祥瑞商行（又名胡埭芸芸电动车商店）以3.2万元价格购买了型号为GD04A的“时风牌电动车”1辆，并购买电瓶6只计0.42万元，共计3.62万元。2018年4月2日，肖某勇驾驶该车在无锡市建筑路鸿桥路口公路上行驶时（未挂车辆牌照），因涉案车辆未贴保险标志和未携带行驶证，被滨湖交警部门拦下，并作出了扣留涉案车辆的强制措施。现仍未发还。2018年6月7日，肖某勇因对交警部门的强制措施不服，向无锡市梁溪区人民法院提出行政诉讼，同月27日撤诉。2018年6月25日交警部门出具车辆类型确认意见书，确认涉案车辆为机动车。

另查明：涉案车辆的《合格证》中载明型号GD04A时风牌蓄电池电动观光车，“本产品经过检验，符合GB/T21268－2007观光车要求，准予出厂”。涉案车辆的《用户手册》第二页“特别声明”部分明确载明：“我公司生产的型号为GD04A、GD04B的车辆，是仅在《特种设备安全监察条例》所规定的工厂厂区、旅游景区、游乐场所等特定区域使用的场（厂）内专用机动车辆。”《用户告知书》载明：“请您驾驶前务必仔细阅读随车配带的《用户手册》及《蓄电池观光车保修手册》……”肖某勇于2016年2月14日在该用户告知书上签名。

【案件焦点】

涉案车辆被交警部门认定为机动车后，肖某勇能否据此认定祥瑞商行的行为构成欺诈。

【法院裁判要旨】

江苏省无锡市滨湖区人民法院经审理认为：惩罚性赔偿的构成要件是经营者提供商品或者服务有欺诈行为。关于欺诈的认定，应当符合《最高人民法院关于贯彻执行〈中华人民共和国民法通则〉若干问题的意见（试行）》第六十八条的规定，即“一方当事人故意告知对方虚假情况，或者故意隐瞒真实情况，诱使对方当事人作出错误意思表示的，可以认定为欺诈行为”。

本案中，肖某勇到祥瑞商行选购涉案车辆，从涉案车辆的外形尺寸来看，对于所购的车辆是否为非机动车、是否为其需要购买的车辆类型，肖某勇应尽审慎的注意义务。肖某勇认为祥瑞商行的经营范围是电动车销售和修理，没有机动车的经营范围。因此，就认定祥瑞商行所销售的车辆均为非机动车，是其认识错误，不能因此证明祥瑞商行有“故意告知虚假情况或者故意隐瞒真实情况的行为”。涉案车辆是否被认定为机动车，仅能说明祥瑞商行是否超范围经营，现未发现祥瑞商行有法律强制性规范规定的应认定为合同无效的情形。因此，肖某勇、祥瑞商行双方之间的买卖合同仍然应当认定为有效。

根据祥瑞商行提供的有肖某勇本人签字的《用户告知书》上明确载明，肖某勇所购买的为电动观光车，并要求购买人在驾驶前务必仔细阅读随车配带的《用户手册》及《蓄电池观光车保修手册》。而在该车的《用户手册》中明确载明：型号GD04A时风牌四轮蓄电池电动观光车，只能在规定的工厂厂区、旅游景区、游乐场所等特种场所内使用。换言之，即不能在城市道路行驶。因此，祥瑞商行对于涉案车辆不能在城市道路行驶和在哪些范围行驶，已尽到合理的告知义务。根据法律规定，涉案车辆不管是否为机动车，均应办理牌照和行驶证后方能上路行驶。至于肖某勇在未办妥上述手续时，就将涉案车辆开至城市道路并因此被交警部门扣留，是肖某勇未按用户手册规定的范围使用和未遵守法律法规的规定造成的。涉案车辆是否被交警部门扣留，不是认定欺诈的构成要件。综上，肖某勇主张祥瑞商行的行为构成欺诈，证据不足，依法不予采信。

据此，依照《中华人民共和国消费者权益保护法》第四十八条第一款第一项和第二项、第五十二条、第五十五条第一款，《最高人民法院关于适用〈中华人民共和国民事诉讼法〉的解释》第九十条之规定，判决：

驳回肖某勇的诉讼请求。

肖某勇不服一审判决，提起上诉。

江苏省无锡市中级人民法院经审理认为：当事人对自己提出的诉讼请求所依据的事实或反驳对方诉讼请求所依据的事实，应当提供证据加以证明。当事人未能提供证据或者证据不足以证明其事实主张的，由负有举证证明责任的当事人承担不利的后果。本案中，首先，当事人超越经营范围订立合同，法院不因此认定合同无效，但违反国家限制经营、特许经营以及法律、行政法规禁止经营规定的除外。本案不具有除外情形，肖某勇、祥瑞商行双方之间的买卖合同有效。依法成立的合同，对当事人具有法律约束力。肖某勇自涉案车辆交付至被扣留期间超过 2 年，从未向祥瑞商行就选购的车辆型号、性质提出异议，结合本案中涉案车辆性质的检验方法和难易程度，一审法院认定涉案车辆是肖某勇自行选购，其应当尽审慎注意义务，并无不当。祥瑞商行向肖某勇交付了《用户手册》《合格证》《用户告知书》等资料，其中《用户告知书》由肖某勇本人签字，肖某勇主张祥瑞商行未按照规定将商品详细信息告知消费者，与事实不符，不予支持。涉案车辆随车配备的车辆编号与车牌的编排方式、外观等明显不一致，肖某勇误将车辆编号当作涉案车辆的牌照，系其自身认识错误，肖某勇关于其因年龄大，祥瑞商行又未尽到告知义务，肖某勇有理由相信车牌合理性的主张，法院不予采信。据此，肖某勇主张双方购车合意是非机动车，祥瑞商行的销售行为存在过错，但其未提供相应的证据，法院不予支持。

综上所述，肖某勇的上诉请求不能成立，应予驳回；一审判决认定事实清楚，适用法律正确，应予维持。依照《中华人民共和国民事诉讼法》第一百七十条第一款第一项规定，判决：

驳回上诉，维持原判。

【法官后语】

所谓销售欺诈，根据《最高人民法院关于贯彻执行〈中华人民共和国民法通则〉若干问题的意见（试行)》第六十八条的规定，是指一方当事人故意告知对方虚假情况，或者故意隐瞒真实情况，诱使对方当事人作出错误意思表示的行为。当存在销售欺诈时，根据《中华人民共和国消费者权益保护法》第五十五条的规定，提供商品或者服务的经营者应当按照消费者的要求增加赔偿，赔偿的金额为消费者购买商品的价款或者接受服务的费用的三倍。因此，正确认定销售欺诈对于经营者和消费者都有重要意义。

根据规定，欺诈行为可以分为积极欺诈和消极欺诈两种类型。所谓积极欺诈，是指经营者故意告知消费者虚假情况。例如，将不具有医疗功效的产品描述为包治百病的灵丹妙药，将普通的推拿描述为无所不能的气功疗法等。所谓消极欺诈，是指当消费者询问产品或者服务相关信息时，经营者故意隐瞒相关情况，导致消费者作出错误表示的行为。不论是积极欺诈还是消极欺诈，本质上都是剥夺了消费者的知情权，令消费者无法作出真实的意思表示。

本案中，祥瑞商行的经营范围确实仅限于非机动车，但其销售机动车的行为并不能因此认定为绝对无效。这是因为，根据《最高人民法院关于适用〈中华人民共和国合同法〉若干问题的解释（一)》第十条的规定："当事人超越经营范围订立合同，人民法院不因此认定合同无效。但违反国家限制经营、特许经营以及法律、行政法规禁止经营规定的除外。"换言之，只要不涉及擅自经营限制或者禁止经营的业务所签订的合同，一般视为有效。祥瑞商行超出经营范围买卖机动车的行为，显然并没有违反国家限制或者禁止经营的相关规定，应当认定为有效。另外，祥瑞商行在出售机动车时，不仅提供了有肖某勇本人签字的《用户告知书》，上面明确记载了肖某勇所购买的为电动观光车，并要求购买人在驾驶前务必仔细阅读随车配带的《用户手册》及《蓄电池观光车保修手册》。而在该车的《用户手册》中明确载明：型号GD04A时风牌四轮蓄电池电动观光车，只能在规定的工厂厂区、旅游景区、游乐场所等特种场所内使用。换言之，即不能在城市道路行驶。因此，祥瑞商行对于涉案车辆不能在城市道路行驶和在哪些范围行驶，已尽到合理的告知义务。根据法律规定，涉案车辆不管是否为机动车，均应办理牌照和行驶证后方能上路行驶。至于肖某勇在未办妥上述手续时，就将涉案车辆开至城市道路并因此被交警部门扣留，是因肖某勇未按用户手册规定的范围使用和未遵守法律法规的规定造成的。涉案车辆是否被交警部门扣留，不是认定欺诈的构成要件。

综上，祥瑞商行的销售行为并不涉嫌欺诈，不应承担退一赔三的惩罚性赔偿责任。

编写人：江苏省无锡市中级人民法院　王星光　缪星

26

合同意思表示真实的认定标准

——华普信息技术有限公司诉北京捷科智诚科技有限公司买卖合同案

【案件基本信息】

1. 裁判书字号

北京市第一中级人民法院（2018）京01民终4930号民事判决书

2. 案由：买卖合同纠纷

3. 当事人

原告（反诉被告，被上诉人）：华普信息技术有限公司（以下简称华普公司）

被告（反诉原告，上诉人）：北京捷科智诚科技有限公司（以下简称捷科公司）

【基本案情】

2013年7月24日，买方捷科公司与卖方华普公司签订了供货合同，总金额为963678.89元。合同约定：由华普公司向捷科公司提供TB631AAE等产品；交货时间为在买方实际提货之前，买卖双方应根据具体项目签订补充协议，交货时间以补充协议中的约定为准执行；买方提货时付款，买方应于每次卖方发货前3日交付货物对应货款的自到货之日起算延期30日的延期转账支票；买方在接到卖方预计发货通知后两日内未向卖方提供收货人和联系地址的，视为买方逾期接收货物；合同还对双方其他权利义务进行了约定。2013年8月1日，买方捷科公司与卖方华普公司签订产品供货合同之补充协议，原合同配置发生变更，原合同金额963678.89元变更为891363.96元。2014年12月16日、2015年3月12日华普公司分别向捷科公司发送催提货函，要求捷科公司尽快告知送货时间和地址以便发货。2015年4月8日，捷科公司与华普公司通过邮件方式对涉案合同在内的两份合同的减配清单达成一致。但捷科公司一直没有提出发货请求，至今未付货款，故华普公司诉至法院。

【案件焦点】

合同一方当事人要求另一方当事人履行合同义务，而另一方当事人能否以合同并非真实意思表示为由进行抗辩。

【法院裁判要旨】

北京市海淀区人民法院经审理认为：华普公司与捷科公司所签订的供货合同及补充协议均系双方当事人的真实意思表示，未违反国家法律、行政法规的强制性规定，应属合法有效，对双方当事人均具有约束力。双方当事人均应按照合同履行各自的合同义务。捷科公司辩称供货合同及补充协议是捷科公司为配合华普公司向生产商中国惠普有限公司冲刺经销商报量业绩而签署的框架协议，并非真实意思表示，且对于未明确的合同构成要素，需签署补充协议明确。法院认为，根据民事诉讼法的相关规定，当事人对自己提出的诉讼请求所依据的事实或者反驳对方诉讼请求所依据的事实，应当提供证据加以证明。在做出判决前，当事人未能提供证据或者证据不足以证明其事实主张的，由负有举证证明责任的当事人承担不利的后果。本案中，捷科公司对于其抗辩主张并未提供有效证据证明，应承担举证不能的法律后果。捷科公司已就华普公司提出的减配需求同意做减配变更处理，表明双方就涉案供货合同减配达成合意，双方均应按照减配后的合同履行。供货合同约定的付款条件为捷科公司提货时付款，现华普公司已向捷科公司发送两份催提货函的情况下，华普公司应在收到捷科公司货款的同时向捷科公司交付全部货物，现合同金额已变更为488590.17元，故对于华普公司要求捷科公司支付货款中的488590.17元的诉讼请求，法院予以支持，对于超出部分，不予支持。捷科公司答辩及反诉称，华普公司并未进行备货、发货且已丧失代理商资格，故其不具备履行合同的能力，属于根本违约。法院认为，首先，在供货合同并未对双方履行顺序进行约定的情况下，捷科公司无权要求华普公司先履行发货义务；其次，现华普公司是否备货以及其是否丧失总代理商资格，均与供货合同后续的实际履行无关，不能得出华普公司履行不能的结论。故法院对捷科公司的上述答辩意见不予采信，对其反诉请求，不予支持。

综上，北京市海淀区人民法院依照《中华人民共和国合同法》第八条、第一百零七条之规定，判决如下：

一、捷科公司于本判决生效之日起十日内给付华普公司货款488590.17元；

二、华普公司在收到上述第一项确定的全部货款的同时向捷科公司交付本判决附件一中的全部货物；

三、驳回华普公司的其他诉讼请求；

四、驳回捷科公司的全部反诉请求。

捷科公司不服一审判决，提起上诉。

北京市第一中级人民法院经审理同意一审法院裁判意见，依照《中华人民共和国民事诉讼法》第一百七十条第一款第一项之规定，判决如下：

驳回上诉，维持原判。

【法官后语】

本案中，华普公司要求捷科公司继续履行合同，捷科公司却认为双方订立的合同并非双方真实意思表示，请求法院解除该合同。根据《中华人民共和国合同法》第八条规定的依合同履行义务原则，法院认定本案双方当事人签订的供货合同以及补充协议成立并生效，对双方当事人均具有约束力，双方当事人应当按照合同履行各自的义务。因此，本案争议焦点是能否以意思表示不真实为由进行抗辩解除合同。

在合同法中，合同成立的标志是合同双方意思表示一致，即合同双方达成“合意”，这不仅是合同具有拘束力的基本要求，而且是合同法律关系的基础和核心。合意作为意思自治的表现，是缔约当事人对自身权利和义务的衡量和肯定。判定当事人是否已达成“合意”极其关键，不仅涉及合同的成立，也关系到违约责任的承担问题。在比较法上，对于合意是当事人内在意思一致还是外在表示一致的争执由来已久，前者被称为意思主义或主观主义，后者被称为表示主义或客观主义。为了鼓励市场交易、稳定市场秩序、实现资源的有效配置，客观主义的合意说逐渐成为支配地位的学说。依据客观主义的合意说，通过对当事人所确定的并达成一致的意思表示进行解释，这对于合意的成立具有重要意义。反之，当事人内在意思的一致并不具有决定性作用。因此，合意应是对合同当事人的意思表示进行规范性解释的结果，而不能仅仅基于当事人使用了相同的措辞来理解他们的意思表示。因为当事人可能对该词会有不同的理解。相反，虽然当事人事实上所表达的意思表示不一致，但是如果该意思表示能够通过规范性解释得以确定的，那么该可确定的结果便是当事人意思表示的合意。既然合意与否是对当事人的意思表示进行解释以获得其规范意义的过程，而具备什么情况才可以被认为达成合意取决于立法者的意志，因此合意的判定应属于立法者价值取向的规范判断，而非事实判断。

我国合同法没有规定合同有效的一般有效要件，但由于合同当事人的缔约行为属于民事法律行为，所以民事法律行为一般有效要件的规定也适用于合同。按照《中华人民共和国民法总则》第一百四十三条规定，“具备下列条件的民事法律行为有效：（一）行为人具有相应的民事行为能力；（二）意思表示真实；（三）不违反法律、行政法规的强制性规定，不违背公序良俗”，这三个项条件可作为合同有效的一般要件。本案中，货物买卖合同双方当事人均是公司法人，具有完全民事行为能力，货物买卖本身也不违反国家法律、行政法规的强制性规定，故判断涉案合同效力的关键在于判定双方的意思表示是否是真实的。

在签订合同过程中，经过要约、承诺、双方当事人意思表示一致，合同即可成立。当事人在合同书上的签字、盖章的效力，除非有相反证据表明意思表示瑕疵外，应当表明合同内容为当事人的真实意思表示，当事人据此享有合同权利、履行合同义务。根据《中华人民共和国合同法》第三十二条规定：“当事人采用合同书形式订立合同的，自双方当事人签字或者盖章时合同成立”。此处签字盖章的效力是表明合同内容为签字或盖章当事人的意思表示，尤其具有使合同相对人确信交易对方、从而确定合同当事人的作用。捷科公司作为法人，是具有民事权利能力和民事行为能力，依法独立享有民事权利和承担民事义务的组织，在与华普公司订立合同时，应当对签署合同的后果是明知的，即签署该合同捷科公司要承担采购义务，并且华普公司有可能要求其履行合同项下义务。再者，《中华人民共和国合同法》第九十四条确立了合同法定解除权制度。该制度的首要之意虽然在于授予非违约方以合同解除权，使其能够获得以解除合同为补救方式的特殊救济；但法定解除权制度作为合同法项下的制度，必然须以维护意思自治、鼓励市场交易、稳定市场秩序、实现资源的有效配置的合同法立法宗旨和价值取向为依归，故对合同法定解除权的使用条件予以严格限定才是这一制度的主要方面和价值侧重。意思表示瑕疵并不是合同法定解除的条件，华普公司没有发货以及丧失代理权并不能得出其实际履行不能的结果。

因此，为了保护商业秩序和鼓励交易，签字、盖章的效力足以表明合同当事人的真实意思表示，而且以意思表示瑕疵为由抗辩合同可解除，并不符合《中华人民共和国合同法》第九十四条所规定的合同法定解除条件。

编写人：北京市海淀区人民法院　陈明　赵颖华

四、买卖合同的履行

27

承兑汇票的交付与付款义务履行的认定

——锦州荣荣石英材料有限公司诉唐山东华钢铁企业集团有限公司买卖合同案

【案件基本信息】

1. 裁判书字号

河北省唐山市中级人民法院（2018）冀02民终6152号民事判决书

2. 案由：买卖合同纠纷

3. 当事人

原告（上诉人）：锦州荣荣石英材料有限公司（以下简称荣荣公司）

被告（被上诉人）：唐山东华钢铁企业集团有限公司（以下简称东华公司）

【基本案情】

东华公司向荣荣公司购买石英套管等货物，并签订书面买卖合同，付款方式约定以银行承兑汇票结算。2017年7月6日，东华公司交付荣荣公司承兑汇票三张，用于支付荣荣公司货款。其中承兑汇票之一金额为200000元，出票人为东港隆一贸易有限公司，出票日期为2017年4月14日，到期日为2017年10月13日，付款行为营口银行丹东分行。东华公司持该银行承兑汇票，于2017年10月11日向付款行提示兑现时，被付款行拒绝承兑，并出具了拒绝付款理由书，拒付理由为“第八手被背书人河北鑫山输送机械有限公司（以下简称鑫山公司）于2017年7月24

日到我行办理银承兑挂失，辽宁省丹东市振兴区人民法院于2017年7月24日通知我行对银承拒付”。此前，辽宁省丹东市振兴区人民法院受理了申请人为鑫山公司的申请宣告票据无效一案，于2017年7月31日发出公告，催促利害关系人在60日内申报权利，后该院于2017年9月30日作出民事判决书，对上述银行承兑汇票作出除权判决，判决该银行承兑汇票无效，自公告发出之日起，申请人鑫山公司向支付人请求支付。

荣荣公司认为，因承兑汇票已无法兑现，东华公司应继续履行给付货款的法定义务，要求东华公司给付因银行承兑汇票无法兑现而造成的欠付货款。

【案件焦点】

1. 东华公司向荣荣公司背书交付银行承兑汇票的行为，是否认为已履行了付款义务；2. 东华公司有无过错或违约行为。

【法院裁判要旨】

河北省唐山市丰南区人民法院经审理认为：荣荣公司与东华公司间的工业品买卖合同合法有效，双方应按合同约定履行。合同约定付款方式为“买受人入账后付承兑”，东华公司已于2017年7月6日，向荣荣公司交付了金额为600000元承兑汇票三张，对票据转让的真实性、合法性双方均无异议，据此，认定东华公司已按合同约定履行了付款义务。因案外人原因，至银行承兑汇票不能兑现，对此东华公司并无违约或过错。荣荣公司作为持票人和利害关系人，可依据《中华人民共和国民事诉讼法》第二百二十一条规定，在公示催告期间向人民法院申报权利，或依据《中华人民共和国民事诉讼法》第二百二十三条规定，自知道判决公告之日起一年内，向作出判决的人民法院起诉。

河北省唐山市丰南区人民法院依照《中华人民共和国合同法法》第四十四条、第六十条，《最高人民法院关于民事诉讼证据的若干规定》第二条的规定，作出如下判决：

驳回原告荣荣公司的诉讼请求。

荣荣公司不服一审判决，提起上诉。

河北省唐山市中级人民法院经审理认为：双方《工业品买卖合同》约定的付款方式为“货到验收合格，出卖人开具17%的增值税发票，一票结算。买受人入账后付承兑”。当事人提交的银行承兑汇票背书连续，来源合法，据此，东华公司已经按照合同约定，履行完付款义务。自2017年7月6日，荣荣公司为该银行承兑汇票的持有人和权利人。该汇票于2017年7月31日被法院依公示催告程序进行催告，后被人民法院判决无效，东华公司对此行为无过错，不应承担票据权利灭失的责任。

河北省唐山市中级人民法院依照《中华人民共和国民事诉讼法》第一百七十条第一款第一项之规定，作出如下判决：

驳回上诉，维持原判。

【法官后语】

本案买卖合同当事人约定了以承兑汇票进行结算，在承兑汇票不能按期兑现的情况下，出卖方是依据基础法律关系向买受方要求支付货款，或是依据票据法的相关规定行使追索权，对此，应赋予当事人选择的权利。但是本案因人民法院的除权判决，致使票据已无效，依据《最高人民法院关于审理票据纠纷案件若干问题的规定》第十六条第三项规定，票据债务人以人民法院作出的除权判决已经发生法律效力为由进行抗辩的，人民法院应予支持。故在除权判决被撤销之前，本案实际上当事人已无法依据票据法的相关规定行使追索权。

本案在当事人依据基础法律关系索要货款时，主要应审查买受人是否已按合同约定履行付款义务，是否存在违约行为。因合同中明确约定付款方式为支付银行承兑汇票，且银行承兑汇票背书连续，来源合法，据此，应认定东华公司已经按照合同约定，履行完付款义务。

本案特殊之处在于作为支付货款的银行承兑汇票，因公示催告程序被人民法院判决无效，因在人民法院发出公示催告公告之前，荣荣公司已经为票据的合法持有人，在其获得票据之时，票据是有效的，荣荣公司应在公示催告期间，及时申报权利，因其未及时申报权利，最终票据被人民法院判决无效，此时如再判决买受方给付对价，有失公平。

对于荣荣公司救济，可依据《中华人民共和国民事诉讼法》第二百二十三条的规定，荣荣公司自知道或者应当知道除权判决之日起一年内，向作出判决的人民法院起诉。《最高人民法院关于适用〈中华人民共和国民事诉讼法〉的解释》第四百五十九条规定，依照民事诉讼法第二百二十三条的规定：“利害关系人向人民法院起诉的，人民法院可按票据纠纷适用普通程序审理。”

编写人：河北省唐山市丰南区人民法院　董玉新

28

合同履行期不明确的履行规则

——安新县行如风鞋业有限公司诉福建华海实业有限公司买卖合同案

【案件基本信息】

1. 裁判书字号

福建省泉州市中级人民法院（2018）闽05民终2684号民事判决书

2. 案由：买卖合同纠纷

3. 当事人

原告（反诉被告、被上诉人）：安新县行如风鞋业有限公司（以下简称行如风公司）

被告（反诉原告、上诉人）：福建华海实业有限公司（以下简称华海公司）

【基本案情】

2015年8月31日，行如风公司与华海公司签订一份《产品购销合同》约定：行如风公司向华海公司提供154920双休闲鞋，单价为38元/双，总价为5886960元，交货时间为2015年12月20日；分批出货，交货地点为天津港；货物从供方到交货地点的运输及运杂费等由供方承担；发货后45天支付货款；供方必须严格按照提供的样品、订单生产资料进行生产；等等。2015年10月7日，行如风公司与华海公司签订《产品购销合同补充协议》，对《产品购销合同》的部分内容作出变更：单价变更为38.3元/双，总金额变更为5933436元。2015年10月16日，行如风公司与华海公司签订一份《协议》，约定就涉案订单通过BSCI认证事宜双方约定为：华海公司负责联系认证公司，协助行如风公司完成BSCI的认证，认证费用共计57810元由华海公司垫付，在行如风公司承接华海公司的BSCI认证的订单中按

0.2元/双扣除。合同签订后，华海公司指定材料供应商向行如风公司提供生产资料，三方共同签订合同，除约定行如风公司向材料供应商购买材料并支付价款外，还约定材料物性测试费用的第一次测试费用由华海公司负责，若首次测试未通过，再次测试费用由供应商承担。

后行如风公司依约进行生产，其与华海公司通过邮件往来对生产进度进行沟通，并约定由华海公司负责对确认样鞋及楦头进行制作。2015年11月6日，华海公司向行如风公司发送粉色和深蓝色两个配色的量产通知书。2015年11月9日，华海公司称楦头有细微修改正在重做，需重打确认样，所有材料的颜色都已确认。2015年12月9日，华海公司称之前的深蓝色样鞋要退回，会提供正确样鞋给行如风公司，剩下配色的样鞋要待客人确认，修改后的楦头会寄给行如风公司。2015年12月14日，行如风公司收到华海公司提供的深蓝色确认样鞋和楦头。2015年12月20日，行如风公司收到华海公司提供的其余3个配色的确认样鞋。2016年1月13日，华海公司要求行如风公司在当月28日完成8万双。2016年1月18日，华海公司再次就交货期发送邮件，要求1月28日应出货6万双，3月10日应出货94920双。

行如风公司于2016年1月30日、3月8日、3月24日、3月27日分别交付60000双、18000双、67940双、5980双鞋子，共计交付151920双。华海公司已向行如风公司支付货款5242714元，并支付运杂费11000元、BSCT认证费30984元。

行如风公司提起诉讼，要求：判令1. 华海公司给付货款575822元及逾期付款利息；2. 华海公司赔偿行如风公司3000双鞋的材料费、加工费114900元。华海公司提出反诉请求：判令1. 行如风公司支付逾期交货违约金1424024.64元；2. 行如风公司赔偿运输费用364000元。

【案件焦点】

在合同履行期间不明确的时候，有何履行规则。

【法院裁判要旨】

福建省泉州市鲤城区人民法院经审理认为：根据双方签订的《产品购销合同》的约定，交货时间为2015年12月20日，该期限届满后，行如风公司并未履行交货义务，双方就生产事宜继续沟通，可见双方均同意变更原定交货时间，而新的交货时间尚未明确。后华海公司通过邮件告知行如风公司交货时间变更为2016年1

月28日、3月10日，系要求对合同交货时间进行变更。合同内容变更要经合同当事人协商一致，并且有明确的约定。现无证据证明行如风公司明确同意华海公司要求的交货时间。华海公司主张涉诉合同所约定的交货日期为2016年1月28日、3月10日，没有事实及法律依据，应不予采纳，双方对交货时间并未进行明确约定。《中华人民共和国合同法》第六十二条第四项规定："履行期限不明确的，债务人可以随时履行，债权人也可以随时要求履行，但应当给对方必要的准备时间。"本案处理的关键在于认定行如风公司是否在合理期限内交付货物，结合合同的履行情况，对该问题分析、认定如下：第一，涉诉合同的确认样鞋及楦头的制作系由华海公司负责，华海公司对确认样鞋及楦头进行多次修改，致使行如风公司于原定的交货期即2015年12月20日才收到最终确定的样鞋及楦头，至此行如风公司方可进行量产，可见，致使行如风公司无法按照约定的交货时间交货的原因在于华海公司。第二，双方合同签订于2015年8月31日，原定的交货时间为2015年12月20日，原生产工期为111天。而行如风公司于2015年12月20日具备量产条件起至其最后一次交货时间2016年3月27日，期间为98天，前后生产工期差距不大，且行如风公司在最后一次交货时间前已经交付大部分货物，即使按照华海公司单方要求的交货期限2016年3月10日计算，行如风公司也仅仅是逾期了17天。同时，由于华海公司的原因造成行如风公司的生产期从2015年8月至12月延至2016年1月至3月，应考虑到2016年2月恰逢农历春节，行如风公司的工人需春节节前返乡、节后返工的实际情况应认定行如风公司在合理期限内履行了交付义务。华海公司主张行如风公司逾期交付货物应承担违约金并赔偿运输费用，与事实不符，应不予支持。

福建省泉州市鲤城区人民法院依照《中华人民共和国合同法》相关规定，作出如下判决：

一、华海公司应于本判决生效之日起十五日内支付行如风公司533838元及其利息（自2016年5月11日起按中国人民银行同期同类贷款利率计算至实际付清之日止）；

二、驳回行如风公司的其他诉讼请求；

三、驳回华海公司的反诉请求。

华海公司不服一审判决，提起上诉。

福建省泉州市中级人民法院经审理认为：第一，对于行如风公司是否存在逾期交货的问题。由于华海公司确认鞋样等原因，行如风公司开始全面量产的时间已经推迟到合同约定的交货时间之后。在双方没有对交货期进行明确约定的情况下，不能脱离合同约定原履行期限，而加重合同履行方的没有对交货期进行明确约定的情况下，不能脱离合同约定原履行期限，而加重合同履行方的责任和义务，故合同的履行期限应当相应顺延，在其后顺延的履行期限内，行如风公司实际履行了相关的交货义务。华海公司在邮件中的交货期是其单方意思表示，并未得到行如风公司的认可。第二，华海公司主张的运杂费中46361元有注明为运费、运杂费的增值税发票三份为证，三份发票反映的运费、运杂费支付内容能够与本案的货物运输时间、地点等相印证，且系必要及合理支出，行如风公司虽不予认可，但未能提供相应反正，故对华海公司代付的运杂费46361元的事实应予以认定。故华海公司尚欠的货物为487477元。

福建省泉州市中级人民法院依照《中华人民共和国民事诉讼法》第一百七十条第一款第二项之规定，作出如下判决：

一、维持原审判决第三项；

二、撤销原审判决第二项；

三、变更原审判决第一项为：华海公司应于本判决生效之日起十五日内支付行如风公司487477元及其利息（自2016年5月11日起按中国人民银行同期同类贷款利率计算至实际付清之日止）；

四、驳回行如风公司的其他本诉请求。

【法官后语】

本案中由于需方的原因，供方开始量产的时间已经推迟到原合同约定的交货时间之后了，而双方还继续就生产事宜进行沟通，可见双方事实上还是要继续履行合同。而按照原定交货时间交货客观上已无法实现。需方虽然单方提出新的交货时间，但并未得到供方的确认，也就是说，供需双方对交货时间并未进行明确约定。那在合同履行期间不明确的时候，有何履行规则呢。

第一，当事人协议补充原则。是指当事人对没有约定或者约定不明确的合同内容通过协商的办法订立补充协议，使合同具体化和明确化，并与原合同共同构成一份完整的合同。当事人协议补充原则源于《中华人民共和国合同法》第六十一条所规定的“合同生效后，当事人就质量、借款或者报酬、履行地点等内容没有约定或者约定不明确的，可以协议补充”。

第二，按照合同有关条款或交易习惯确定原则。约定不明合同在履行中形成纷争时，首先，应当适用当事人协议补充原则。其次，当不能达成补充协议时，应按《中华人民共和国合同法》第六十一条后段“按照合同有关条款或者交易习惯确定”的原则进行。

第三，法定补充原则。当事人就有关合同内容约定不明确，在适用当事人协商补充原则、按照合同有关条款确定原则、按照交易习惯确定原则仍不能确定时，就应当适用法定补充原则。所谓法定补充原则，又称合同的补缺规则，是指法律规定的，适用主要条款欠缺或合同条款约定不明确，但并不影响其效力的合同，以弥补当事人所欠缺或未明确表示的意思，使合同内容合理、确定，便于履行的法律条款具体可以按照《中华人民共和国合同法》第六十二条的规定。

本案买卖合同因需方的原因造成供方全面量产的时间已经推迟到合同约定交货时间之后，双方也没有另行对交货期进行明确约定的情况下，按照合同履行期间不明确时的履行规则，应按照双方签订的原合同条款或者交易习惯来确定履行期。按照双方签订的原合同有关履行期限的条款可以推定原生产工期为111天，双方不能脱离合同约定的原履行期限，加重合同履行方的责任和义务，故合同的履行期限应当顺延。而行如风公司自具备量产条件起至最后一次交货时间的期间为98天，也就是说行如风公司在顺延的履行期限内，履行了相关的交货义务。

编写人：福建省泉州市鲤城区人民法院　黄细芬

29

合同履行完毕情况下如何审查律师费负担

——南通交通产业集团有限公司诉江苏一言商品钢筋有限公司、海安县开发区中小企业信用担保有限公司买卖合同案

【案件基本信息】

1. 裁判书字号

江苏省南通市中级人民法院（2018）苏06民终3945号民事判决书

2. 案由：买卖合同纠纷

3. 当事人

原告（上诉人）：南通交通产业集团有限公司（以下简称交通产业公司）

被告（被上诉人）：江苏一言商品钢筋有限公司（以下简称一言公司）、海安县开发区中小企业信用担保有限公司（以下简称担保公司）

【基本案情】

2016年10月31日，交通产业公司，一言公司、担保公司，签订《钢材销售合同》一份，2016年11月17日，又签订《钢材销售合同》两份。前述合同约定交通产业公司根据一言公司需求采购钢材，担保公司承担连带担保责任。一言公司未能按照协议约定时间付清全部货款的，交通产业公司有权按照延误期限要求一言公司承担以该批货物总额基数每日万分之五的约定损失赔偿金，并有权解除合同。因一言公司违约造成交通产业公司实际损失的，损失赔偿金不足以弥补损失的，一言公司还需补足交通产业公司的实际损失。合同还约定，合同履行过程中发生纠纷，双方应友好协商并妥善解决，协商不成双方同意提交原告所在地的法院进行审理，败诉方承担诉讼费、律师费、差旅费等。

2017年3月14日，交通产业公司向南通市崇川区人民法院申请诉前保全，要求对一言公司、担保公司价值3300万元的财产进行保全。南通市崇川区人民法院

于同日作出（2017）苏0602财保24号民事裁定书。

2017年3月22日，交通产业公司向南通市崇川区人民法院起诉，要求一言公司支付货款3200万元及损失赔偿金、律师费816760元，并要求担保公司承担连带保证责任，诉讼费用由两公司承担。同日，一言公司向交通产业公司支付货款3200万元及利息376762元。

2017年3月23日，交通产业公司向南通市崇川区人民法院申请解除诉前保全措施，并于2017年3月29日变更诉讼请求，要求一言公司支付律师费816760元，并要求担保公司承担连带保证责任，诉讼费用由两公司承担。

另查明，根据一言公司提供的其法定代表人翟某香与交通产业公司副总陆某的微信聊天记录显示，双方确认2017年3月22日支付全部货款本金3200万元及利息。

再查明，2017年3月6日，交通产业公司（甲方）与北京大成（南通）律师事务所（乙方）签订《民事委托代理合同》一份，约定律师代理费为816760元。2017年4月1日，交通产业公司转账支付律师费816760元。

【案件焦点】

交通产业公司要求一言公司支付律师费816760元能否得到支持。

【法院裁判要旨】

江苏省南通市崇川区人民法院经审理认为：首先，从一言公司提供的微信聊天记录可以看出，双方经过协商已确定在2017年3月22日支付货款及利息。一言公司确实也是在2017年3月22日向交通产业公司付清了货款及利息，交通产业公司于2017年3月22日起诉立案，立案当日一言公司尚未收到诉讼材料，故一言公司向交通产业公司支付货款及利息应是双方协商的结果。

其次，违约造成的实际损失并未明确约定包括律师费。交通产业公司与北京大成（南通）律师事务所签订了《民事委托代理合同》，支付律师费是其履行合同义务的行为。

最后，关于律师费，合同中约定，由败诉方承担诉讼费、律师费、差旅费等。而交通产业公司变更后的诉讼请求仅涉及律师费的负担问题，就该问题而言无法判断谁是败诉方，故要求一言公司承担律师费没有依据。

综上，依照《中华人民共和国合同法》第六十条、第一百零七条，《中华人民共和国民事诉讼法》第一百四十四条之规定，判决如下：

驳回原告交通产业公司的诉讼请求。

交通产业公司不服一审判决，提起上诉。

江苏省南通市中级人民法院经审理认为：根据法律规定，交通产业公司作为法人可以自行进行诉讼，也可以委托律师进行诉讼，委托律师进行诉讼系其权利而非义务，其为此所支付的律师费不属当事人为实现权利而必然发生的费用，通常情况下不应由对方承担，除非当事人就此存在明确的约定。本案交通产业公司与一言公司约定由败诉方承担诉讼费、律师费、差旅费等，但在交通产业公司起诉的当日，一言公司就向其支付了相应货款及利息，结合一言公司法定代表人与交通产业公司副总的聊天记录以及此后交通产业公司即撤回了货款及损失赔偿金的诉讼请求，足以表明一言公司在诉讼中已主动履行其付款义务，就案涉买卖合同纠纷而言不能认定其为败诉方，故交通产业公司在撤回货款及损失赔偿金的诉讼请求后，仅要求一言公司承担律师费损失不符合双方合同的约定，不予支持。

江苏省南通市中级人民法院依照《中华人民共和国民事诉讼法》第一百七十条第一款第一项的规定，作出如下判决：

驳回上诉，维持原判。

【法官后语】

本案特别之处在于，在法院审理前，双方当事人就货款及利息问题已协商一致并实际支付，交通产业公司亦撤回了相应诉讼请求，仅保留了律师费的诉讼请求，在此情况下，对律师费负担应如何审查。对该案的处理有两种不同的观点：

第一种观点认为，应根据双方履行合同情况，如供货付款情况，审查判断一言公司是否存在违约行为，如存在违约行为，根据合同文本进行整体解释，违约方一般都是败诉方，可以认为双方约定了律师费由违约方承担，则可以支持交通产业公司的诉请。

第二种观点认为，交通产业公司起诉立案的当天，一言公司就支付了所欠货款及利息，交通产业公司亦撤回了相应诉请，双方之间的货款及利息争议已得到解决，现交通产业公司仅就律师费部分单独起诉，而根据双方的合同约定，违约损失并未包括律师费，而是约定由败诉方承担律师费，本案现在双方诉争标的又仅为律师费，无法判断败诉方，故不应支持交通产业公司诉请。

笔者赞同第二种观点，即不应支持交通产业公司律师费的诉讼请求。

首先，《中华人民共和国民事诉讼法》第四十八条规定，公民、法人和其他组织可以作为民事诉讼的当事人。法人由其法定代表人进行诉讼。其他组织由其主要负责人进行诉讼。第五十八条第一款规定，当事人、法定代理人可以委托一至二人作为诉讼代理人。由此可见，我国没有强制规定当事人进行诉讼必须委托律师等代理，而是由当事人根据其自身的情况，自主选择是否聘请律师。除几种例外情况下，法律规定涉及了律师费的负担，如合同纠纷案件中债权人行使撤销权的情形、著作权民事纠纷案件、商标民事纠纷案件等。一般而言，对律师费负担问题，法院是根据当事人之间的合同约定来进行审查。所以在诉讼中产生的律师费与被告实施的违约和侵权行为之间没有必然的因果关系。

其次，民事诉讼法中，“不告不理”原则表现为法院审理民事纠纷的范围应当由当事人确定，法院无权变更、撤销当事人的诉讼请求。审理案件时，法院只能按照当事人提出的诉讼事实和主张进行审理，不得主动审理超过当事人诉讼主张的部分。本案中由于一言公司支付了相应款项，交通产业公司已经撤回了货款及利息的诉讼请求，根据不告不理的原则，人民法院对于双方之间货款的结算问题不应再行审查，即一言公司向交通产业公司支付多少货款，是否给付利息，均系当事人对自己权利义务的自行处分，且已履行完毕，如无法定事由（如损害国家、集体、第三人利益等），法院不应干涉。由于对合同的履行情况法院不进行实体审查，则无法判断谁是违约方，也无法确定谁是败诉方。因此，本案中交通产业公司以一言公司是违约方或败诉方为由要求其承担律师费的诉讼请求无法得到支持。

编写人：江苏省南通市崇川区人民法院　张美龙

30

买卖合同履行过程中“先履行抗辩权”的正确认定

——东营市大生环保生产力促进中心有限公司诉淄博仲基能源科技有限公司、刘某勇买卖合同案

【案件基本信息】

1. 裁判书字号

山东省淄博市中级人民法院（2018）鲁03民终3758号民事判决书

2. 案由：买卖合同纠纷

3. 当事人

原告（上诉人）：东营市大生环保生产力促进中心有限公司（以下简称大生公司）

被告（被上诉人）：淄博仲基能源科技有限公司（以下简称仲基公司）、刘某勇

【基本案情】

大生公司（甲方）和仲基公司（乙方）于2014年3月10日签订《YT－MPSA型复印墙板生产线购销合同》，甲方向乙方购买YT－MPSA型轻质高强复合墙板生产线一台，合同约定自设备购销合同签订之日起120天内，乙方完成设备生产及在甲方厂区内的运行试调，即交货日期为2014年7月8日，乙方将设备送达甲方指定地点（东营开发区），运费由乙方承担。双方另约定：如果乙方没能在规定的期限内交货，则由乙方承担相应的违约金。如果延期一个月，仍不能提交双方约定的合格产品，甲方有权向乙方提出退货，同时乙方需在3日内向甲方支付已付的全部费用，并按照合同总额10%支付甲方违约金；乙方负责前往甲方厂区进行设备的安装调试，30天内完成安装调试工作，达到正常生产运行的要求。如超出30天仍未调试出合格的产品，之后的所有试产材料由乙方全部承担，直至调试出合格产品，乙方并向甲方支付违约金，按每天2000元计算，从乙方的设备款中扣减；甲方未

按照合同约定支付乙方资金而延误的时间及产生的影响，均由甲方承担。合同约定设备价款支付进度为：设备总价款为262万元，总价款包含设备所有的材料费、人工费、外协费、关联的不可预见性的费用，乙方及所雇用的其他员工在合同期限内的工资和乙方的利润收益。(1) 合同签订后2日内，支付合同总额的40%，即104.80万元。(2) 甲方按乙方分期提供设备的价款支付设备款，设备全部到达甲方指定地点后累计支付设备总价款的50%（即131万元）每次支付时间为甲方收货后的2日内。(3) 待乙方如期完成在甲方厂区内的安装调试后，甲方3日内支付余款26.2万元。第五条约定，大生公司自主研发的YT－MPSA型轻质高强复合墙板生产线相关设备、工艺及产品均已申请国家专利，上述知识产权及由此衍生的相关知识产权均归属大生公司所有。仲基公司对本合同项下的设备的所有信息，负有保密义务。合同签订后，双方于2014年3月19日签订《YT－MPSA型复合墙板生产线购销合同变更协议》，将原购销合同中设备价款支付进度变更为：(1) 合同签订后2日内，支付合同总额的40%，即104.8万元。(2) 4月5日，甲方支付设备总价款的20%，即52.4万元。4月25日，甲方支付设备总价款的15%，即39.3万元。5月10日，甲方支付设备总价款的15%，即39.3万元。(3) 待乙方如期完成在甲方厂区内的安装调试后，甲方3日内支付余款26.2万元。合同签订后，大生公司于2014年3月13日向仲基公司付款104.8万元，2014年4月11日付款30万元，2014年4月30日付款20万元，2014年5月8日付款40万元。因大生公司未按协议约定设备价款进度和金额支付货款，仲基公司遂未交付货物。刘某勇系原淄博运特能源科技有限公司的生产厂长，个人不具备生产YT－MPSA型复合墙板生产线的能力，为大生公司提供生产线的实际是淄博运特能源科技有限公司。经法院现场勘查，仲基公司处存放有涉案设备，但大生公司对此未予确认。大生公司起诉要求解除《YT－MPSA型复合墙板生产线购销合同》及《YT－MPSA型复合墙板生产线购销合同变更协议》并判令仲基公司、刘某勇返还设备款194.8万元和支付违约金26.2万元。

【案件焦点】

涉案合同应否解除，仲基公司、刘某勇应否返还已付设备款和支付违约金。

【法院裁判要旨】

山东省淄博市临淄区人民法院经审理认为：双方原购销合同明确约定“甲方未按照合同约定支付乙方资金而延误的时间及产生的影响，均由甲方承担”，大生公司未按规定的设备价款支付进度及金额付款，导致合同无法正常履行，仲基公司未交付设备有其正当理由，并未违背合同履行应当遵循的诚实信用原则和全面履行原则，原告主张解除合同的理由不能成立。经现场勘查，仲基公司处现存有生产线设备，虽然大生公司对该设备是否为合同约定的设备有疑问，但根据原购销合同约定，仲基公司在大生公司按约定付清相应货款的情况下，有义务将设备交付大生公司并负责安装调试生产出合格产品，因此该合同有继续履行的可能性，因大生公司主张解除合同的理由不能成立，故该合同应该按照合同约定继续履行，对于大生公司的诉求不予支持。刘某勇签订合同属职务行为，大生公司要求刘某勇同时承担返还设备款并支付违约金的诉求依法不能成立。依照《中华人民共和国合同法》第六条、第六十条、第六十七条、第六十八条、第六十九条、第九十三条、第九十四条、第九十六条、第九十八条、第一百零七条，《最高人民法院关于适用若干问题的解释（二）》第二十四条，《中华人民共和国民事诉讼法》第六十四条的规定，判决：

驳回大生公司的诉讼请求。

大生公司不服一审判决，提起上诉。

山东省淄博市中级人民法院经审理认为：双方签订购销合同后，又签订变更协议，对设备价款支付进度作出变更，改变了原合同中分批支付已供设备价款的约定，仅规定了付款时间，未约定交货时间。大生公司未按约付款，仲基公司未交付货物并不违背合同约定。依照《中华人民共和国民事诉讼法》第一百七十条第一款第一项规定，判决：

驳回上诉，维持原判。

【法官后语】

本案主要涉及买卖合同履行过程中“先履行抗辩权”的正确认定问题。

先履行抗辩权是指在当事人互负债务且有先后履行顺序的情况下，后履行一方在先履行一方未依约履行前所享有的拒绝其相应履行请求的抗辩权。从概念和内涵来看，先履行抗辩权，本质上是对先期违约的抗辩。先期违约是指一方当事人首先违约且该违约系另一方不履行合同的原因。先履行抗辩权是对负有先履行义务一方违约的抗辩，亦即对先期违约的抗辩。对此《中华人民共和国合同法》第六十七条作出了明确规定：“当事人互负债务，有先后履行顺序，先履行一方未履行的，后履行一方有权拒绝其履行要求。先履行一方履行债务不符合约定的，后履行一方有权拒绝其相应的履行要求。”审判实务中先履行抗辩权的认定需具备以下条件：一是需基于同一双务合同；二是该合同需由一方当事人先为履行；三是应当先履行的当事人不履行合同或者不适当履行合同。具备上述条件，发生先履行抗辩权，即没有先履行义务但已到履行期的对方当事人享有不履行或者部分履行的权利。

先履行抗辩权在买卖合同纠纷中相对出现较多，而本案即适用先履行抗辩权从而对案件作出了正确的认定。本案中，涉案购销合同约定了合同解除的条件和违约金的支付标准，但适用该条款的前提是仲基公司确实违约。根据变更协议，大生公司未按照双方约定的设备价款支付进度支付仲基公司相应的合同价款，致使仲基公司未能及时交付货款，大生公司明确违约在先。尽管大生公司主张已履行大部分付款义务，而仲基公司任何设备均未交付，因此仲基公司不能按照《中华人民共和国合同法》第六十七条规定的先履行抗辩权来拒绝交付设备。但涉案生产线设备为整体交付，大生公司应当按约定先支付设备款，在其没有按时按约定数额（尚欠41万元）支付设备款的情况下，仲基公司有权拒绝交付设备。大生公司主张其拒绝支付剩余41万元，一是因为仲基公司未分批分期交付设备，如前所述这显然不能成立；二是因为仲基公司未开具增值税发票，但双方对此并未约定每付一次款就要开具发票，大生公司也无证据证明因仲基公司未开具发票导致其经济损失，且仲基公司承诺付清全部设备款后开具总的发票，故大生公司的该拒付理由也不能成立；三是因为仲基公司丧失商业信用，大生公司行使不安抗辩权。但大生公司无证据证实仲基公司已丧失商业信用，且根据合同法规定，大生公司也未履行相应的通知义务，其该拒付理由同样不能成立。双方原购销合同明确约定“甲方未按照合同约定支付乙方资金而延误的时间及产生的影响，均由甲承担”，仲基公司未交付设备有其正当理由，并未违背合同履行应当遵循的诚实信用原则和全面履行原则。故本案中仲基公司享有先履行抗辩权，大生公司不能依据合同约定行使约定解除权和法定解除权。涉案合同有继续履行的可能性，大生公司主张解除合同并返还已付设备款和支付违约金的诉求依法不能成立，一审、二审法院驳回大生公司诉求具有事实和法律依据，无疑是正确的。

编写人：山东省淄博市中级人民法院 荣明潇
山东省淄博市临淄区人民法院 刘海红

31

违反合同附随义务不足以构成欺诈

——谭某安诉泉州中升之星汽车销售服务有限公司买卖合同案

【案件基本信息】

1. 裁判书字号

福建省泉州市中级人民法院（2018）闽05民终7110号民事判决书

2. 案由：买卖合同纠纷

3. 当事人

原告（上诉人）：谭某安

被告（被上诉人）：泉州中升之星汽车销售服务有限公司（以下简称中升之星公司）

【基本案情】

2015年1月14日，谭某安向中升之星公司购买一辆梅赛德斯—奔驰汽油型越野车。该车售价76万元，谭某安已通过蔡某春支付中升之星公司车辆价款并提车，中升之星公司也向谭某安交付涉案车辆机动车销售统一发票、《货物进口证明书》《进口机动车辆随车检验单》。上述车辆已在福建省泉州市公安局交通警察支队车辆管理所办理注册登记。2017年3月29日，谭某安将涉案车辆开至大长江公司修理，因无法免费保修，谭某安支出修理费6881.5元。后谭某安与中升之星公司经泉州市工商行政管理局泉州经济技术开发区分局调解并达成调解协议，中升之星公司同意支付谭某安保修费用6881.5元。后中升之星公司向谭某安出具一份《承诺书》，该承诺书载明因涉案车辆不能联保，保修期内（至2018年1月13日）在外地涉及保修，谭某安告知中升之星公司后，中升之星公司为谭某安承担保修费用。

另查，截至一审法庭辩论结束前，涉案车辆已经行驶了11万多千米。涉案车辆系中升之星公司自行进口销售，无法在奔驰中国公司授权的全国各地网点进行质保期内的免费保修。审理中，谭某安明确系以中升之星公司提供的商品或服务存在缺陷，主张中升之星公司存在《中华人民共和国消费者权益保护法》第五十五条的欺诈行为。

【案件焦点】

1. 中升之星公司是否向谭某安披露涉案车辆无法在奔驰中国公司授权的全国各地网点进行质保期内的免费保修；2. 若未披露，中升之星公司的行为是否构成欺诈。

【法院裁判要旨】

福建省泉州市鲤城区人民法院经审理认为：谭某安与中升之星公司关于涉案车辆的买卖合同关系依法成立有效。本案中，中升之星公司确认涉案车辆系其自行进口，无法在奔驰中国公司授权的全国各地网点进行质保期内的免费保修。但根据查明的事实，中升之星公司销售的涉案车辆来源合法，已办理车辆的注册登记手续，谭某安提供的证据不足以证明中升之星公司销售涉案车辆存在欺诈行为。涉案车辆无法在奔驰中国公司授权的全国各地网点进行质保期内的免费保修，属于车辆保养维护问题，并不涉及性能和质量，不属谭某安主张的“商品或服务存在缺陷”的情形，且中升之星公司已承诺承担谭某安质保期内无法免费保修的费用。同时，本案亦无证据证明涉案车辆存在质量问题，也无证据证明中升之星公司以次充好、以质量不合格的车辆冒充合格的车辆或夸大、隐瞒所提供车辆的质量、性能等与消费者有重大利害关系的信息误导等情形。故谭某安主张中升之星公司销售涉案车辆时存在欺诈行为，于法无据，不予采纳。依照《中华人民共和国民事诉讼法》第六十四条第一款、《最高人民法院关于民事诉讼证据的若干规定》第二条规定，判决如下：

驳回谭某安的诉讼请求。

谭某安不服一审判决，提起上诉。

福建省泉州市中级人民法院经审理认为：关于是否披露车辆保修信息的问题。

对于购车时是否有披露前述事项，中升之星公司作为专业的车辆经销商，其在销售车辆时，负有主动向消费者及时、完整披露车辆相关信息的义务，故在购车时是否披露相关信息，中升之星公司负有举证证明责任。中升之星公司无法提供证据证实其主张，应承担举证不能的责任，即中升之星公司未能在购车时向谭某安披露涉案车辆无法在奔驰中国公司授权的全国各地网点进行质保期内的免费保修。关于中升之星公司没有披露前述信息的行为是否构成欺诈的问题。根据中升之星公司在工商局的调解下与谭某安达成由中升之星公司承担保修费用及中升之星公司出具给谭某安《承诺书》承担保修期的保修费用可知，涉案车辆质保期内在全国范围的免费保修是中升之星公司应负的合同主要义务之一。因此，因涉案车辆无法享有质保期内在全国范围的免费保修，中升之星公司已违反合同义务，构成违约。但是中升之星公司又通过《承诺书》的形式给予谭某安承担保修期内保修费用的承诺，该承诺足以弥补因中升之星公司的前述违约行为而导致谭某安可能遭受的损失。鉴于此，可以认定中升之星公司以替代履行的方式承担其合同义务，已对其违约行为进行纠正，补救并完善合同义务。另外，相较于承担涉案车辆质保期内在全国范围的免费保修是合同的主要义务，是否披露涉案车辆的维保信息应是合同的附随义务。在前述合同主要义务已通过替代履行的方式得以实现的情况下，是否披露涉案车辆的维保信息这一合同的附随义务亦不足以对合同相对人即谭某安造成实质性的损害，其所主张的欺诈亦无法成立。综上，一审法院认定事实清楚，适用法律正确，应予维持。据此，依照《中华人民共和国民事诉讼法》第一百七十条第一款第一项的规定，判决如下：

驳回上诉，维持原判。

【法官后语】

一、披露车辆保修信息应属合同附随义务

《中华人民共和国合同法》第六十条规定："当事人应当按照约定全面履行自己的义务。当事人应当遵循诚实信用原则，根据合同的性质、目的和交易习惯履行通知、协助、保密等义务。"从合同义务分类看，该条款既规定了合同的主合同义务，也规定了合同的附随义务。就理论基础而言，合同的附随义务是基于诚实信用原则而产生的，贯穿于合同的订立、生效、履行、终止等各个阶段。本案中，谭某安订立买卖合同的目的在于取得各项性能完备、质量合格的奔驰汽车。相应的，中升之星公司的主合同义务应在于提供质量合格的车辆及承担应尽的保修义务。同时，在车辆销售前，中升之星公司亦有义务告知买受人包括保修信息在内的车辆各项信息。因此，相较于承担车辆质保期内全国范围的免费保修是主合同义务，是否披露车辆的保修信息应是合同的附随义务。该附随义务产生于合同订立过程中，作为买卖合同一方当事人，买受人有权全面知悉所购车辆的各项信息。基于此，中升之星公司在双方买卖合同正式订立前，负有及时全面披露车辆各项信息的附随义务。

二、违反合同附随义务不足以构成欺诈

所谓“欺诈”，《最高人民法院关于贯彻执行〈中华人民共和国民法通则〉若干问题的意见（试行）》第六十八条规定“一方当事人故意告知对方虚假情况，或者故意隐瞒真实情况，诱使对方当事人作出错误意思表示的，可以认定为欺诈行为”。依据该规定，欺诈行为的构成至少包含两方面的要素，即一方“故意告知对方虚假情况或者隐瞒真实情况”，另一方“作出错误意思表示”，二者缺一不可。一般而言，在买卖合同中，出卖人故意向买受人就买卖标的的质量、功能、价格等足以影响买受人订约的关键因素作虚假陈述或隐瞒真实情况，从而导致买受人错误理解而订立买卖合约的，应予认定构成欺诈。具体到本案中，谭某安购买案涉奔驰车辆，更多的是受到车辆的品牌、性能、价格等因素的影响，而非仅仅是车辆的保修情况。同时，在中升之星公司作为销售者的保修义务可以通过替代履行方式承担的情况下，保修信息披露与否尚不足以构成影响买受人订立合约的决定性因素。基于此，即使中升之星公司存在“隐瞒真实情况”，即未及时披露车辆保修信息；谭某安也不会因此受到误解而“作出错误意思表示”，即购买案涉奔驰汽车。因此，本案中，虽然存在中升之星公司未履行披露车辆保修信息这一合同附随义务的事实存在，但其未履行该附随义务并不必然导致谭某安作出错误意思表示，谭某安据此主张中升之星公司构成欺诈，缺乏成立要件，不应支持。

编写人：福建省泉州市中级人民法院　赖世耀

五、买卖合同的变更、转让和终止

32

债务加入与第三人代为履行之区别

——张某福诉周某强等买卖合同案

【案件基本信息】

1. 裁判书字号

福建省厦门市中级人民法院（2018）闽02民终5824号民事判决书

2. 案由：买卖合同纠纷

3. 当事人

原告（上诉人）：张某福

被告（被上诉人）：周某强、柳某洪

被告：许某平

【基本案情】

2015年1月1日，星华昌源集团有限公司（以下简称星华公司）出具《授权委托书》，委托柳某洪、周某强为其所承接的永春县温泉小区安置房（一期）工程项目的施工代表，协助项目经理处理日常的工地管理，包括代表星华公司签署合同、材料签收、结算、劳务工作量确认等所有工地现场有关事宜。2015年2月3日，柳某洪代表星华公司——永春县温泉小区安置房（一期）2#、3#、4#项目部与许某平签署《合同书》，将上述安置房工程项目一切模板项目发包给许某平。2016年5月15日，许某平向张某福出具《欠条》，载明：截至2016年5月15日，许某平欠张某福木材款1775400元。2017年1月23日，许某平作为委托授权人、周某强作为被委托人、张某福作为受托人共同签订《授权委托书》，写明许某平欠张某福材料款事宜，经三方协议，委托永春温泉小区项目部按工程量为准，将剩余金额（除工资大约预算15万元）直接支付给张某福。支付时间分三次，2017年第一次约三月，第二次约6月，第三次结清（注：如出现预算工资15万元不够发给工人的情况，由委托授权人和受委托人自行协商处理，被委托人不负任何责任）。2017年10月11日，柳某洪向张某福出具《承诺函》，写明承诺支付许某平班组按合同进度款承诺时间2017年10月30日至11月15日付款。2017年11月30日，柳某洪向张某福转款150000元。

另，周某强提交其与许某平签名的《施工班组/分包单位工程结算单》，拟证明该工程模板项目结算合计8156418元，已付工程款7902155元，结算完应付款为254263元。

本案诉讼过程中，张某福申请对许某平、柳某洪、周某强的财产予以保全，并提交中国人民财产保险股份有限公司出具的《担保函》作为担保。法院依法作出裁定，对上述被告价值922539元的等值财产予以查封、冻结、扣押。张某福为此投保诉讼保全责任保险，并花费保险费2880元。

【案件焦点】

周某强、柳某洪分别在《授权委托书》及《承诺函》上签名是属于债务加入还是第三人代为履行。

【法院裁判要旨】

福建省厦门市集美区人民法院经审理认为：本案系拖欠货款引起的买卖合同纠纷。许某平与张某福存在买卖合同关系，双方通过《欠条》确认许某平欠张某福货款1775400元。张某福自认许某平之后又支付了部分货款，尚欠货款金额为1315400元。法院认为，张某福主张的上述事实证据充分，其主张许某平支付欠款1315400元，有事实及法律依据，予以支持。因许某平拒不支付货款引起本案诉讼，张某福为此向保险公司缴纳的诉讼保全担保保险费系在诉讼中支出的合理必要费用，系张某福的损失部分，故张某福主张许某平支付保全担保保险费2880元，证据充分，于法有据，予以支持。本案的争议焦点在于柳某洪、周某强是否应当对上述欠款承担共同还款责任。张某福主张柳某洪、周某强挂靠于星华公司，是案涉项目的分包方，柳某洪、周某强出具《授权委托书》《承诺函》应视为债的加入，理应对讼争欠款承担共同还款责任。张某福提交欠条、《授权委托书》《承诺函》、银行交易明细证明其上述主张。柳某洪、周某强质证如下：对上述证据真实性均无异议，但欠条无法证明许某平所购材料全部用于温泉小区项目；《承诺函》是代表星华公司所签，承诺按工程进度向许某平拨付工程款，没有向张某福支付货款的意思表示；周某强在《授权委托书》签字系职务行为，并非其个人行为，且不代表债的加入。法院认为，首先，星华公司向周某强、柳某洪分别出具《授权委托书》，可以证明周某强、柳某洪系该公司委托的涉案工程项目的施工代表，处理日常工地管理，包括代表该公司签署合同等所有工地现场的有关事宜，由此可认定周某强系代表星华公司与许某平、张某福签订《授权委托书》，系履行职务行为，而非个人行为，由此所产生的后果应由星华公司承担。张某福主张周某强、柳某洪系挂靠于星华公司，缺乏依据，不予采信。其次，该份《授权委托书》的标题及内容，均表明温泉小区项目部系受许某平委托，同意将应支付给许某平班组的剩余工程款直接向张某福进行支付，许某平、周某强分别作为委托授权人和被委托人在《授权委托书》上签名，且三方还在备注中明确“如出现预算工资15万元不够发给工人的情况，由委托授权人和受托人自行协商处理，被委托人不负任何责任”，由此可见周某强所代表的温泉小区项目部仅仅是同意代为支付，而没有作为债务人共同向张某福履行债务的意思表示，而柳某洪出具的《承诺函》也没有相关债务加入的内容。故张某福主张周某强、柳某洪签订《授权委托书》《承诺函》构成债务加入，缺乏依据，不予采信。因此张某福主张周某强、柳某洪共同承担还款责任，缺乏事实及法律依据，不予支持。福建省厦门市集美区人民法院根据《中华人民共和国合同法》第六十条第一款、第一百零七条、第一百零九条、第一百五十九条、第一百六十一条，《中华人民共和国民事诉讼法》第六十四条第一款、第三款、第一百四十四条，《最高人民法院关于民事诉讼证据的若干规定》第二条之规定，判决：

一、被告许某平应于本判决生效之日起十日内支付原告张某福货款1315400元及逾期利息（自2016年5月15日起，按中国人民银行同期同类人民币贷款基准利率计算至本判决确定的付款之日止）；

二、被告许某平应于本判决生效之日起十日内支付原告张某福保全担保保险费2880元；

三、驳回原告张某福的其他诉讼请求。

张某福不服一审判决，提起上诉。福建省厦门市中级人民法院经审理认为：本案系买卖合同纠纷，各方当事人均对张某福系卖方，许某平系买方，一审法院判令许某平应向张某福支付尚欠的货款及保全担保保险费等事实无异议，法院予以确认。张某福主张柳某洪、周某强应对本案讼争货款及保全担保保险费承担共同还款责任，一审法院对其该项请求未予以支持，张某福不服向法院提起上诉，依照《最高人民法院关于适用〈中华人民共和国民事诉讼法〉的解释》第三百二十三条的规定，本案仅围绕张某福的该项上诉请求进行审理。张某福以柳某洪、周某强与星华昌源集团有限公司没有劳动合同关系，系挂靠星华昌源集团有限公司的包工头；柳某洪、周某强向张某福出具《授权委托书》或《承诺函》的行为系债务加入的意思表示；柳某洪、周某强未履行《授权委托书》或《承诺函》的行为已构成违约为由，主张柳某洪、周某强承担共同还款责任。根据“谁主张，谁举证”的法律规则，当事人应对其主张承担相应的举证责任。诉讼中，张某福未能举证证明柳某洪、周某强与星华昌源集团有限公司系挂靠关系，法院对其该项主张不予采信。星华昌源集团有限公司于2015年1月1日向柳某洪、周某强出具《授权委托书》，委托柳某洪、周某强为星华昌源集团有限公司承接的永春县温泉小区安置房（一期）工程项目的施工代表，因此周某强作为被委托人与许某平、张某福签订《授权委托书》及柳某洪向张某福出具《承诺书》的行为，均系代表星华昌源集团有限公司履行和对永春县温泉小区安置房工程项目的现场管理行为，相应法律后果不应由柳某洪、周某强承担，张某福要求柳某洪、周某强对许某平的债务承担共同还款责任，缺乏相应的法律依据，一审法院未予以支持，并无不当。张某福上诉理由不能成立，依法应予以驳回。一审判决认定事实清楚，程序合法，审判结论正确，依法应予以维持。根据《中华人民共和国民事诉讼法》第一百七十条第一款第一项、《最高人民法院关于适用〈中华人民共和国民事诉讼法〉的解释》第三百二十三条的规定，判决：

驳回上诉，维持原判。

【法官后语】

本案的主要争议焦点为：周某强、柳某洪分别在《授权委托书》及《承诺函》上签名是属于债务加入还是第三人代为履行。债务加入、代为履行均为由第三方代替或部分代替原债务人清偿债务，两者在司法实践中经常混淆，有进一步厘清之必要。我国合同法对债务加入并没有明确的规定。普遍观点认为所谓债务加入又称并存的债务承担，指原债务人并没有脱离原债务关系，而第三人又加入原存的债务关系中，与债务人共同承担债务。在司法实践中，江苏省高级人民法院首先明确使用了“债务加入”的概念，其在《江苏省高级人民法院关于适用〈中华人民共和国合同法〉若干问题的讨论纪要（一）》第十七条规定：“债务加入是指第三人与债权人、债务人达成三方协议或第三人与债权人达成双方协议或第三人向债权人单方承诺由第三人履行债务人的债务，但同时不免除债务人履行义务的债务承担方式。”此外，最高人民法院民二庭在调研报告《民商事审判若干疑难问题》中亦采用了“债务加入”的概念。

第三人代为履行，又称履行承担，《中华人民共和国合同法》第六十五条规定：“当事人约定由第三人向债权人履行债务的，第三人不履行债务或者履行债务不符合约定，债务人应当向债权人承担违约责任。”其法律含义是，第三人与债务人订立协议，由第三人自愿代债务人履行债务。其特征是第三人与债权人、债务人未达成转让合同义务的协议，第三人未取代债务人位，并不由此成为合同的当事人，仅为合同辅助履行人，如果第三人不履行也不必承担违约责任，债权人亦无权向第三人主张权利，只能向债务人主张。代为履行中的第三人并不因其履行行为而成为合同债务人。换言之，在第三人履行时，他与合同债权人之间不发生任何法律关系。合同债权人不得向第三人基于他与债务人的合同关系主张任何权利；另外，债权人与债务人的合同关系仍然存在。商事实践中第三人承诺“代替”债务人履行债务，至少具有三重含义，即第三人代为履行、债务加入或者债务转移，须结合债权人表态、当事人事后实际履行债务的情况等因素，并以保护债权人利益为原则，进行综合判断。本案中，双方当事人签订《授权委托书》《承诺函》，约定债务人许某平委托周某强、柳某洪作为负责人的永春温泉小区项目部直接将应付工程款支付给张某福，且注明“如出现预算工资15万元不够发给工人的情况，由许某平和张某福自行协商处理，被委托人不负任何责任”。显然该项目部是基于还有应付许某平的工程款，且为了使工程不受影响，同意在应付工程款范围内代为向原告进行支付，显然符合第三人代为履行，而不应认定为债务加入。

编写人：福建省厦门市集美区人民法院　杨芳芳

33

以起诉方式解除合同时合同解除时间的确定

——双欧汇（北京）电子商务有限公司诉临汾九龙煤焦有限公司襄汾选煤厂、临汾九龙煤焦有限公司买卖合同案

【案件基本信息】

1. 裁判书字号

北京市第一中级人民法院（2018）京01民终8828号民事判决书

2. 案由：买卖合同纠纷

3. 当事人

原告（被上诉人）：双欧汇（北京）电子商务有限公司（以下简称双欧汇公司）

被告（上诉人）：临汾九龙煤焦有限公司襄汾选煤厂（以下简称襄汾选煤厂）

被告：临汾九龙煤焦有限公司（以下简称九龙煤焦公司）

【基本案情】

2016年，襄汾选煤厂（甲方）与双欧汇公司（乙方）签订《购销合同》，就甲方向乙方供应煤炭事宜达成协议。后双方就货物单价及数量等问题达成补充协议。2016年9月及10月，双汇公司分别支付了预付款及货款。其后双方再次就相关合同事项达成补充协议。襄汾选煤厂未供应完成全部货物。2017年11月，襄汾县安全生产监督管理局发布关于全县煤炭企业继续停产停运的通知。双欧汇公司向法院提出诉讼请求：1. 判令解除《购销合同》及其补充协议；2. 襄汾选煤厂、九龙煤焦公司返还货款及利息。

【案件焦点】

涉案合同解除后，襄汾选煤厂、九龙煤焦公司支付双欧汇公司利息，应自起诉之日、起诉状送达襄汾选煤厂之日，还是自二审判决书生效之日起算。

【法院裁判要旨】

北京市海淀区人民法院经审理认为：本案在合同履行期间，国家陆续颁布了针对煤炭行业的政策，再加上环保督查分外严格，各地区不断出台各种限产和去产能政策，煤矿出现大面积关停的局面，煤炭企业停产的现象也十分普遍。本案中双方当事人在2016年年底的补充协议中已意识到“煤炭市场发生较大变化”，同时将煤炭交付时间变更为“根据实际洗煤情况约定提货时间”，另通过襄汾县安全生产监督管理局发布襄安监字〔2017〕70号关于全县煤炭企业继续停产停运的通知看，该通知没有明确允许恢复生产的期限。结合煤炭市场价格持续上涨的现实情况，襄汾选煤厂在2017年3月以后未再提供相应货物已明显超过了履行的合理期限。虽然双欧汇公司未能提供证据证明催要货物，但从常理分析，在煤炭市场行情价格不断上涨的情况下，双欧汇公司没有理由对已经支付的货款置之不理，襄汾选煤厂在庭审中亦未能给出明确的交付煤炭的时间，应当认定襄汾选煤厂已不具备继续履行供货义务的条件。现双欧汇公司要求解除合同，返还已付未提货部分货款，理由正当，法院予以支持。襄汾选煤厂在双欧汇公司提起诉讼后，既未退款又未履行供货义务，长期占用双欧汇公司的资金，应当支付自起诉之日起按银行同期同类贷款基准利率计算的利息。襄汾选煤厂系九龙煤焦公司的分公司，九龙煤焦公司应与其共同承担民事责任。

综上所述，依照《中华人民共和国合同法》第六十条、第九十四条、第九十七条，《中华人民共和国公司法》第十四条，《最高人民法院关于适用〈中华人民共和国合同法〉若干问题的解释（二）》第二十六条之规定，判决：

一、双欧汇公司与襄汾选煤厂签订的《购销合同》及其补充协议于2017年9月26日解除；

二、襄汾选煤厂、九龙煤焦公司于判决生效之日起十日内返还双欧汇公司货款2212494.80元；

三、襄汾选煤厂、九龙煤焦公司于判决生效之日起十日内给付双欧汇公司利息（以2212494.80元为基数，自2017年9月26日起至实际付清之日止，按中国人民银行公布的同期同类贷款基准利率计算）；

四、驳回双欧汇公司的其他诉讼请求。

襄汾选煤厂不服一审判决，提起上诉。

北京市第一中级人民法院经审理认为：本案争议的焦点为以起诉方式解除合同时，合同解除的时间如何确定。即起诉之日、起诉状送达襄汾选煤厂之日，还是二审判决书生效之日合同才解除。

一、双欧汇公司是否享有合同解除权

本案中，双欧汇公司已于2016年10月28日前共向襄汾选煤厂支付了420万元的货款，但襄汾选煤厂仅于2017年1月12日至3月5日供应了共计1926035.83元的煤炭，迟至双欧汇公司于2017年9月26日提起本案诉讼前，剩余煤炭一直未供应。而襄汾县安全生产监督管理局发布相关停产停运通知的时间是2017年11月3日，晚于双欧汇公司起诉之日，且截至上述日期，剩余煤炭亦未供应。虽然双方在补充协议中将煤炭交付时间变更为“根据实际洗煤情况约定提货时间”，但考虑到当时煤炭价格不断上涨，双欧汇公司早已支付大量货款等因素，襄汾选煤厂长达六个多月未供应剩余煤炭，应当认定其违反了上述约定，属于迟延履行主要债务。虽然双欧汇公司未能提供证据证明其催要货物，但如上所述，当时煤炭价格不断上涨，其早已支付大量货款，双欧汇公司称其一直催告襄汾选煤厂在合理期限内供货符合商业惯例和常理，可予以认定。因此，根据上述法律规定，双欧汇公司享有法定解除权。

二、双欧汇公司解除合同意思表示的表达方式

法院认为，解除通知也可以通过诉讼的方式行使，提起诉讼是解除权人意思表示的另一种表达方式，只不过其并未直接通知对方解除合同，而是通过法院以向对方送达起诉状等法律文书的方式通知对方解除合同。因此双欧汇公司提起本案诉讼，是其解除合同意思表示的一种表达方式。

三、合同解除权以及相关诉讼的性质

根据《中华人民共和国合同法》第九十六条第一款的规定，“合同自通知到达对方时解除”，可知合同解除权是一种形成权，不需要征得对方同意，依照解除权人单方意思表示即可改变相应法律关系。而且合同解除权是普通形成权，解除通知到达对方时合同便解除，无须以向法院提出诉讼的方式来行使。若解除权人直接以诉讼的方式解除合同，应属于确认之诉，即要求法院确认其主张的法律关系存在或不存在的请求。法院作出的生效判决，仅是确认合同于解除合同的通知即起诉状到达对方之日已解除。

因此，如上文所述，双欧汇公司享有法定解除权，其提起本案诉讼，是其解除合同意思表示的一种表达方式。当其解除合同的通知即起诉状送达襄汾选煤厂时，合同便已解除，起诉状送达之日便是合同解除之日。即便之后人民法院作出合同解除的生效判决，合同解除的时间也应溯及至解除合同的通知即起诉状到达对方处。判决的生效日期并非合同的解除日期。

四、利息支付的起算时间

本案中，当双欧汇公司的起诉状送达襄汾选煤厂时即2017年11月24日，涉案合同便已解除。从此时起，襄汾选煤厂应当向双欧汇公司返还货款，若未返还，应支付占用资金的损失即利息。因此，襄汾选煤厂支付双欧汇公司利息，应自起诉状送达襄汾选煤厂的时间即2017年11月24日起算。

《中华人民共和国公司法》第十四条第一款规定："公司可以设立分公司。设立分公司，应当向公司登记机关申请登记，领取营业执照。分公司不具有法人资格，其民事责任由公司承担。"襄汾选煤厂系九龙煤焦公司设立的分公司，九龙煤焦公司亦应承担上述民事责任。

因此，一审判决认定双欧汇公司与襄汾选煤厂签订的《购销合同》及其补充协议于双欧汇公司起诉之日即2017年9月26日解除，并认定襄汾选煤厂、九龙煤焦公司应自2017年9月26日起向双欧汇公司支付利息，属于认定事实不清，适用法律错误，法院予以纠正。

综上所述，一审判决审理程序合法，但认定事实不清、适用法律错误，法院依法予以改判。依照《中华人民共和国民事诉讼法》第一百七十条第一款第二项规定，判决如下：

一、撤销北京市海淀区人民法院（2017）京0108民初54194号民事判决；

二、确认双欧汇公司与襄汾选煤厂签订的《购销合同》及其补充协议于2017年11月24日解除；

三、襄汾选煤厂、九龙煤焦公司于本判决生效之日起十日内返还双欧汇公司货款2212494.80元；

四、襄汾选煤厂、九龙煤焦公司于本判决生效之日起十日内给付双欧汇公司利息（以2212494.80元为基数，自2017年11月24日起至实际付清之日止，按中国人民银行公布的同期同类贷款基准利率计算）；

五、驳回双欧汇公司的其他诉讼请求。

【法官后语】

一般认为，形成权是指依照权利人单方意思表示即可改变相应法律关系的权利。根据权利行使方式的不同，形成权可分为形成诉权与普通形成权（亦称单纯形成权）。

对于形成诉权而言，权利人必须以向法院提起诉讼的方式来行使，并通过判决来确定其效力。因为形成权诉权的行使对相对人的利益影响巨大，须由法院居中裁决以保证其结果的公平，并确定行使行为的效力。例如，《中华人民共和国合同法》第七十四条第一款规定："因债务人放弃其到期债权或者无偿转让财产，对债权人造成损害的，债权人可以请求人民法院撤销债务人的行为。债务人以明显不合理的低价转让财产，对债权人造成损害，并且受让人知道该情形的，债权人也可以请求人民法院撤销债务人的行为"。该规定中的债权人撤销权便是一种形成诉权。债权人须通过诉讼的方式请求法院撤销债务人的相应行为，法院作出撤销债务人相应行为的生效判决之日，便是该行为被撤销之日。

对于普通形成权而言，其依照一方意思表示即可行使，无须以向法院提出诉讼的方式来行使。根据《中华人民共和国合同法》第九十六条第一款的规定，合同自通知到达对方时解除，可知合同解除权是一种形成权，不需要征得对方同意，依照解除权人单方意思表示即可改变相应法律关系。而且合同解除权是普通形成权，解除通知到达对方时合同便解除，无须以向法院提出诉讼的方式来行使。若解除权人直接以诉讼的方式解除合同，应属于确认之诉，即要求法院确认其主张的法律关系存在或不存在的请求。法院作出的生效判决，仅是确认合同于解除合同的通知即起诉状到达对方之日已解除。

编写人：北京市第一中级人民法院　邹斐

34

间接代理内部关系不能约束善意第三人

——贾某良诉江阴市培蒙印染制衣有限公司买卖合同案

【案件基本信息】

1. 裁判书字号

江苏省无锡市中级人民法院（2018）苏02民终528号民事判决书

2. 案由：买卖合同纠纷

3. 当事人

原告（上诉人）：贾某良

被告（被上诉人）：江阴市培蒙印染制衣有限公司（以下简称培蒙公司）

第三人：戴某度

【基本案情】

2008年起，贾某良与戴某度合作经营煤炭，由贾某良组织货源，戴某度负责销售收款，2011年借用徐州瑞庆物资有限公司（以下简称瑞庆公司）名义向培蒙公司销售煤炭。2011年至2012年，培蒙公司共收到由戴某度经手供给并开具瑞庆公司发票的煤炭计款3033796.78元，已向戴某度支付相应煤款293.5万元。上述款项大部分系戴某度从培蒙公司领取银行承兑汇票，小部分采用现金支付，其中115000元由瑞庆公司出具现金收据。其间瑞庆公司曾于2012年1月17日向戴某度出具收款委托书，委托戴某度向培蒙公司收取煤款（注明：有效期至2012年1月26日）。

2011年4月至2012年12月，瑞庆公司共向培蒙公司开具发票29份，价税金额合计3033796.78元。

瑞庆公司与培蒙公司于2011年7月15日签订工矿产品购销合同一份，载明瑞庆公司向培蒙公司供煤769.58吨，单价930元/吨，计款715709.4元，交货地点、方式：江阴祝塘，运输方式及费用负担：均由供方负责，结算方式及期限：按实际吨位开票一次性结清，上述合同无人签字。双方于2011年8月5日又签订合同一份，载明瑞庆公司向培蒙公司供煤5540吨，单价900元/吨，计款4986000元，贾某良在瑞庆公司栏签名，戴某度在鉴（公）证机关经办人栏签名。2011年8月10日，双方又签订合同一份，载明瑞庆公司向培蒙公司供煤800吨，单价930元/吨，计款744000元。

2011年，瑞庆公司与贾某良签订合作协议一份，载明：贾某良（乙方）用瑞庆公司（甲方）开拓贸易业务，瑞庆公司提供贾某良业务所需增值税发票等票据，不干涉贾某良经营活动，也不干涉留用贾某良的进出增值税发票；贾某良自负盈亏，自主经营，独立核算，代表瑞庆公司签署合同，负责收款，收款出现问题由贾某良负责，银行账户自行管理使用，自负业务所产生的税费，且经营中造成的纠纷、损失或法律责任均由贾某良负责，与瑞庆公司无关；贾某良每年上交瑞庆公司管理费10000元。

2014年11月26日，贾某良向江阴市公安局报案，就本案相同事实要求追究培蒙公司、戴某度等的刑事责任。公安机关以培蒙公司涉嫌合同诈骗立案调查，并形成讯问笔录，经调查后，因没有犯罪事实而撤销此案。

贾某良与瑞庆公司出具落款时间为2017年3月13日的债权转让协议，载明将瑞庆公司对培蒙公司享有债权3303404.78元债权转让给贾某良，并于2017年3月13日将债权转让协议和债权转让通知书邮寄培蒙公司，培蒙公司收到上述材料。

贾某良认为2011年4月27日至2012年12月25日，瑞庆公司根据合同约定按实际发货数量开具了价税合计为3803404.78元的增值税专用发票，但培蒙公司仅向瑞庆公司支付了货款500000元，尚欠3303404.78元，其有权向培蒙公司收取货款，故起诉至法院，要求培蒙公司给付货款3303404.78元并承担利息。

【案件焦点】

1. 本案是否已过诉讼时效；2. 案涉煤炭是谁与培蒙公司发生的买卖关系，瑞庆公司与贾某良的债权转让协议是否有效；3. 戴某度和贾某良是什么关系；4. 贾某良是否有权向培蒙公司主张诉争煤款，培蒙公司是否已付清应付款项。

【法院裁判要旨】

江苏省无锡市江阴市人民法院经审理认为：第一，本案未过诉讼时效。培蒙公司所提供的已抵扣发票最后开具时间为2012年7月，贾某良向公安机关报案时间为2014年11月。从贾某良、戴某度、培蒙公司法定代表人及会计陈述和培蒙公司付款情况（2013年培蒙公司还曾支付煤款）综合分析，应认定贾某良主张权利未过诉讼时效。

第二，本案诉争煤炭是贾某良借用瑞庆公司名义与培蒙公司发生的买卖关系。贾某良与瑞庆公司的债权转让协议，其实质是借用人与被借用人就对外发生债权的归属达成的协议。贾某良不是瑞庆公司员工，仅挂靠在瑞庆公司，瑞庆公司按贾某良要求开具发票，并由贾某良向瑞庆公司支付开票税金、缴纳管理费，贾某良自行经营和收款，自行承担经营中产生的损失或法律责任。瑞庆公司向贾某良提供加盖公司印章的空白合同，根据贾某良要求开具发票，且不过问业务，对贾某良向培蒙公司供应煤炭的运输、发货、价格、数量、付款、开票金额等交易基本情况都不清楚。案涉3份合同均为开票结算需要补签，其约定的交易金额、数量、时间均不与真实交易对应，发票亦是因贾某良不具有煤炭经营资质需借用瑞庆公司名义而为结算货款开具。虽然债权转让协议未真实反映贾某良借用瑞庆公司名义与培蒙公司发生买卖关系这一事实，但属于借用人与被借用人内部对外部债权归属作出处分，不违反法律规定，是有效的。

第三，戴某度与贾某良在贾某良借用瑞庆公司名义与培蒙公司进行煤炭交易中是代理与被代理关系。其一，在公安机关笔录中，贾某良陈述戴某度是代表他去和培蒙公司谈生意的，理论上戴某度的签字应该在供方一栏，他不清楚戴某度是否是培蒙公司的员工，2008年开始他和戴某度一起合伙做生意，合伙把煤炭供应给培蒙公司，戴某度负责和培蒙公司联系和收款。其二，戴某度曾持瑞庆公司收款委托书到培蒙公司收款，且除银行承兑汇票外，还持瑞庆公司现金收据向培蒙公司收款。其三，在公安机关笔录中，瑞庆公司法定代表人李某陈述她听贾某良讲过他和戴某度是合伙做煤炭生意的，由贾某良联系货源，由戴某度销售到江阴并负责收款，由于戴某度还有很多煤炭货款没有支付给贾某良，故2013年贾某良带她去江阴要过货款，但没有要到钱。其四，2015年6月29日公安机关笔录中，当公安机关提问“既然你说自2011年之后你和戴某度没有合作关系了，那2011年之后你卖给培蒙公司的煤炭具体数量和单价是谁和培蒙公司谈的”，贾某良陈述“有时候是我去谈的，有时候我委托戴某度去谈的”。上述陈述可以相互印证，可证实：2011

年之后，贾某良仍委托戴某度以瑞庆公司名义向培蒙公司销售煤炭并收取煤款。综上，可认定贾某良委托戴某度借用瑞庆公司名义向培蒙公司销售煤炭并收款，诉争煤炭的交易流程使培蒙公司有充分理由相信戴某度是有权收取上述煤款的。

第四，本案诉争煤炭是贾某良借用瑞庆公司名义与培蒙公司发生的买卖合同关系，且瑞庆公司以债权转让方式同意贾某良主张诉争煤款，故贾某良有权向培蒙公司主张诉争煤款，培蒙公司认为贾某良无权主张诉争煤款，证据不足，不予支持。但戴某度受贾某良委托以瑞庆公司名义向培蒙公司销售煤炭并收款，故无论培蒙公司向贾某良、戴某度或瑞庆公司付款，均应视为履行了给付货款义务。本案中，贾某良借用瑞庆公司名义向培蒙公司供煤共计价款根据现有证据可认定为3033796.78元，同时培蒙公司主张已向戴某度支付诉争煤款2935000元，戴某度对此予以认可。因戴某度是受贾某良委托以瑞庆公司名义向培蒙公司销售煤炭、收取货款的，戴某度收取上述煤款的行为，其民事责任应由贾某良（瑞庆公司）承担。对尚余货款98796.78元，培蒙公司应给付贾某良。贾某良关于戴某度是代表培蒙公司一方，不能代表其或瑞庆公司收款的主张，因与其本人、瑞庆公司法定代表人李某及戴某度在公安机关的陈述、收款委托书及瑞庆公司现金收据明显矛盾，故不予支持。

综上，本案系贾某良借用瑞庆公司名义与培蒙公司发生煤炭买卖合同关系，戴某度受贾某良委托以瑞庆公司名义向培蒙公司销售煤炭并收款，戴某度从培蒙公司收取货款的行为，其民事责任应由贾某良承担，培蒙公司应归还尚欠货款并偿付该款自起诉之日起至实际给付之日止的利息损失。

依照《中华人民共和国合同法》第一百零七条、第一百零九条之规定，作出如下判决：

一、被告培蒙公司应于本判决发生法律效力之日起十日内向原告贾某良支付货款98796.78元，并偿付该款自2017年3月22日起至实际给付之日止按中国人民银行同期同类贷款基准利率计算的利息损失；

二、驳回原告贾某良的其他诉讼请求。

贾某良不服一审判决，提起上诉。

江苏省无锡市中级人民法院经审理认为：本案二审争议焦点为：一是依据2012年12月瑞庆公司开具给培蒙公司的7份发票是否能认定发生煤炭往来769608元；二是戴某度是否有权向培蒙公司收取诉争煤炭的货款。

关于争议焦点一，仅凭2012年12月瑞庆公司向培蒙公司开具的7张增值税发票不能认定真实发生煤炭往来计769608元。上述7张发票曾由戴某度交到培蒙公司，培蒙公司审核认为与实际不符即将发票退还给戴某度，充分说明这7张发票项下的供货存在争议，对此情形，根据《最高人民法院关于审理买卖合同纠纷案件适用法律问题的解释》第八条规定，即使对于已经认证抵扣的增值税发票，出卖人尚且应当提供其他证据证明交付标的物的事实，何况本案中培蒙公司并未收下发票，更不能仅凭瑞庆公司单方开具的增值税发票即认定供货金额，因贾某良不能提供上述发票项下对应的供货凭证，故对这部分供货金额，缺乏事实证据而不能予以认定。

关于争议焦点二，戴某度有权向培蒙公司收取诉争煤炭的货款。其一，瑞庆公司与贾某良之间系挂靠关系，瑞庆公司仅为贾某良代开发票，并非货物的真实卖方，则瑞庆公司出具的收款委托书，其作用也仅在形式上满足和完善收付款手续的财务需要，并不具有真正的授权作用，故本案中不应以有无瑞庆公司的收款委托书作为审核戴某度收款权的依据，而应当结合戴某度在交易中的身份、作用、权限以及付款人培蒙公司善意与否等因素综合考量认定。其二，贾某良与戴某度自2008年起合伙销售煤炭，两人的分工为贾某良组织货源、戴某度负责销售与收款，对本案培蒙公司的交易模式亦如此，在合伙关系之下，无论从戴某度的合伙人身份还是合伙中的分工权限看，戴某度均有权向培蒙公司收取货款。贾某良虽称自2011年起已与戴某度终止合伙关系，但对此未能提供充分证据证明，戴某度也不予认可。且即使贾某良所述属实，根据其在公安机关和本案诉讼中的陈述可知，2011年起与培蒙公司的交易模式未有任何变动，在商谈生意、送货交接、过磅确认、交付发票这些交易环节中，戴某度仍然全程参与，且贾某良并不掌握交货凭证，因此，从贾某良一方而言，戴某度即使不再合伙也至少是贾某良委托的交易代理人，且属于未对外披露代理关系的隐名代理，从培蒙公司一方而言根据一如既往的交易模式完全有理由相信戴某度仍为交易相对方，故培蒙公司向戴某度支付货款，并无不当，不受贾某良与戴某度是否已终止合伙关系的影响。其三，培蒙公司向戴某度已支付货款2935000元，除戴某度予以认可外，培蒙公司还提供了所有付款凭证，证据确凿，应予认定。其中明显非戴某度本人签字的，是戴某度委托其妻浦某英代为领款（浦某英同时签署了自己和戴某度的名字），此事实在公安机关询问笔录中戴某度和培蒙公司会计均有提及，故这部分代领款应当认定为本案付款。又，培蒙公司向戴度良的付款方式中有13万元是将培蒙公司应付戴某度的煤款、戴某度应付案外人的借款、案外人应付培蒙公司的染色费相互抵扣，贾某良对此有异议，但如前所述，培蒙公司有充分理由相信戴某度为交易相对方，故培蒙公司向戴某度的付款应当得到认定，上述13万元采用债权债务抵销方式进行清偿，与以承兑汇票或现金支付，并无区别，也不存在恶意协助戴某度清偿个人债务的情形。至于另一笔戴某度借款约三四十万元，根据戴某度在公安机关的陈述，是收到培蒙公司付款后，戴某度归还给了出借人王某林，则此为戴某度自己在收到培蒙公司货款后的使用行为，与培蒙公司无关。

综上所述，贾某良的上诉请求不能成立，应予驳回。一审判决认定事实清楚，适用法律正确，应予维持。

江苏省无锡市中级人民法院依照《中华人民共和国民事诉讼法》第一百七十条第一款第一项之规定，作出如下判决：

驳回上诉，维持原判。

【法官后语】

一、间接代理关系的认定

间接代理，是指代理人为被代理人的利益，以自己的名义与第三人事实法律行为，该法律行为的效果首先对代理人发生，然后再依其与被代理人的内部关系移转于被代理人的代理。《中华人民共和国合同法》第四百零三条对间接代理中委托人与第三人的权利义务关系作了相应的规定。根据上述法律的规定，间接代理的构成要件有三，一是委托人与受托人之间存在委托代理关系；二是受托人以自己名义与第三人实施法律行为；三是第三人不知道委托人与受托人之间的委托代理关系。在委托人与受托人之间委托代理关系的认定上，实践中委托人与受托人之间往往没有书面的委托合同或授权委托书，委托代理关系的认定需综合考虑两者之间的内部关系以及对外交易中的身份、作用、权限等因素予以认定。在本案中，诉争煤炭均由戴某度以瑞庆公司名义与培蒙公司发生买卖关系，培蒙公司认为煤炭是戴某度所供，只不过结算开票需要戴某度借用瑞庆公司的名义，但事实上戴某度与贾某良长期合伙经营煤炭，两人的分工为贾某良组织货源、戴某度负责销售与收款，对本案培蒙公司的交易模式亦如此，由贾某良借用瑞庆公司名义开具发票，由戴某度出面负责与培蒙公司的销售与收款业务，戴某度应是基于其与贾某良之间的合伙关系作为交易代理人与培蒙公司发生煤炭买卖合同关系。在第三人是否知道委托人与受托人的委托代理关系的认定上，除有证据证明存在第三人在订立合同时知道或应当知道的客观情况，应认定第三人不知道委托人与受托人之间的委托关系。在本案的煤炭买卖合同关系中，培蒙公司系与戴某度协商缔约、履行交货及付款义务，并无证据表明培蒙公司事先知道戴某度与贾某良之间的关系，贾某良、戴某度、培蒙公司之间应系间接代理关系。

二、委托人与受托人之间的内部关系不影响受托人与善意第三人之间法律行为的效力

任何人只得为自己接受约束并以自己名义订立契约，契约仅于缔约当事人之间发生效力，这是意思自治原则的应有之义，也是合同相对性原则的具体体现。在间接代理关系中，尽管委托人与受托人在内部关系中就受托人与第三人之间的发生法律行为的权限作了约定，但是该约定对不知道委托人与受托人之间内部约定的第三人而言并无拘束力。对第三人而言，与其订立合同的相对人系受托人，其对受托人有信赖利益，其仅受受托人与其订立的合同的约束。在本案中，戴某度负责出面与培蒙公司处理煤炭销售与收款业务，戴某度向培蒙公司出具过瑞庆公司的收款授权委托书，并向培蒙公司提供瑞庆公司名义的发票，培蒙公司知道戴某度系借用瑞庆公司名义向其销售煤炭，培蒙公司的真实意思表示系与戴某度发生煤炭买卖关系，本案煤炭买卖合同应系在培蒙公司与戴某度之间成立。由此产生了这样一种冲突：煤炭实际供方是贾某良，培蒙公司却认为是戴某度，矛盾的焦点在于培蒙公司因认为戴某度是煤炭供方而将大部分煤款支付给戴某度，此行为对贾某良是否有拘束力，相应的民事责任是否应由贾某良承担。培蒙公司并不知晓戴某度与贾某良之间的内部约定，即使如贾某良所述戴某度与其后来终止了合伙关系，但其与培蒙公司的交易模式未有任何变动，戴某度仍然全程参与与培蒙公司的交易环节，培蒙公司有合理理由相信戴某度仍系煤炭买卖合同的交易相对方，戴某度仍应视为接受贾某良的委托与培蒙公司发生煤炭交易往来，贾某良与戴某度之间内部关系的约定对培蒙公司并无拘束力，培蒙公司向戴某度支付货款应系履行本案煤炭买卖合同项下的付款义务，该付款行为应对委托人贾某良有拘束力。

三、第三人不履行义务时委托人可直接向第三人行使权利

《中华人民共和国合同法》第四百零三条规定了受托人的披露义务和委托人的介入权，受托人因第三人的原因对委托人不履行义务，受托人应当向委托人披露第三人，委托人因此可以行使受托人对第三人的权利。鉴于委托人的介入行为系对受托人与第三人之间合同相对性的突破，委托人介入权的行使必须有严格的条件限制。根据上述的法律规定，委托人介入权的行使须具备三个条件：一是受托人对委托人不履行义务，此种不履行义务的行为必须达到预期违约或根本违约的程度，不能仅因受托人的瑕疵履行而直接行使介入权；二是受托人不履行义务系第三人的原因，如果不是第三人的原因，那么就不应当由第三人承担相应的责任；三是受托人向委托人披露了第三人。在本案中，戴某度未按照双方约定向贾某良及时交付全部货款，戴某度已对贾某良构成违约，该违约行为系由培蒙公司未向戴某度付清全部货款造成的，而贾某良知道戴某度煤炭买卖合同的交易相对人系培蒙公司，贾某良作为间接代理的委托人，其享有介入权，行使收取货款的权利，同时贾某良与瑞庆公司签订了债权转让协议，并通知了培蒙公司，培蒙公司应当知道贾某良享有收取本案所涉煤款的权利，故对培蒙公司而言，无论培蒙公司是否知晓贾某良与戴某度之间的关系，贾某良也应有权向培蒙公司请求支付剩余货款。

编写人：江苏省无锡市江阴市人民法院　陈忠宇　高雅静

35

承兑汇票空白背书转让行为的法律效力认定

——浙江雄宇混凝土构件有限公司诉宁波华一建设有限公司买卖合同案

【案件基本信息】

1. 裁判书字号

浙江省宁波市中级人民法院（2018）浙02民终2131号民事判决书

2. 案由：买卖合同纠纷

3. 当事人

原告（被上诉人）：浙江雄宇混凝土构件有限公司（以下简称雄宇公司）

被告（上诉人）：宁波华一建设有限公司（以下简称华一公司）

【基本案情】

2012年9月至2013年7月，雄宇公司与华一公司陆续发生买卖业务往来，经结算，华一公司尚欠雄宇公司货款2223930元。此后，雄宇公司授权委托案外人吴某荣向华一公司催讨货款，华一公司陆续支付货款175万元。2015年2月13日，吴某荣领取了华一公司交付的一张金额为40万元的中信银行承兑汇票。该承兑汇票的出票人为常州宝菱重工机械有限公司，收款人为宁波冶能设备制造有限公司，付款人为中信银行常州分行账务中心。背书及流转情况为：宁波冶能设备制造有限公司背书给临沂市兰山区康贝化工有限公司，临沂市兰山区康贝化工有限公司背书给安徽金禾实业股份有限公司，安徽金禾实业股份有限公司背书给浙商银行南京分行，浙商银行南京分行作为最终持票人向中信银行常州分行账务中心收款。雄宇公司认为该汇票由吴某荣领取，签收时并未盖具公司印章，不能证明系支付涉案货款，且汇票并未背书给雄宇公司，对关联性不予认可，但同意在其中扣除雄宇公司应支付华一公司的运费和业务费计228250元。雄宇公司向法院起诉要求判令华一公司支付尚欠货款245680元及违约金。

【案件焦点】

1. 票据持有人在空白背书栏内补记自己的名称与背书人记载是否具有同等法律效力，是否享有票据权利；2. 持票人是否需要对其直接签收转让票据的合法性以及双方交易的真实性负责。

【法院裁判要旨】

浙江省宁波市象山县人民法院经审理认为：票据流通具有特殊性，根据《中华人民共和国票据法》第二十七条的规定："持票人可以将汇票权利转让给他人或者将一定的汇票权利授予他人行使。出票人在汇票上记载'不得转让'字样的，汇票不得转让。持票人行使第一款规定的权利时，应当背书并交付汇票……"即汇票权利转让的形式应当是背书。本案中，华一公司如要转让相应的票据权利，则应以背书形式行使，而不单单是交付汇票。即便如华一公司所称承兑汇票流转过程中普遍存在汇票持有人未按法律规定在背书转让汇票时记载被背书人名称的交易习惯，但根据《中华人民共和国票据法》第三十一条的规定，非经背书转让，而以其他合法方式取得汇票的，依法举证，证明其汇票权利。华一公司提供给吴某荣的该份承兑汇票，其中的背书连续有效，却并未涉及双方当事人任何一方。现华一公司未能举证证明其系以合法形式取得上述汇票，其能否享有对应的票据权利尚未可知。华一公司以此票据交付吴某荣，甚或直接交付给雄宇公司，均不能产生转让票据权利的后果。综上，该院认定吴某荣收取的华一公司交付的涉案承兑汇票，不应在雄宇公司应收款项中予以扣除。依照《中华人民共和国合同法》第一百零七条、第一百三十条、第一百五十九条和《中华人民共和国票据法》第二十七条、第三十条、第三十一条规定，判决：华一公司支付雄宇公司货款 245680 元及相应违约金。

华一公司不服一审判决，提起上诉。

浙江省宁波市中级人民法院经审理认为：华一公司与雄宇公司存在真实交易关系，雄宇公司又授权吴某荣到华一公司处办理收款事宜，故吴某荣收取华一公司涉案承兑汇票的行为系代表雄宇公司的职务行为，对雄宇公司有约束力。虽然吴某荣所收取的涉案承兑汇票在被背书人栏处并未记载雄宇公司名称，但《中华人民共和国票据法》第三十一条第一款规定："以背书转让的汇票，背书应当连续。持票人以背书的连续，证明其汇票权利；非经背书转让，而以其他合法方式取得汇票的，依法举证，证明其汇票权利"及《最高人民法院关于审理票据纠纷案件若干问题的规定》（以下简称《票据若干规定》）第四十九条规定："依据票据法第二十七条和第三十条的规定，背书人未记载被背书人名称即将票据交付他人的，持票人在票据被背书人栏内记载自己的名称与背书人记载具有同等法律效力"，由上床规定可知我国现行票据法并未禁止空白背书转让行为，雄宇公司仍可自行在被背书人栏处记载雄宇公司名称来获得票据权利，或者以空白背书转让给他人方式实现涉案承兑汇票的价值，故华一公司称其于 2015 年 2 月 13 日向吴某荣交付涉案承兑汇票的行为应视为向雄宇公司支付货款 400000 元证据充足，理由充分，予以支持。华一公司承认其以交付涉案承兑汇票方式支付的款项 400000 元包含雄宇公司一审时自愿扣减的款项 228250 元，故华一公司已经支付的货款数额应为 2150000 元，其尚需支付雄宇公司款项 73930 元，并按约支付违约金。综上，华一公司的上诉请求成立，法院予以支持；一审判决认定事实清楚，但适用法律有误，致使判决不当，法院予以纠正。依照《中华人民共和国合同法》第一百零七条、第一百三十条、第一百五十九条，《中华人民共和国票据法》第三十一条第一款，《最高人民法院关于审理票据纠纷案件若干问题的规定》第四十九条，《中华人民共和国民事诉讼法》第一百七十条第一款第二项之规定，判决：

一、撤销浙江省象山县人民法院（2016）浙 0225 民初 6724 号民事判决；

二、华一公司于本判决生效之日起十日内支付雄宇公司货款 73930 元并以此为基数支付自 2013 年 10 月 27 日起至款项付清之日止按月利率 1% 计算的违约金；

三、驳回雄宇公司的其他诉讼请求。

【法官后语】

经济生活中，应交易快捷、便利的需求，空白背书票据悄然兴起。因欠缺被背书人名称，其背书的效力以及在流转过程中单纯交付行为的效力，一直是理论界争议的焦点，本案即为一个典型案例。

一、空白背书票据的含义及司法争议

1. 法律与司法解释的冲突规定。空白背书又称无记名背书、略式背书、不完全背书，是指不记载被背书人名称而仅由背书人签章的背书。《中华人民共和国票据法》第三十条规定："汇票以背书转让或者以背书将一定的汇票权利授予他人行使时，必须记载被背书人名称。"可见，《中华人民共和国票据法》基于票据安全性和要式性之考虑而未明确承认票据空白背书。然而，最高人民法院在 2000 年颁布的《最高人民法院关于审理票据纠纷案件若干问题的规定》第四十九条对《中华人民共和国票据法》的绝对严格性作了一定的修正解释，即"背书人未记载被背书人名称即将票据交付他人的，持票人在票据被背书人栏内记载自己的名称与背书人记载具有同等法律效力"。该司法解释实际上是有条件地承认了票据的空白背书，即在空白背书的情况下，只要票据在提示付款之前，持票人在票据被背书人栏内记载自己的名称，则发生与背书人记载同等的法律效力，构成完全背书。

2. 司法实践的理性认定。空白背书票据是市场主体为了寻求交易的方便快捷而对交易程序进行简化发展而来，承认空白背书的效力，对于促进票据流通、节省交易成本、提高交易效率具有重要的现实意义。因此，在司法实践中，多数法院承认空白背书的效力。例如，在浙江省高院（2013）浙民申字第 640 号再审申请人舒某强因与被申请人陈某艳、张某、高某、房某华民间借贷纠纷一案中，法院就明确认定“舒跃强签收业经勋扬公司空白背书的汇票后，通过补记被背书人名称的方式能够取得票据权利”。

二、空白背书票据单纯交付转让行为的效力认定

1. 票据权利的单纯交付转让。所谓以单纯交付方式转让票据权利，是指票据持票人以转让票据权利为目的，不经背书而直接将票据交付于受让人的票据权利转让方式。笔者认为，应当承认空白背书票据以单纯交付转让票据权利。首先，综观各国和地区立法例，普遍承认以单纯交付方式转让票据权利的效力。例如，根据《日内瓦汇票和本票统一法公约》第十四条第三款规定，空白背书的汇票可以不作背书而以单纯交付方式转让于第三人；《德国票据法》第十四条第二款规定：如为空白背书，则持票人得……（3）不填写该空白和不再背书而继续转让汇票；《日本票据法》第十四条第二款规定：背书为空白背书，背书人……得不补充空白，也不背书，而将票据让与第三人。其次，在我国票据实践中，空白背书票据以单纯交付方式转让的现象大量存在，票据当事人有以单纯交付转让票据权利的现实需求。

2. 补记权的授予。空白背书是一种“概括性授权背书”，那么，多次空白背书转让票据的，持票人有无权利补记他人名称为被背书人，从而使空白背书成为完全连续背书。大多域外立法直接规定，最后持票人无须补记，即可行使票据权利，基于这种推定，最后持票人也可以在各次背书栏内补记应被推定的被背书人（下一次背书的背书人），使票据成为完全背书。我国最高人民法院也有承认持票人补记他人名称为被背书人的类似判例。在（2014）民申字第154号民事裁定中，最高人民法院认为“即使新美达公司在被背书栏内补记众金公司名称，也是对票据流通情况的真实反映，并未违反众金公司意思表示，亦未影响票据的连续性，不构成票据伪造行为”。

三、空白背书票据持票人主张票据权利的限制

文义性和无因性是票据典型特征之一，票据当事人享有票据权利和承担票据责任，只能以票据上记载的文义为准，票据当事人不得以票据记载以外的其他事项主张票据权利。在空白背书票据单纯交付转让中，因背书连续，最后持票人通过补记背书，行使权利时并不与票据文义记载相冲突。未作补记的，票据持有人并非票据的被背书人，在票据遗失或者又经过多次背书方式转让后，非背书人不能再依据票据基础关系向非相对方主张票据权利。例如，在（2016）浙民申4103号瑞安市东

海燃料公司与富阳市大源镇金石电机商店等票据返还请求权纠纷一案中，浙江省高院认为“鉴于本案票据上未记载过再审申请人的名称，再审申请人不是票据当事人，原审法院驳回再审申请人确认和行使票据权利的诉讼请求，有相应依据”；宁波中院在（2017）浙02民终2441号江阴市思维特机电标准件有限公司与苏州瑞红电子化学品有限公司等票据返还请求权纠纷一案中，认为“根据票据的文义性，思维特公司买得涉案票据后，因未在票据上进行背书，故此时思维特公司仅为物权法意义上的票据的所有人，而非票据权利人”。

综上，空白背书票据的法律效力应予认定。本案中，涉案承兑汇票虽未背书给雄宇公司，但雄宇公司仍可自行在被背书人栏处记载名称来获得票据权利，或者以空白背书转让给他人方式实现涉案承兑汇票的价值，该汇票价值金额应在货款中予以扣除。

编写人：浙江省宁波市象山县人民法院　韩晓红

六、买卖合同的违约责任

36

买卖合同中同时约定逾期付款利息与违约金的适用与调整

——无锡麟龙合金材料有限公司诉山东宏盛达板业有限公司买卖合同案

【案件基本信息】

1. 裁判书字号

江苏省无锡市中级人民法院（2018）苏02民终2483号民事判决书

2. 案由：买卖合同纠纷

3. 当事人

原告（被上诉人）：无锡麟龙合金材料有限公司（以下简称麟龙公司）

被告（上诉人）：山东宏盛达板业有限公司（以下简称宏盛达公司）

【基本案情】

麟龙公司与宏盛达公司分别于2017年3月1日、2017年3月10日、2017年3月21日、2017年3月31日签订产品购销合同各一份，由麟龙公司向宏盛达公司供货。产品购销合同第六条约定：需方未按约付款，合同项下的标的物仍归供方所有，且供方有权单方书面终止合同，并追究需方的违约责任（需方以现金或现汇履行违约责任），逾期付款，每逾一日按照未付款项3‰的标准支付逾期付款利息。第七条约定违约责任：违约方应向守约方支付合同标的的实际应付额的10%的违约金，若实际经济损失超过违约金的，违约方还应以现金或现汇赔偿守约方的相应经济损失。违约方支付守约方为实现债权产生的诉讼费、律师费、差旅费等。

2017年3月1日、2017年3月10日签订的两份产品购销合同均已履行完毕。对于2017年3月21日合同项下的货物，麟龙公司实际送货29.744吨，价值668347.68元，宏盛达公司尚未支付该笔货款。麟龙公司遂诉至法院。

【案件焦点】

合同中约定的逾期付款利息与违约金是否应选择适用。

【法院裁判要旨】

江苏省无锡市惠山区人民法院经审理认为：双方签订购销合同中第六条约定，需方未按约付款需要支付逾期付款利息，第七条约定，合同一方当事人违约时需要向守约方支付违约金，二者均是对于违约责任的约定。当事人可以约定一方违约时应当根据违约情况向对方支付一定数额的违约金，也可以约定因违约产生的损失赔偿额的计算方法。麟龙公司主张宏盛达公司应按照合同约定支付逾期付款利息、违约金，系基于双方在合同中对于违约责任的约定，该约定系双方当事人真实意思表示，且法律并未予以禁止，故法院认为麟龙公司可以主张逾期付款利息、违约金同时适用。当事人主张约定的违约金过高请求予以适当减少的，人民法院应当以实际损失为基础，兼顾合同的履行情况、当事人的过错程度以及预期利益等综合因素，根据公平原则和诚实信用原则予以衡量，并作出裁决。法院认为：买卖合同中违约方逾期付款给守约方所造成的实际损失主要体现在违约方占用货款资金期间的利息损失以及守约方为了实现债权的合理费用等，与民间借贷合同中借款方逾期归还借款给贷款方造成的占用借款资金期间的利息损失以及为实现债权的合理费用相类似，故若守约方未提供证据证明逾期付款行为造成其他实际损失，基于公平原则，对于违约金的认定应当以实际损失为基础予以衡量，可以类比参照《最高人民法院关于审理民间借贷纠纷案件适用法律若干问题的规定》第三十条予以处理。本案中，麟龙公司主张的逾期付款利息（以逾期付款总额为基数，自逾期之日起至实际支付之日止，按3‰/日计算，截至2017年11月29日违约金合计830715.31元）及逾期付款违约金135953.6元总额过高，应当予以调整。故法院认为麟龙公司主张的逾期付款利息、违约金二者总额应不超过以未支付货款为基数，按照年利率24%计算的数额。依照《中华人民共和国合同法》第一百零七条、第一百零九条、第一百一十四条第一款、第一百一十四条第二款，《最高人民法院关于适用若干问题的解释二》第二十七条、第二十九条第一款，《最高人民法院关于审理民间借贷纠纷案件适用法律若干问题的规定》第三十条，《中华人民共和国民事诉讼法》第六十四条第一款规定，判决：

一、宏盛达公司于本判决生效之日起立即支付麟龙公司货款1359536.18元；

二、宏盛达公司于本判决生效之日起立即支付麟龙公司逾期付款利息及违约金（以668347.68元为基数，自2017年4月1日起计算至实际支付之日止，按照年利率24%计算；以691188.5元为基数，自2017年7月1日起计算至实际支付之日止，按照年利率24%计算）；

三、驳回麟龙公司的其他诉讼请求。

宏盛达公司不服一审判决，提起上诉。

江苏省无锡市中级人民法院经审理认为：关于违约金的调整。我国法律对违约金的性质明确界定为具有补偿和惩罚之双重性质。违约金从本质意义而言，在于补偿守约方的损失，但如果违约金只有补偿性而无惩罚性，则违约金的作用等同于约定的损害赔偿金，不能有效制裁违约行为，充分保护守约方的利益，所以违约金在补偿损失的同时又以其所固有的惩罚性体现与损害赔偿之间的不同。正因违约金的功能以补偿为主，以惩罚为辅，故而在当事人约定的违约金低于违约所造成的损失或过分高于违约所造成的损失时，当事人依法可以请求人民法院或仲裁机构予以增加或适当减少。至于违约金过低或过高的认定标准，则应以实际损失为基础，兼顾合同履行情况、当事人的过错程度以及预期利益等因素予以衡量。本案中，宏盛达公司未按约向麟龙公司支付货款，所造成的资金占用损失，应当结合当前市场融资成本予以衡量，占用货款资金的行为与民间借贷相类似，案涉合同约定的逾期付款利息及违约金与民间借贷双方约定的逾期还款利息、违约金也相类似，故一审法院参照《最高人民法院关于审理民间借贷案件适用法律若干问题的规定》第三十条之规定，将本案合同约定的逾期付款利息和违约金的合并计算标准下降为年利率24%，并无不当。

江苏省无锡市中级人民法院依照《中华人民共和国民事诉讼法》第一百七十条第一款第一项规定，判决：

驳回上诉，维持原判。

【法官后语】

本案中涉及约定逾期付款利息与违约金的适用和调整问题，为司法实践中审理此类型案件提供了一些思路和参考。

一是既约定了逾期付款利息（包括计算方式或者金额）又约定了违约金，二者能否同时适用的问题。在民商事领域，法无禁止皆自由。若双方当事人既约定逾期付款利息又约定违约金，系基于双方在合同中对于违约责任的约定，该约定系双方当事人真实意思表示，在不违反法律规定的情况下，应为有效。若当事人主张同时适用，应当可以一并主张。

二是一方当事人主张对违约金进行调整，法院应当如何调整的问题。我国法律对违约金的性质明确界定为具有补偿和惩罚之双重性质，因此法律赋予了一方当事人认为违约金过高或过低，可以请求法院予以适当增加或减少的权利。在当事人认为违约金过低时，请求法院予以增加从而利于弥补守约方的损失，在当事人认为违约金过高时，请求法院予以减少从而防止受害人获得不正当的利益，也会在相当程度上对违约方的财产状况的恶化起到一定的阻止作用，还利于防止当事人故意约定高额违约金来获取高额利益等行为。但是，法院在调整的时候应以实际损失为基础，兼顾合同履行情况、当事人的过错程度以及预期利益等因素予以衡量。在本案中，买卖合同中违约方逾期付款给守约方所造成的实际损失主要体现在违约方占用货款资金期间的利息损失以及守约方为了实现债权的合理费用等，与民间借贷合同中借款方逾期归还借款给贷款方造成的占用借款资金期间的利息损失以及为实现债权的合理费用相类似，故若守约方未提供证据证明逾期付款行为造成其他实际损失，基于公平原则，对于违约金的认定应当以实际损失为基础予以衡量，可以类比参照民间借贷的相关规定，故法院将标准调整为24%，既起到了弥补当事人损失的作用，也起到了对违约方的惩罚作用，相对较为公平。

编写人：江苏省无锡市惠山区人民法院　钱元　司林林

37

违约方对签约时已预见的损失应承担赔偿责任

——浙江信龙建设有限公司诉绍兴正欣金属物贸有限公司买卖合同案

【案件基本信息】

1. 裁判书字号

浙江省绍兴市中级人民法院（2018）浙06民终1634号民事判决书

2. 案由：买卖合同纠纷

3. 当事人

原告（上诉人）：浙江信龙建设有限公司（以下简称信龙公司）

被告（被上诉人）：绍兴正欣金属物贸有限公司（以下简称正欣公司）

【基本案情】

2016年4月19日，信龙公司与正欣公司签订《产品购销合同》一份，约定：信龙公司为需方，正欣公司为供方，产品为钢材，规格为Φ6.5～Φ32，金额为100万元，数量、单价和金额以提货单数据为准。结算价格：所供钢材的结算价格参照2016年4月19日中午“我的钢铁网”（附件作为合同单价的支付条款）。付款方式和期限：信龙公司预付100万元，于2016年4月20日汇入正欣公司指定账户。双方还就其他事项进行了约定。合同最下方载明合同有效期为自2016年4月19日起至2016年12月31日止。后双方签订《合同补充条款》一份，约定将《产品购销合同》的有效期延长到2017年12月31日。

信龙公司于2016年4月20日向正欣公司银行转账100万元。信龙公司自认已收到正欣公司供应的价款为354131.52元的钢材。

2017年12月21日，信龙公司向正欣公司发函一份，要求正欣公司于2017年12月25日前将合同约定的价值645868.48元的剩余钢筋全部送达给信龙公司。正欣公司收函后未发货，信龙公司遂于2018年1月2日通知正欣公司解除合同并赔偿损失。正欣公司收函后未予回复。信龙公司遂向法院提起诉讼。

【案件焦点】

如何判断违约方在签订合同时是否已经或者应当预见到因标的物价格涨跌而产生的利润损失。

【法院裁判要旨】

浙江省绍兴市越城区人民法院经审理认为：信龙公司与正欣公司之间的买卖合同关系合法有效。信龙公司要求解除《产品购销合同》及补充条款，要求正欣公司返还剩余货款及支付相应利息损失的诉请予以支持。就信龙公司提出的赔偿问题，因不符合《中华人民共和国合同法》第一百一十三条规定的可预见规则，且信龙公司并未举证证明正欣公司在签订合同时即已预见到案涉钢材在将来的价格变动情况，故对信龙公司该项诉请不予支持。综上，依照《中华人民共和国合同法》第六十二条第一款第四项、第九十四条、第九十六条、第九十七条、第一百零七条、第一百一十二条、第一百一十三条和《中华人民共和国民事诉讼法》第一百四十四条之规定，判决：

一、确认信龙公司与正欣公司于2016年4月19日签订的《产品购销合同》及《合同补充条款》于2018年1月3日解除；

二、正欣公司应于该判决生效之日起十日内返还给信龙公司预付款645868.48元，并支付该款自2018年1月1日起至款清之日止按年利率6%计算的利息损失；

三、驳回信龙公司的其他诉讼请求。

信龙公司不服一审判决，提起上诉。

浙江省绍兴市中级人民法院经审理认为：二审中需要审查的是一审判决未支持信龙公司提出的正欣公司赔偿损失458630元的诉讼请求是否正确。守约方可以要求违约方赔偿可得利益损失，但应受可预见规则的限制。本案中，根据《产品购销合同》《合同补充条款》的约定，以及信龙公司要求正欣公司交货而未果的事实，因此而产生的差价损失即为信龙公司的可得利益损失，应予认定。综合正欣公司系钢材交易市场主体、合同中已明确钢材价格的涨跌情形及对钢材市场价格行情的分析、交易中正欣公司的获利可能性本身等因素，正欣公司在签约时即可完全预见违反合同可能造成的损失。依照《中华人民共和国合同法》第九十四条、第九十七条、第一百一十三条第一款，《最高人民法院关于审理买卖合同纠纷案件适用法律问题的解释》第三十一条，《中华人民共和国民事诉讼法》第一百四十四条、第一百七十条第一款第一项、第二项规定，判决：

一、维持浙江省绍兴市越城区人民法院（2018）浙0602民初565号民事判决第一项，即确认双方签订的《产品购销合同》及《合同补充条款》于2018年1月3日解除；

二、撤销浙江省绍兴市越城区人民法院（2018）浙0602民初565号民事判决第二项、第三项及案件受理费负担部分；

三、正欣公司应返还信龙公司款项645868.48元，并赔偿损失40万元，合计1045868.48元，限于判决送达之日起十日内付清；

四、驳回信龙公司的其他诉讼请求。

【法官后语】

本案一审、二审法院的分歧主要在于违约损失中可预见性规则的适用问题。就可预见规则的问题，《中华人民共和国合同法》第一百一十三条第一款已有明文规定，认为赔偿守约方的违约损失时，“不得超过违反合同一方订立合同时预见到或者应当预见到的因违反合同可能造成的损失”，但就可预见规则的具体适用上，特别是有关预见内容、预见标准等问题在实务适用上尚有争议，本案一审、二审法院的观点即为一例，实有加以分析检讨之必要。

对于预见标准的判断，通说都是以客观标准进行，也就是说，对于具体的损失，需结合违约方对具体的案情或情事进行的举证，在特定的情境下，以一个抽象的“理性人”“常人”等标准进行判断。

“一般理性人”标准强调了损失判断的客观性，有助于在是否可预见的主观判断领域规范法官的自由裁量权。但是如果机械地以该标准判断所有的可预见性，则可能偏离可预见规则的价值目标。合同自由的基本内容之一为相对人自由，即与何人缔结契约由当事人自由选择决定。因此合同自由原则在可预见规则的构建中，不但应当体现为违约下可能造成的损失后果之预见，而且也应当体现所选择的合同主体的不同状况，完美客观状态下的理性人难以体现合同主体的特殊身份对合同自由原则的影响。从经济分析和风险激励的视角，虽然一个像违约方这样的一般人可能不会预见一项具体的损失，守约方也未因此给予违约方一定的代价，但如果这项损失相对于违约方的特殊身份而言，是其容易知晓甚至已经知晓的，在合同中就没有风险激励原则适用的空间了。

因此，判断一项具体的损失能否为违约方所预见，可以以一般理性人标准为原则，同时以诚实信用原则为基，兼顾订立合同当事人的具体情况，进行适当的修正，构建一种“一般理性人+特殊身份”的判断标准。具体为：如果一项损失是一般理性人在缔约时能够预见到，就视为违约方已经预见到或者应当预见到，即使违约方的实际预见能力低于一般理性人，也应当按照一般理性人的标准进行判断，以保护守约方的合理信赖，除非守约方对此是明知的；如果一项损失虽然是一般人难以预见的，但由于当事人的身份、职业及双方特殊关系决定了违约方可能比一般人更为了解非违约方缔约的目的以及缔约和履行过程中可能获得的利益，从而更为了解在违约后守约方可能遭受的实际损失，就应当按照实际预见能力来确定损害范围，即当违约方实际预见能力超过一般理性人的，应当按照实际预见能力判断预见范围。当然对违约方的特殊预见能力，应由守约方举证证明，如果守约方不能证明违约方具有高于一般人的预见能力时，则应当以一般理性人的预见能力为准。这一判断标准，既坚持了客观原则，较好地解决了对主观预见难以具体衡量的难题，又坚持了诚信原则，平衡了违约方和守约方的利益。本案中，正欣公司系出卖人，从市场交易主体的“一般理性人”角度，其对于买卖过程中标的物价格涨跌情形当然有所预知，同时，从正欣公司系钢材经营商这一“特殊身份”看，其也完全可以预见其不交货的违约行为可能给信龙公司造成的利润损失。其在签订合同时对于信龙公司的前述可得利益损失完全可以预见。

编写人：浙江省绍兴市中级人民法院　袁小梁

38

柜台出租者对消费者应依法承担赔偿责任

——刘某玉诉北京工美集团有限责任公司、浙江金牛文化产业有限公司买卖合同案

【案件基本信息】

1. 裁判书字号

北京市第二中级人民法院（2018）京02民终8350号民事判决书

2. 案由：买卖合同纠纷

3. 当事人

原告（被上诉人）：刘某玉

被告（上诉人）：北京工美集团有限责任公司（以下简称工美集团）

被告：浙江金牛文化产业有限公司（以下简称金牛公司）

【基本案情】

金牛公司与工美集团签订柜台租赁合同，由金牛公司承租工美集团的柜台。2015年7月6日，刘某玉在工美集团的金牛公司柜台预订手包两件，价款79600元，并向工美集团刷卡交费。金牛公司向刘某玉出具预订单，约定作为提货凭据。该预订单上盖有金牛公司印章，并明确载明供货单位为金牛公司。之后，刘某玉未提货。2017年年初，金牛公司于租赁合同到期后从工美集团撤柜，此后停止经营。刘某玉起诉要求解除与金牛公司之间的买卖合同，金牛公司返还货款79600元并支付利息，工美集团对金牛公司的还款义务承担连带责任。

【案件焦点】

1. 产品销售者是柜台出租者还是柜台承租者；2. 柜台出租者对消费者是否承担法律责任。

【法院裁判要旨】

北京市东城区人民法院经审理认为：金牛公司在工美集团内设立柜台，刘某玉作为消费者，在金牛公司柜台选中商品后，向工美集团支付全部货款，柜台经营者金牛公司向刘某玉出具预订单承诺履行供货义务，故买卖合同关系成立于刘某玉和金牛公司之间。工美集团统一收取各柜台的货款，系作为商场管理者行使管理职责。刘某玉与金牛公司之间的买卖合同非现货交易，刘某玉已履行付款义务，金牛公司直至撤柜未履行交付义务，致使合同目的无法实现，刘某玉有权解除合同，并要求金牛公司返还货款、赔偿利息损失。《中华人民共和国消费者权益保护法》规定，消费者在展销会、租赁柜台购买商品或者接受服务，其合法权益受到损害的，可以向销售者或者服务者要求赔偿。展销会结束或者柜台租赁期满后，也可以向展销会的举办者、柜台的出租者要求赔偿。展销会的举办者、柜台的出租者赔偿后，有权向销售者或者服务者追偿。刘某玉在工美集团向金牛公司购买商品，货款由工美集团收取。刘某玉作为消费者到商场购物，商场的信誉和影响力是其作出消费决定的重要考量因素。金牛公司未及时履行买卖合同导致刘某玉的合法权益受到损害，工美集团作为管理者应当承担连带赔偿责任，其承担赔偿责任后可向金牛公司追偿。

北京市东城区人民法院依照《中华人民共和国消费者权益保护法》第四十三条，《中华人民共和国合同法》第九十四条第四项之规定，作出如下判决：

一、刘某玉与金牛公司之间的买卖合同关系于 2018 年 6 月 1 日解除；

二、金牛公司于判决生效后十日内退还刘某玉货款 79600 元并赔偿该笔款项自 2015 年 7 月 7 日起至实际付清之日止的利息损失（按照中国人民银行同期贷款基准利率计算）；

三、工美集团对判决主文第二项金牛公司的付款义务向刘某玉承担连带清偿责任；工美集团承担连带清偿责任后，有权向金牛公司追偿。

工美集团不服一审判决，提起上诉。

北京市第二中级人民法院经审理同意一审法院裁判意见，依照《中华人民共和国民事诉讼法》第一百七十条第一款第一项规定，作出如下判决：

驳回上诉，维持原判。

【法官后语】

本案的争议焦点在于柜台出租者是否对消费者承担法律责任。具体包括两个问题：一是与消费者发生买卖合同关系的销售者如何认定，是柜台出租者还是柜台承租者；二是如果柜台出租者不是销售者，是否仍需对消费者承担法律责任。

一、在柜台租赁情况下，销售者如何认定

在商业经营中，柜台租赁的情况十分普遍。在与消费者发生纠纷后，常常出现柜台出租者与承租者之间相互推诿，均不承认自己是销售者的情况。此时如何确定产品销售者是司法实践中的难题之一。笔者认为，应当考虑以下方面进行认定：

首先，应当依据交易时向消费者出具的书面凭证确定。销售者在履行合同义务后应当向消费者出具证明合同履行完毕的书面凭证，一般表现形式有发票、收据、购物小票和订货单等。这些书面凭证是证明销售者与消费者之间合同关系的最直接证明。一般情况下，应当根据上述书面凭证载明的或者盖章的主体确定销售者。

其次，如果柜台承租者交易时已经向消费者明示自己作为销售者的身份，即便与收取货款、开具发票的主体不一致，亦应确定柜台承租者系销售者。这主要是针对采取柜台租赁模式运用管理的大型零售商场。大型零售商场将柜台分别对外出租，承租者在自己的专柜上标明自己真实名称和标记并雇用店员以承租者自己的名义对外销售。消费者与承租者达成交易后，通常统一向商场交款并由商场统一开具发票。此时，消费者在发生交易时对于交易对象是专柜的承租者是明知的，应当认定承租者是销售者。商场收取货款和开具发票的行为只是履行出租者的管理行为，不能据此认定商场是销售者。

最后，对于名为租赁、实为挂靠经营的情况，应当认定柜台出租者是销售者。柜台出租者与承租者之间虽然内部有租赁合同关系，但对外承租者以出租者的名义经营，并未向消费者明示承租者自己的名称及标记，甚至承租者根本不具有相关合法经营证照。此时，应认定柜台出租者与承租者是内部挂靠关系，对外应由柜台出租者作为销售者向消费者承担责任。不能仅根据租赁合同就确定承租者为销售者。

本案中，工美集团作为大型商场将专柜出租给金牛公司，二者是柜台租赁关系。金牛公司在专柜上明确标示了自己的名称，出具的预订单上加盖自己印章并表示自己为供货单位，刘某玉在交易时能够明确分辨出交易对外是金牛公司。故应当认定金牛公司是销售者。工美集团虽然收取了刘某玉的货款，但其行为是商场管理行为，不能认定工美集团为销售者。

二、柜台出租者是否应承担法律责任

《中华人民共和国消费者权益保护法》第四十三条规定，柜台租赁期满后，消费者也可以向柜台出租者要求赔偿；柜台出租者赔偿后，有权向销售者追偿。关于上述赔偿责任的性质，理论上存在不同认识，有连带责任说、补偿责任说、替代责任说等不同观点。笔者认为，《中华人民共和国消费者权益保护法》第四十三条规定的柜台出租者的赔偿责任是法定的附条件不真正连带责任。不真正连带责任是指多数责任人基于不同发生原因而偶然产生的同一内容的给付，各负全部履行的义务，并因债务人之一的履行而使全体债务人的债务均归于消灭的一种责任方式，本质上属于请求权竞合。柜台出租者对承租柜台的销售者负有监督管理责任。销售者在租赁期间违法损害消费者的权利，柜台出租者对此应当负有监管责任。因此，在租赁期满、销售者撤柜这一客观条件下，柜台出租者对消费者的保护责任与销售者对消费者的损害赔偿责任基于《中华人民共和国消费者权益保护法》第四十三条的特别规定而发生竞合，因而产生不真正连带责任。

关于柜台出租者承担赔偿责任的范围，有一种观点认为，柜台出租者只对销售者给消费者造成的侵权损害承担赔偿责任。笔者认为，这一观点失之偏颇。《中华人民共和国消费者权益保护法》第四十三条规定消费者“合法权益受到损害的”，在柜台租赁期满后，可以向柜台出租者要求赔偿。该规定并未限定消费者的损害范围。消费者既可能因销售者的违约行为受到损害，也可能因产品缺陷而受到人身或财产的侵权损害。无论是违约损害还是侵权损害，在符合《中华人民共和国消费者权益保护法》第四十三条规定的情况下，消费者都有权要求柜台出租者承担责任。柜台出租者承担责任后，有权向销售者追偿。

本案中，金牛公司在租赁期满后已撤柜。因此，对于金牛公司向刘某玉承担的返还货款及赔偿利息损失的违约责任，刘某玉有权要求工美集团承担连带责任。工美集团承担责任后可向金牛公司追偿。

编写人：北京市第二中级人民法院　孙盈　贾凯迪

39

职业打假人知假买假不应支持其十倍赔偿请求

——苏某诉上海璟燕国际贸易有限公司网络购物合同案

【案件基本信息】

1. 裁判书字号

福建省厦门市中级人民法院（2018）闽02民终3304号民事判决书

2. 案由：网络购物合同纠纷

3. 当事人

原告（被上诉人）：苏某

被告（上诉人）：上海璟燕国际贸易有限公司（以下简称璟燕公司）

【基本案情】

2017年2月21日，苏某在淘宝网上从璟燕公司经营的网店购买了7罐鲜炖浓缩燕窝、30克马来西亚原生态燕窝，其中鲜炖浓缩燕窝单价为390元，马来西亚原生态燕窝单价为38元，苏某已预付货款3870元。2017年2月23日，苏某收到璟燕公司寄来的商品，规格及数量相符，但无质量合格证，外包装上也未标明生产厂家、厂址、保质期等内容；2017年2月27日，苏某因质量问题申请退款，并退款成功。

2017年4月12日，苏某向上海市宝山区市场监督管理局反映，其向璟燕公司购买的鲜炖浓缩燕窝为三无产品，存在食品安全隐患，要求查处并回复。上海市宝山区市场监督管理局经调查未在宝山区南卫路×号×栋×室查见璟燕公司，已经将璟燕公司列入异常经营名录。

璟燕公司确认其为涉讼商品的销售者，而非生产者。

自2016年8月至今，苏某以经营者产品质量、产品标识不规范等为由，在厦门市两级法院起诉的网络购物合同纠纷、买卖合同纠纷一审案件共96件。

【案件焦点】

1. 讼争网络购物合同关系是否已经解除；2. 璟燕公司是否应向苏某退一赔十。

【法院裁判要旨】

福建省厦门市思明区人民法院经审理认为：苏某在璟燕公司经营的淘宝网店上购买食品并支付货款，属于生活消费范畴，其合法权益应受法律保护。双方当事人成立网络购物合同关系。依照《中华人民共和国产品质量法》第二十七条、第三十六条规定，销售者销售的产品的标识必须真实，并符合相关要求，其中包括产品质量检验合格证明，中文标明的产品名称、生产厂厂名和厂址。《中华人民共和国食品安全法》第二十六条第四项规定，食品安全标准应当包括对与卫生、营养等食品安全要求有关的标签、标志、说明书的要求。第六十七条规定，预包装食品的包装上应当有标签。标签应当标明下列事项：（一）名称、规格、净含量、生产日期；（二）成分或者配料表；（三）生产者的名称、地址、联系方式……（九）法律、法规或者食品安全标准规定应当标明的其他事项。可见，向消费者提供产品质量合格证明以及与食品安全有关的标签、标志、说明书，系食品生产者、经营者的法律义务。违反该义务的，不仅侵害了消费者的知情权，对消费者依法维权也会构成妨碍。基于公平原则，对由此引起的产品质量争议，应由生产者、经营者承担举证责任。涉讼燕窝属于预包装食品，既无产品质量合格证明，也无与卫生、营养等食品安全要求有关的标签、标志或说明书，违反法律规定，璟燕公司未能举证证明该产品的进货渠道合法正当，经检验合格，并有卫生许可，应承担不利的后果，因此，认定涉讼燕窝不符合食品安全标准。依照《中华人民共和国食品安全法》第一百四十八条第二款规定，生产不符合食品安全标准的食品或者经营明知是不符合食品安全标准的食品，消费者除要求赔偿损失外，还可以向生产者或者经营者要求支付价款十倍或者损失三倍的赔偿金。因此，苏某要求璟燕公司支付十倍价款的赔偿金38700元，有事实和法律依据，予以支持。璟燕公司已将货款全部退还给苏某，苏某也应将剩余的食品退还璟燕公司，以便璟燕公司依据法律规定对涉讼产品作出相应处理。

福建省厦门市思明区人民法院依照《中华人民共和国食品安全法》第一百四十八条第二款、《中华人民共和国民事诉讼法》第六十四条第一款规定，作出如下判决：

璟燕公司应于判决生效之日起十日内支付苏某赔偿金 38700 元。

璟燕公司不服一审判决，提起上诉。

福建省厦门市中级人民法院经审理认为：本案为网络购物合同纠纷，依照最高人民法院《民事案件案由规定》的规定，属买卖合同纠纷的下一级案由，应具备买卖合同的法律特征。所谓买卖合同，是指出卖人转移标的物所有权于买受人，买受人支付价款的合同。本案中，璟燕公司作为出卖人将涉案产品在互联网上展示并发出要约，买受人苏某通过互联网检索信息并作出购买承诺，双方形成合意而订立了买卖合同。苏某依照约定向互联网平台支付了相应款项后，璟燕公司通过互联网平台获悉苏某购买了涉案产品，依照约定将该产品通过邮寄方式送达苏某处，双方间的买卖合同关系已成立，但苏某收到货物后，以涉案产品存在质量问题为由，通过互联网平台请求退款且已收到了退款，至此讼争买卖合同已依法解除。根据另查明的事实，自 2016 年 8 月至今，仅厦门市两级法院已立案受理 96 件苏某作为原告的买卖合同、网络购物合同纠纷一审案件，苏某以经营者存在产品质量、产品标识不规范等为由提起诉讼，要求经营者依照《中华人民共和国消费者权益保护法》的规定赔偿其三倍或者十倍损失。由此可见，苏某并非单纯为生活消费需要而购买、使用商品，而是为了获取高额赔偿，并以此牟利，其并非《中华人民共和国消费者权益保护法》及《中华人民共和国食品安全法》所规定的消费者，不应受该法保护，苏某的诉讼请求依法应予以驳回。一审法院在讼争合同已解除的情形下，仍以双方存在买卖合同，以致认定事实错误；没有正确评判苏某的身份，即给予购买价款十倍的赔偿，属适用法律错误。

福建省厦门市中级人民法院依照《中华人民共和国合同法》第九十七条，《中华人民共和国消费者权益保护法》第二条，《中华人民共和国民事诉讼法》第一百四十四条、第一百七十条第一款第二项规定，作出如下判决：

一、撤销福建省厦门市湖里区人民法院（2017）闽 0206 民初 3377 号民事判决；

二、驳回苏某的全部诉讼请求。

【法官后语】

职业打假人自出现以来，对于增强消费者的权利意识，鼓励百姓运用惩罚性赔偿机制打假，打击经营者的违法侵权行为产生了一定的积极性作用。但就现阶段情况看，职业打假人群体及其引发的诉讼出现了许多新的发展和变化，其负面影响日益凸显。

从目前消费维权司法实践中，知假买假行为有形成商业化的趋势，出现了越来越多的职业打假人，其动机并非为了净化市场，而是利用惩罚性赔偿为自身牟利或借机对商家进行敲诈勒索。

本案中苏某已经在电商平台通过退款申请，收回货款，却又转而提起诉讼要求十倍赔偿。苏某通过网络购物要求赔偿的方式，提起近百起诉讼，牟利目的明显。上述行为严重违背诚实信用原则，无视司法权威，浪费司法自愿，我们不应支持这种以恶惩恶，饮鸩止渴的治理模式。

编写人：福建省厦门市中级人民法院　龚妍

40

车辆销售商、生产商宣传手册及官网相关信息内容不实构成对消费者知情权的侵害

——刘某诉北京德万隆经贸有限公司、捷豹路虎（中国）投资有限公司买卖合同案

【案件基本信息】

1. 裁判书字号

北京市第三中级人民法院（2018）京03民终4344号民事判决书

2. 案由：买卖合同纠纷

3. 当事人

原告（被上诉人）：刘某

被告（上诉人）：北京德万隆经贸有限公司（以下简称德万隆公司）、捷豹路虎（中国）投资有限公司（以下简称捷豹路虎公司）

【基本案情】

2014年，2014款进口路虎发现四汽车开始在中国大陆销售，刘某为自驾越野车爱好者，2014年5月30日，刘某作为买方与卖方德万隆公司签订《乘用车买卖合同》，约定购买2014款第四代发现V6SE一辆，价款855000元。同日，刘某签署《标的车辆确认书》《车辆验收确认单》，对车辆识别代号、车辆外观、内饰、配置、行驶里程等现场可查验的质量状况进行确认和验收，符合买卖合同约定且与卖方告知买方的状况相符，刘某在车辆文件及随车工具、车辆状况确认等项打钩确认，其中车辆各项功能包括座椅及方向盘调整、影音系统、车辆发动程序、定速巡航系统、转向系统功能正常、多功能交互界面等。后刘某为其购买的车辆进行注册登记并完税。

2015年4月，捷豹路虎公司在网站上登载《2014年款第四代发现车辆配置致客户函》，载明：2014款第四代发现多功能运动汽车宣传手册对车辆配置标注有误，中央电子差速锁及驾驶员座椅电动侧向支撑调节在车辆宣传手册中未标准配置，并提供补偿方案。

2015年4月，刘某因车辆配置与宣传不符多次与德万隆公司、捷豹路虎公司沟通，协商未果，起诉至北京市朝阳区人民法院，认为德万隆公司、捷豹路虎公司通过宣传手册、官方网站等方式对2014款路虎发现四汽车的宣传与实车不符：宣传中该车具备五种模式全地形反馈适应系统，实车中只具有四种，并且不具备宣传中的中央差速锁止功能、Meridian环绕立体声系统、侧向座椅支撑功能，该销售行为构成欺诈，要求德万隆公司、捷豹路虎公司退还购车款、赔偿保险费等税费并且连带承担三倍赔偿责任。

【案件焦点】

1. 德万隆公司、捷豹路虎公司在销售涉案车辆中是否存在欺诈行为并需承担《消费者权益保护法》规定的惩罚性赔偿责任；2. 德万隆公司、捷豹路虎公司是否侵害了消费者知情权并应承担相应赔偿责任；3. 捷豹路虎公司作为路虎汽车的中国总经销商是否应与德万隆公司一并承担连带赔偿责任。

【法院裁判要旨】

北京市朝阳区人民法院经审理认为：捷豹路虎公司的宣传手册中对涉案性能的

记载和宣传已经被告上海浦东市场监督管理局认定为虚假宣传行为，因此可以认定捷豹路虎公司存在虚假宣传行为。但虚假宣传并不当然构成民法意义上的欺诈。一方面，刘某在提车时，进行了新车检查，对于其中可以通过外观辨查的项目，给予一般注意力即可发现功能的缺失与不符，未提出异议，且刘某正常使用涉案车辆已久。另一方面，作为一般消费者，不会因为上述几种项目的缺失而影响购买行为，故上述的虚假陈述不会使消费者陷入错误意思而发生误导，因此不构成民法意义上的欺诈。

捷豹路虎公司作为涉案车辆的进口商与总经销商，德万隆公司作为涉案车辆的销售者，应当保证涉案车辆的宣传信息与车辆本身一致，其向消费者公开提供的宣传册、网络信息确与实车配置不符，未能真实全面地提供产品信息，使消费者无法知悉其购买商品的真实、全面的情况，使消费者对车辆配置产生误解，侵犯了刘某作为消费者的知情权，损害了刘某的合法权益，应当承担相应赔偿责任。

北京市朝阳区人民法院依照《中华人民共和国消费者权益保护法》第八条、第二十条、第四十五条、第五十五条之规定，判决如下：

一、德万隆公司、捷豹路虎公司于本判决生效后十日内赔偿原告刘某损失15万元；

二、驳回刘某的其他诉讼请求。

德万隆公司、捷豹路虎公司不服一审判决，提起上诉。

北京市第三中级人民法院经审理认为：无论是知情权受到损害，还是惩罚性赔偿，针对的基础事实均是在本案中德万隆公司、捷豹路虎公司是否存在虚假宣传，只是程度不同，两者与刘某关于损失赔偿的诉请是一致的。该判决内容没有超出刘某诉讼请求的范围。

关于德万隆公司、捷豹路虎公司是否侵犯了刘某的知情权，同意一审法院裁判意见。

北京市第三中级人民法院依照《中华人民共和国民事诉讼法》第一百七十条第一款第一项之规定，作出如下判决：

驳回上诉，维持原判。

【法官后语】

欺诈的构成，需要有欺诈故意、欺诈行为、错误意思表示以及欺诈行为与错误意思表示之间具有因果关系四个构成要件，虚假宣传行为并不当然构成欺诈。诚然，虚假宣传一般具有欺诈故意、欺诈行为、错误意思表示，但该欺诈行为与错误意思表示之间是否具有因果关系，是判断虚假宣传行为是否构成欺诈的关键。因果关系分析可以从以下几点着手：第一，一般消费者在选择该类产品时的重点考量因素。如本案中，车辆不同于普通日常生活用品，价值较大，尤其是高端车辆，价格较高，消费者在选购时，更多基于品牌、性能、喜好等多种因素综合选择，因此，较小、价值不高的配件，不影响车辆整体性能与价值，一般不会影响消费者作出是否购买的决定。第二，消费者的使用情况。对于价值较大的商品，消费者在使用过程中，可能已经意识到商品与宣传的不一致之处，但并未影响其使用，也没有采取措施，那么可以推断出该不一致不会影响消费者的购买选择，并没有使消费者作出错误的意思表示。

虚假陈述不必然构成欺诈，但侵犯了消费者的知情权。由于信息的不对称，销售者、经营者，有义务提供与商品相符的宣传材料与信息，保障消费者的知情权。消费者只有在充分掌握了解商品信息后，作出的决定才是其最真实的意思表示。尤其是在商品构造复杂、专业性强，从外观上很难判断商品质量、优劣、品质的情况下，消费者只能依据销售者、经营者的宣传来了解商品，作出是否购买的决定，因此，真实全面的信息披露尤为重要。

在生活中，车辆这类商品价值高，结构性能复杂，一般消费者往往需要花费大量的精力才能了解到车辆的性能、质量等情况，在选购过程中，会综合考虑车辆的性能、品牌、喜好等因素，作出购买选择。因此，一方面，销售者、经营者在知识上是优于消费者的，应当尽到保障消费者知情权的义务，使消费者充分了解商品情况，否则是侵犯消费者的知情权；另一方面，也是由于车辆的复杂性，并非所有不实宣传均构成对消费者的欺诈。侵犯知情权未必构成欺诈，只有在欺诈行为是消费者决定购买商品的因素时，才构成欺诈；但欺诈必然是侵犯了消费者的知情权，两者是消费者权益被侵害的程度不同。因此，诉讼过程中，尽管原告以欺诈为由起诉，经法院审理不构成欺诈，但侵犯知情权的事实是清楚明确的，按照法律规定，被告应当承担相应的赔偿责任，并不超出诉请的范围。

编写人：北京市朝阳区人民法院　李增辉　肖扬

41

出售近似商标商品情形下的欺诈认定

——王某诉北京市金奎亮商贸有限公司、河北稻香村食品有限公司买卖合同案

【案件基本信息】

1. 裁判书字号

北京市第二中级人民法院（2018）京 02 民终 2991 号民事判决书

2. 案由：买卖合同纠纷

3. 当事人

原告（上诉人）：王某

被告（被上诉人）：北京市金奎亮商贸有限公司（以下简称金奎亮公司）、河北稻香村食品有限公司（以下简称河北稻香村公司）

【基本案情】

王某自 2016 年 8 月 28 日至 2016 年 9 月 8 日，先后 4 次在金奎亮公司处购买河北稻香村富贵锦礼、鸿运礼、稻香御礼等多种礼盒产品 5010 盒，金额 541150 元；购买苏州稻香村金碧辉煌礼盒 180 盒，金额 37800 元。2016 年 10 月 12 日，王某以金奎亮公司、河北稻香村公司为被告提起诉讼，主张其欲购买北京稻香村商品，而非苏州、河北稻香村商品，涉案商品系苏州、河北稻香村商品，使用“稻香村”相关商标，足以造成混淆商品出处，误导消费者的情形。金奎亮公司、河北稻香村公司出售的月饼为假冒北京稻香村，属于侵犯注册商标专用权，混淆消费者认识的欺诈行为。故王某诉至法院，请求判令金奎亮公司、河北稻香村公司退还购买月饼的费用 449228 元，并赔偿购买月饼款项的三倍 1347684 元。

【案件焦点】

金奎亮公司、河北稻香村公司是否存在欺诈行为。

【法院裁判要旨】

北京市丰台区人民法院经审理认为：一方当事人故意告知对方虚假情况，或者故意隐瞒真实情况，诱使对方当事人作出错误意思表示的，可以认定为欺诈行为。当事人对自己提出的诉讼请求所依据的事实或者反驳对方诉讼请求所依据的事实有责任提供证据加以证明。没有证据或者证据不足以证明当事人的事实主张的，由负有举证责任的当事人承担不利后果。

本案中，王某在金奎亮公司处购买涉案礼盒，双方成立买卖合同关系，该买卖合同关系系双方当事人真实意思表示，亦不违反法律法规的强制性规定，应属合法有效。

王某主张金奎亮公司、河北稻香村公司存在欺诈，应当证明金奎亮公司、河北稻香村公司有欺诈的故意、欺诈的行为，以及因欺诈导致王某作出错误的意思表示。王某认为金奎亮公司出售的月饼为假冒北京稻香村，依据法院查明的情况，首先，王某于2016年8月28日至2016年9月8日在金奎亮公司处分多次购买月饼礼盒，销售单上明确注明商品全名为河稻富贵锦礼、河稻盛典、河稻感恩礼等，且王某在销售单上签字确认。其次，从王某向法庭出示的礼盒来看，礼盒上注明生产商为河北稻香村公司，且多个礼盒大标识上亦有“河北稻香村”字样。故对王某认为存在欺诈，要求金奎亮公司、河北稻香村公司退还购买月饼的款项及三倍赔偿的诉讼请求，法院不予支持。

综上所述，依据《最高人民法院关于民事诉讼证据的若干规定》第二条之规定，判决：

驳回原告王某的诉讼请求。

王某不服一审判决，提起上诉。

北京市第二中级人民法院经审理同意一审法院裁判意见依照《中华人民共和国民事诉讼法》第一百七十条第一款第一项规定，判决：

驳回上诉，维持原判。

【法官后语】

关于欺诈的认定，《最高人民法院关于贯彻执行〈中华人民共和国民法通则〉若干问题的意见（试行）》第六十八条规定："一方当事人故意告知对方虚假情况，或者故意隐瞒真实情况，诱使对方当事人作出错误意思表示的，可以认定为欺诈行为。"

理论界关于"欺诈"的构成要件主流观点为四要件说：1. 出卖人有欺诈的故意；2. 出卖人实施了欺诈的行为；3. 买受人因欺诈陷入了认识错误；4. 买受人因错误认识而作出了意思表示。具体说来，欺诈的成立包括以下四个要件：

首先，出卖人有欺诈的故意。所谓欺诈的故意，有两个层面，第一层是使被欺诈人陷于错误判断的故意，第二层是使被欺诈人基于错误判断而为意思表示的故意。两个层面缺一不可。具体到本案来说，王某需要证明金奎亮公司、河北稻香村公司有使用"稻香村"标识令买受人错认为"北京稻香村"的故意（这是陷于错误判断），同时两公司有希望买受人基于购买"北京稻香村"的意思而购买其产品的故意（这是基于错误判断而为意思表示）。

其次，出卖人实施了欺诈的行为。所谓欺诈行为，也有两种情形，第一种是指虚构事实，即变无为有；第二种是隐瞒重要事实，即变有为无或者变此为彼，在此种情况下，如果出卖人依法律、习惯或合同有告知义务，应构成欺诈行为。两种情况满足一种即可。具体到本案中，王某需要证明金奎亮公司出售的商品刻意模仿"北京稻香村"商品的特征，包括标识、包装样式、产品说明等在内的综合形态（虚构事实）或者隐瞒了该商品的生产商、生产地（隐瞒重要事实）。

值得一提的是，《侵害消费者权益行为处罚办法》第十六条针对几种特殊的经营者欺诈行为作出了不同的规定："经营者有本办法第五条第（一）项至第（六）项规定行为之一且不能证明自己并非欺骗、误导消费者而实施此种行为的，属于欺诈行为。经营者有本办法第五条第（七）项至第（十）项、第六条和第十三条规定行为之一的，属于欺诈行为。"

具体来说，当出现第五条第七项至第十项、第六条和第十三条列举的十项情况时，无须先判断经营者是否具有欺诈故意，只要满足这十种客观表现，可以直接认定欺诈行为的存在。

而当出现第五条列举的六项情况时，虽然需要先认定经营者具有欺诈故意，但举证责任不在消费者方（买受人），而是将排除欺诈故意的证明责任课以经营者（出卖人）一方，即“（一）销售的商品或者提供的服务不符合保障人身、财产安全要求；（二）销售失效、变质的商品；（三）销售伪造产地、伪造或者冒用他人的厂名、厂址、篡改生产日期的商品；（四）销售伪造或者冒用认证标志等质量标志的商品；（五）销售的商品或者提供的服务侵犯他人注册商标专用权；（六）销售伪造或者冒用知名商品特有的名称、包装、装潢的商品”这六种情形。

本案中，王某主张的正是第五条第五种情形“销售的商品或者提供的服务侵犯他人注册商标专用权”，此时，王某需要证明金奎亮公司、河北稻香村公司的商品确实侵犯了北京稻香村公司的注册商标专用权。但是，对于“侵犯注册商标专用权”的认定不应仅以客观存在近似商标的事实来进行认定，因为近似商标商品是否存在侵犯他人注册商标专用权的情形，在未经商标管理部门认定或者未经法院生效判决确认之前仍然是悬而未决的疑问。在有商标管理部门认定或者法院生效判决确认的情况下，应当可以确定。但是王某仅举证证明苏州、河北稻香村商品商标与北京稻香村商品商标近似，且北京稻香村公司拥有“稻香村”的注册商标专用权，却没有证据证明苏州、河北稻香村商品确实侵犯了北京稻香村的注册商标专用权。目前已有生效判决认定苏州稻香村并未侵犯北京稻香村的注册商标专用权，河北稻香村公司作为苏州稻香村公司“稻香村”商标使用权人，当然没有侵犯北京稻香村的注册商标专用权，也就不能认定其为欺诈行为。

再次，买受人因欺诈陷入了认识错误。如果出卖人满足前述两个条件，则要进一步判断买受人是否会因此而陷入认识错误。须被欺诈人因受欺诈而陷于错误判断，即欺诈行为与错误判断之间有因果关系。这里因果关系判断的客观标准不应当以个案中具体当事人的情形来判断，而在于是否可能使一个理性的普通人在施以平常注意力的情况下而产生误解。具体到本案中，如果金奎亮公司、河北稻香村公司实施了欺诈行为，王某需要证明一般理性买受人会因此错将苏州、河北稻香村错认为北京稻香村，王某也产生了此错误认识，则满足该要件；反之，如果王某不能证明一般理性买受人会产生此种认识错误，只是王某因个人原因将苏州、河北稻香村错认，则不能满足该要件。

最后，买受人因错误认识而作出了意思表示。须被欺诈人基于错误判断而为意思表示，即错误判断与意思表示之间也有因果关系。具体到本案中，王某需要证明希望购买的是北京稻香村商品，而不是苏州、河北稻香村商品，在将苏州、河北稻香村错认成北京稻香村的前提下才会进行购买；如果没有错认，则不会进行购买。

综上，出售近似商标商品情形下欺诈的成立需要买受人举证证明出卖人有欺诈故意、欺诈行为，买受人因欺诈行为陷入了错误认识并因此而作出意思表示四个要件；当消费者主张经营者侵犯他人注册商标专用权时，消费者不需要证明经营者的欺诈故意，但仍然需要举证证明存在欺诈行为。本案中，王某既没有举证证明金奎亮公司、河北稻香村公司的行为满足欺诈成立的四个要件，也没有证明金奎亮公司、河北稻香村公司有侵犯他人注册商标专用权的行为，其诉讼主张不能成立。

编写人：北京市第二中级人民法院　周岩

42

可得利益损失应以一般理性人作为认定标准

——李某玲诉泉州市君尚包装用品有限公司买卖合同案

【案件基本信息】

1. 裁判书字号

福建省泉州市中级人民法院（2018）闽05民终3119号民事判决书

2. 案由：买卖合同纠纷

3. 当事人

原告（上诉人）：李某玲

被告（被上诉人）：泉州市君尚包装用品有限公司（以下简称君尚包装公司）

【基本案情】

2017年7月25日，李某玲通过淘宝平台与君尚包装公司就定制购买茶叶包装铁罐8000个，单价每个2.5元，付款后25天左右发货而达成买卖合意。李某玲分别于2017年7月27日、7月31日通过淘宝交易方式汇款给君尚包装公司定制购买茶叶包装铁罐预交金各5000元，合计10000元。君尚包装公司分别于2017年9月

16日、9月21日通过顺丰快递向李某玲发货茶叶包装铁罐样品120个。2017年9月24日，李某玲收到该铁罐样品后，以该铁罐样品不符合要求，要求君尚包装公司给予全部退款并称不要该铁罐产品，君尚包装公司同意退款10000元。双方因损失赔偿问题协商未果。李某玲于2017年11月24日向法院提起诉讼。

【案件焦点】

因一方的违约行为导致未来经营利润的丧失，存在着未来市场销售价格和销售情况不能确定等客观因素，关于预期利益是否属于违约赔偿范围。

【法院裁判要旨】

福建省泉州市安溪县人民法院经审理认为：李某玲与君尚包装公司通过淘宝平台网上联系，双方就定制购买茶叶包装铁罐产品而达成买卖合意，该买卖合同系双方当事人的真实意思表示，双方应按买卖合同约定全面履行义务。君尚包装公司按约定两次通过顺丰快递向李某玲发货茶叶包装铁罐样品。李某玲收到该铁罐样品后，以该铁罐样品不符合要求，要求君尚包装公司给予全部退款并称不要该铁罐产品，君尚包装公司同意退给货款10000元，双方的行为应视为协商一致同意解除买卖合同，予以认可。李某玲请求君尚包装公司赔偿造成的直接损失174809元，因双方在达成买卖合意时没有约定具体的交货期限、违约责任等。虽然李某玲提供了与相关公司、单位业务往来而支出费用的票据，但其无法证明所支出的费用是君尚包装公司造成的损失，君尚包装公司对此费用予以否认，与本案不具有关联性，故李某玲请求君尚包装公司赔偿损失174809元，依据不足，不予支持。李某玲请求君尚包装公司承担本案律师费5000元及差旅成本，因双方在达成买卖合意时没有约定发生纠纷而支出的律师费及差旅成本，应由君尚包装公司承担。故李某玲请求君尚包装公司承担本案律师费5000元及差旅成本，于法无据，不予支持。君尚包装公司辩解李某玲汇给的预交金10000元应抵作造成的生产成本损失，李某玲还应支付邮寄铁罐样品的成本及相关运费共计约1000元，因君尚包装公司未提出反诉请求，故君尚包装公司的辩解意见，不予采纳。李某玲请求君尚包装公司返还货款10000元，予以支持。

依照《中华人民共和国合同法》第六十条、第七十七条第一款、第九十七条、第一百一十一条、第一百四十八条，《中华人民共和国民事诉讼法》第六十四条第一款，《最高人民法院关于适用〈中华人民共和国民事诉讼法〉的解释》第九十条规定，作出如下判决：

一、君尚包装公司应在判决生效之日起十日内返还李某玲货款10000元；

二、驳回李某玲的其他诉讼请求。

李某玲不服一审判决，提起上诉。

福建省泉州市中级人民法院经审理认为：李某玲因国庆中秋期间进行促销活动所需，与君尚包装公司通过淘宝及微信网络平台，就定制茶叶包装铁罐达成买卖合意，虽未签订书面买卖合同，但协商达成的内容系双方真实意思，内容合法，应确认合同有效，双方当事人应当遵循诚信原则，秉承诚实，恪守承诺，按照约定全面履行自己的义务。2017年7月26日，双方当事人在微信中约定“25天左右发货”，但君尚包装公司未能在履行期限内发货，在李某玲的不断催促下，君尚包装公司才于2017年9月16日、21日邮寄部分铁罐样品，致使李某玲订立该买卖合同的目的不能实现。因君尚包装公司履行合同义务不符合合同的约定，给李某玲造成了损失，应当承担赔偿损失的违约责任。李某玲为本次国庆中秋促销活动共计支付174809元，但其在君尚包装公司违约后，未能采取适当的措施防止损失的扩大，根据《中华人民共和国合同法》第一百一十三条“当事人一方不履行合同义务或者履行合同义务不符合约定，给对方造成损失的，损失赔偿额应当相当于因违约所造成的损失，包括合同履行后可以获得的利益，但不得超过违反合同一方订立合同时预见到或者应当预见到的因违反合同可能造成的损失”及《最高人民法院关于适用〈中华人民共和国合同法〉若干问题的解释（二）》第二十九条“当事人主张约定的违约金过高请求予以适当减少的，人民法院应当以实际损失为基础，兼顾合同的履行情况、当事人的过错程度以及预期利益等综合因素，根据公平原则和诚实信用原则予以衡量，并作出裁决”的规定，李某玲不得就扩大的损失要求赔偿。一审法院判决认定事实清楚，但适用法律不当，予以部分改判。

福建省泉州市中级人民法院依照《中华人民共和国合同法》第一百一十三条，《最高人民法院关于适用〈中华人民共和国合同法〉若干问题的解释（二）》第二十九条，《中华人民共和国民事诉讼法》第一百七十条第一款的规定，作出如下判决：

一、维持福建省安溪县人民法院（2017）闽0524民初5658号民事判决第一项；

二、撤销福建省安溪县人民法院（2017）闽0524民初5658号民事判决第二项；

三、君尚包装公司应在本判决生效之日起十日内支付李某玲经济损失30000元；

四、驳回李某玲的其他诉讼请求。

【法官后语】

本案的争议焦点在于合同中违约方应赔偿守约方实际损失，对于实际损失的范围，存在两种观点，一是包含预期利益，包含预期利益的情况下，应当以何种标准进行赔偿。预期利益，是指合同在履行以后可以实现和取得的利益。该利益是一种未来的、必须通过合同的实际履行才能实现的利益，并且是合同当事人订立时能够合理预见到的利益。二是不包含预期利益，在交易中，因一方的违约行为导致未来经营利润的丧失，存在着未来市场销售价格和销售情况不能确定等客观因素，关于预期利益是否属于违约赔偿范围，须可得利益损失具有确定性和可预见性。

我们同意第一种观点，认为应该包含预期利益。损害赔偿具有三种标准：一是以非违约方的实际损失为标准，认定损害赔偿的范围，损失多少，赔偿多少，与违约方的主观状态无关；二是以违约方的预见为标准，即对于违约行为时违约方不应预见的损失，不予赔偿，并且应考虑违约方的故意、过失之主观状态；三是以理性人即社会上之常人的标准，认定损害赔偿的范围。不同标准下，赔偿范围的认定是不同的，《中华人民共和国合同法》第一百一十三条第一款规定："当事人一方不履行合同义务或履行合同义务不符合约定，给对方造成损失的，损失赔偿额应当相当于因违约所造成的损失，包括合同履行后可以获得的利益，但不得超过违反合同一方订立合同时预见到或者应当预见到的因违反合同可能造成的损失"。我国对损害赔偿的认定采用双重标准，即以非违约方的损失为上限，以违约方的预见为条件，若损失数额超过了非违约方订立合同时的预见范畴，则失去了损害赔偿的正当性基础。预期可得利益损失与实际损失相差较大的情况下，被违约方应该积极主动作为防止损失的进一步扩大，不得就扩大的损失要求违约方承担责任，没有法律依据。可预见规则在违约可得利益损失赔偿中预见的主体应是违约方，在本案中，应该是君尚包装公司在合同订立时可预见的损害类型而非程度或数额，能够预见的标准也应是一般理性人标准，因此酌定判决君尚包装公司赔偿李某玲的实际经济损失。

编写人：福建省泉州市安溪县人民法院　白荣南　郑培春

43

买卖合同中“滞纳金”的认定问题

——山东瑞华电子科技有限公司诉滦平县教育体育局买卖合同案

【案件基本信息】

1. 裁判书字号

山东省聊城市中级人民法院（2018）鲁15民终1279号民事判决书

2. 案由：买卖合同纠纷

3. 当事人

原告（被上诉人）：山东瑞华电子科技有限公司（以下简称瑞华公司）

被告（上诉人）：滦平县教育体育局（以下简称滦平教育局）

【基本案情】

2015年6月9日，瑞华公司通过招标方式与滦平教育局签订《设备购销合同》一份，合同约定滦平教育局购买瑞华公司教学设备一宗，并约定了交货时间、交货方式、质量及检验等条款。合同第七条约定，设备总价款为4292740元，付款方式为：货物初验、安装、调试完毕，验收合格后，2016年年底前付款60%，剩余40%尾款在2017年年底前付清；合同第八条规定，违约责任为：1. 需方无理由拒收设备、拒付设备款的，需向供方偿付设备款总值的百分之五的违约金，需方逾期支付设备款的，每逾期一天，需要向供方偿付欠款总额万分之五的滞纳金。合同签订后，瑞华公司如约履行了合同义务，2015年9月、10月，滦平教育局下属各学校分别出具了接收意见，证明收到货物并已调试合格。2015年11月18日，滦平教育局顺利通过验收并为瑞华公司出具验收报告一份，还于次日向滦平县公共资源交易中心出具证明一份，拟证明瑞华公司已按合同约定完成供货任务，设备安装调试完毕并运转正常。后经瑞华公司多次催要，滦平教育局总以资金紧张为由迟迟没有支付设备款。

【案件焦点】

1. 滦平教育局在合同履行期间是否存在违约行为；2. 滦平教育局承担违约责任的范围认定；3. 滦平教育局是否应承担诉讼保全责任保险的保险费。

【法院裁判要旨】

山东省聊城市茌平县人民法院经审理认为：瑞华公司与滦平教育局所签购销合同均系双方当事人真实意思表示，且不违背有关法律、行政法规的强制性规定，应认定为有效合同，双方均应按约定履行各自的合同义务。瑞华公司如约为滦平教育局供货，滦平教育局理应按约定时间付清货款，滦平教育局不付款的理由不能成立，瑞华公司诉请判令滦平教育局偿付货款4292740元的请求合法，予以支持。双方关于违约金及滞纳金的约定合法有效，且由于滦平教育局的逾期付款也给瑞华公司的经营带来了一定损失，故瑞华公司诉请判令滦平教育局承担违约金214637元及按约定承担逾期付款滞纳金的请求合法，予以支持。滦平教育局辩称滞纳金无效及不应承担违约金的理由缺乏事实及法律依据，不予采信。根据《最高人民法院关于人民法院办理财产保全案件若干问题的规定》第八条关于“金融监管部门批准设立的金融机构以独立担保函的形式为财产保全提供担保的，人民法院应当依法准许”的规定，瑞华公司可以通过保险公司以担保函的形式提供担保，而非必须以自己的或他人的财产担保。因滦平教育局违约引起本案诉讼，瑞华公司为此向保险公司缴纳的诉讼保全担保保险费系支出的合理必要的费用，属于瑞华公司损失的一部分，故瑞华公司诉请判令滦平教育局承担此项费用的请求合法，予以支持。

山东省聊城市茌平县人民法院依据《中华人民共和国合同法》第六十条、第一百五十九条，《最高人民法院关于审理买卖合同纠纷案件适用法律问题的解释》第二十四条，《最高人民法院关于适用〈中华人民共和国民事诉讼法〉的解释》第九十条、第一百零八条，《中华人民共和国民事诉讼法》第一百三十四条之规定，作出如下判决：

一、被告滦平教育局于判决生效后十日内偿付原告瑞华公司设备款4292740

元、违约金214637元及滞纳金（自2017年1月1日起，以2575644元为基数，按日万分之五计至2017年12月31日止；自2018年1月1日起，以4292740元为基数，按日万分之五计至付清之日止）；

二、被告滦平教育局于判决生效后十日内偿付原告瑞华公司诉讼保全担保保险费15000元。

滦平教育局不服一审判决，提起上诉。

山东省聊城市中级人民法院经审理认为：关于滦平教育局在合同履行期间是否存在违约行为的问题。瑞华公司供应的设备经需方滦平教育局验收小组正式验收，并出具了验收报告，足以证明瑞华公司作为供方依约完成了设备交付、安装调试义务，所供设备完全符合合同约定。而滦平教育局未及时按照合同约定的付款时间履行支付价款义务，有失诚信，其行为已构成违约。

关于滦平教育局承担违约责任的范围认定。法律对于违约金的设定具有预定性、赔偿性及惩罚性。本案中，关于滦平教育局应承担的违约责任：1. 双方关于合同第8.1条的约定，是对需方违反合同约定的付款时间而作出的一定数额的违约金条款，滦平教育局依该约定应向守约方承担设备款4292740元的5%违约金，即214637元。2. 双方关于合同第8.2条的约定，虽载有“滞纳金”的字样，但从具体约定内容看，实质应系需方逾期支付货款而应向守约方承担的违约金计算条款，即逾期付款利息损失。该约定系合同主体契约自由的体现，未违反法律行政法规的禁止性规定，法院对该条款效力予以认定。本着民事活动应遵循自愿、公平、等价有偿、诚实信用的原则，因合同关于第8.2条的约定比例，并未超过中国人民银行年利率24%的规定，不属法院应该调整的范围。

本案诉讼源起滦平教育局未及时依约履行付款义务而构成违约行为。瑞华公司在诉讼期间为申请财产保全而产生的诉讼保全责任保险的保险费，属于瑞华公司为维护己方权益而支出的合理必要费用，属于瑞华公司的损失部分，一审判令违约方滦平教育局承担并无不当。

山东省聊城市中级人民法院依照《中华人民共和国民事诉讼法》第一百七十条第一款第一项规定，判决如下：

驳回上诉，维持原判。

【法官后语】

本案买卖合同纠纷中，瑞华公司按照约定完成了设备交付、安装调试义务，滦平教育局未及时按照合同约定的付款时间履行支付价款义务，构成了违约，应当承担支付全部货款和赔偿因逾期付款给瑞华公司造成的损失。双方关于合同第8.1条“需方无正当理由拒收设备、拒付设备款的，需方向供方偿付设备款总值的百分之五违约金”及第8.2条“需方逾期支付设备款的，每逾期一天，需方向供方偿付欠款总额万分之五的滞纳金”的约定，可以看出，约定该滞纳金的目的是确定如果滦平教育局不按期履行付款义务即应承担相应的赔偿责任，双方在订立合同时均应知道其中的含义，根据双方当事人订立合同时的真实意思表示，将滞纳金性质认定为逾期付款违约金并无不当。

“滞纳金”属行政法律体系中的概念，主要是税收部门和银行对逾期当事人给予经济制裁的一种措施，一般来说个人和其他团体无权私自收取滞纳金。滞纳金、违约金、逾期付款违约金是三个不同的法律概念，但在日常生活中甚至在合同订立过程中，当事人往往不能正确区分，使得“滞纳金”成为民事合同中的一个高频词汇。当事人之间约定的所谓“滞纳金”事实上可能代表着不同的意思：有的是违约金，有的是逾期利息。所以在具体案件中法官应当查清双方约定的“滞纳金”的真实意思，并向双方予以释明，在了解清楚双方一致的真实意思表示后作出判决，但同样应审查违约金或利息的约定是否符合相关法律法规的规定。

目前，国家对滞纳金的规定越来越规范，2017年1月1日起施行的《中国人民银行关于信用卡业务有关事项的通知》规定：取消滞纳金，由发卡机构和持卡人协议约定违约金。可以看出滞纳金已经不再适用于民事平等主体间。故当事人在订立合同时应秉持科学、严谨的态度，尽量避免使用“滞纳金”一词，以免产生歧义，造成不必要的损失。

编写人：山东省聊城市茌平县人民法院　彭艺

七、证据与时效

44

诉讼时效届满后仅确认欠款金额不构成放弃时效利益

——北京出版集团有限责任公司诉山西新视野
全景图书有限公司买卖合同案

【案件基本信息】

1. 裁判书字号

北京市第二中级人民法院（2018）京02民终9825号民事判决书

2. 案由：买卖合同纠纷

3. 当事人

原告（上诉人、再审申请人）：北京出版集团有限责任公司（以下简称出版集团公司）

被告（被上诉人、被申请人）：山西新视野全景图书有限公司（以下简称新视野公司）

【基本案情】

2010年4月1日，出版集团公司（甲方）和新视野公司（乙方）签订《销售合同》，约定：甲方为乙方供应出版物；乙方自收货后24个月可将未售出的图书原样退给甲方；双方先供货后结付，结付周期为3个月一结；乙方应当在每个自然年的12月25日之前，将当年所欠甲方的全部货款支付给甲方。

出版集团公司向新视野公司出具的2017年4月20日《确认函》上载明：“为

了确保双方往来账目准确，现全权委托我公司业务人员与贵单位核实应收账款的相关事宜，请予以配合。根据我公司的财务记载，截至2017年3月31日，贵单位尚欠我公司的应收账款余额为85789.78元，详见附件对账单。如上述数据与贵单位财务数据相符，请在下表‘数据相符’项下盖章；如有不符，请在‘数据不符’项下说明原因并签章。敬请贵单位给予确认，并将填好的确认函交由我公司业务人员带回，或者寄至以下地址……附件：对账单（请贵单位在此对账单上盖章，该对账单与本确认函具有同等法律效力）。”新视野公司在数据不符项下签章，不符原因处手书“我方余额25839.74元”。君尚包装公司诉至法院，请求判令新视野公司支付货款及利息。

双方自2006年即设立合同关系，连续签订过多份与上述合同内容基本一致的合同文件。合同期限连贯，未中断，案涉合同是双方签订的最后一份合同。案涉合同的退货期间为2011年4月至2013年7月。出版集团公司还述称，其全部供货的期间为2006年4月18日至2011年9月19日。

【案件焦点】

诉讼时效届满后，出版集团公司向新视野公司发出《确认函》，要求新视野公司确认欠款金额，新视野公司确认欠款金额并盖章，是否能以此认定新视野公司放弃时效利益。

【法院裁判要旨】

北京市西城区人民法院经审理认为：本案的争议焦点为，出版集团公司对新视野公司的货款请求权是否已经罹于诉讼时效。

《中华人民共和国民法通则》第一百三十五条规定：“向人民法院请求保护民事权利的诉讼时效期间为二年，法律另有规定的除外。”第一百三十七条规定，“诉讼时效期间从知道或者应当知道权利被侵害时起计算”。根据《购销合同》的约定，新视野公司应当在每个自然年的12月25日前将当年所欠的货款支付给出版集团公司，则根据出版集团公司自认的供货期间截至2011年9月19日，就当年度的货款，新视野公司应当在2011年12月25日前支付完毕，考虑到双方存在退货的金额从货款中抵扣的交易习惯，则在其供货完毕24个月退货期满，即2013年9月19日，新视野公司又未另行支付剩余款项的，出版集团公司应当知道其货款请求权受到侵害，诉讼时效即行起算。在出版集团公司未提交证据证明存在诉讼时效中断、终止事由的情况下，其案涉的货款请求权于2015年9月19日超过诉讼时效。

《最高人民法院关于审理民事案件适用诉讼时效制度若干问题的规定》第二十二条规定："诉讼时效期间届满，当事人一方向对方当事人作出同意履行义务的意思表示或者自愿履行义务后，又以诉讼时效期间届满为由进行抗辩的，人民法院不予支持。"出版集团公司主张《确认函》构成双方就款项偿还所达成的一致意思表示，诉讼时效应当重新起算。法院对此的意见为，《确认函》上载明的确认账款目的为"确保双方往来账目准确"，且未提出要求对方付款的意思表示，而新视野公司的签章和手书内容也未承诺同意支付确认的款项。因此，不能构成双方就债务支付达成新的合意，或新视野公司作出同意履行已超过诉讼时效债务的意思表示。故出版集团公司的诉讼请求，由于已经超过了诉讼时效，法院不予支持。

综上所述，根据《中华人民共和国民法通则》第一百三十五条、第一百三十七条之规定，判决：

驳回北京君尚包装公司有限责任公司的诉讼请求。

出版集团公司不服一审判决，提起上诉。

北京市第二中级人民法院经审理认为：《最高人民法院关于审理民事案件适用诉讼时效制度若干问题的规定》第二十二条规定："诉讼时效期间届满，当事人一方向对方当事人作出同意履行义务的意思表示或者自愿履行义务后，又以诉讼时效期间届满为由进行抗辩的，人民法院不予支持。"《确认函》上载明的确认账款目的为"确保双方往来账目准确"，且未提出要求对方付款的意思表示，而新视野公司的签章和手书内容也未承诺同意支付确认的款项。一审法院认定《确认函》不能构成双方就债务支付达成新的合意，或新视野公司作出同意履行已超过诉讼时效债务的意思表示，处理正确。

《中华人民共和国民法通则》第一百三十五条规定："向人民法院请求保护民事权利的诉讼时效期间为二年，法律另有规定的除外。"第一百三十七条规定，"诉讼时效期间从知道或者应当知道权利被侵害时起计算"。《销售合同》约定新视野公司应当在每个自然年的12月25日前将当年所欠的货款支付给出版集团公司，在出版集团公司未提交证据证明存在诉讼时效中断、终止事由的情况下，出版集团公司的诉讼请求已经超过了诉讼时效，一审法院未予支持其诉讼请求，处理正确。

综上所述，出版集团公司的上诉请求不能成立，应予驳回；一审判决认定事实清楚，适用法律正确，应予维持。依照《中华人民共和国民事诉讼法》第一百七十条第一款第一项规定，判决如下：

驳回上诉，维持原判。

出版集团公司不服一审判决，申请再审。

北京市高级人民法院经审查认为：当事人对自己提出的诉讼请求所依据的事实或者反驳对方诉讼请求所依据的事实有责任提供证据加以证明。没有证据或者证据不足以证明当事人的事实主张的，由负有举证责任的当事人承担不利后果。涉案《确认函》上载明的确认账款目的为“确保双方往来账目准确”，出版集团公司并未提出要求对方付款的意思表示，而新视野公司的签章和手书内容也未承诺同意支付确认的款项。因此，不能构成双方就债务支付达成新的合意，或新视野公司作出同意履行已超过诉讼时效债务的意思表示。故原审认定出版集团公司的诉讼请求已经超过了诉讼时效并无不当。申请人不能提供证据证明涉案债务未超过诉讼时效。原判决在认定事实和适用法律上是正确的。申请人的再审申请无事实和法律依据，法院不予支持。申请人的再审申请不符合《中华人民共和国民事诉讼法》第二百条第二项、第六项规定的情形。

依照《中华人民共和国民事诉讼法》第二百零四条第一款，《最高人民法院关于适用〈中华人民共和国民事诉讼法〉的解释》第三百九十五条第二款规定，裁定如下：

驳回北京出版集团公司的再审申请。

【法官后语】

法彦有云：“法律不保护躺在权利上睡觉的人。”为促使当事人及时行使权利，立法者创设了诉讼时效制度，即权利人不行使权利的事实状态持续经过法定期间，其权利即发生效力减损。但依据处分原则，诉讼时效届满后，当事人亦可自愿放弃时效利益。

本案的争议焦点是新视野公司在2017年4月20日《确认函》上的签章和手书内容是否构成对时效抗辩权的放弃。

依据《最高人民法院关于超过诉讼时效期间当事人达成的还款协议是否应当受法律保护问题的批复》(法复〔1997〕4号）规定，超过诉讼时效期间，双方当事人就原债务达成的还款协议，属于新的债权、债务关系，还款协议应受法律保护。依据《最高人民法院关于超过诉讼时效期间借款人在催款通知单上签字或者盖章的法律效力问题的批复》（法释〔1999〕7号）规定，对于超过诉讼时效期间，信用社向借款人发出催收到期贷款通知单，债务人在该通知单上签字或者盖章的，应当视为对原债务的重新确认，该债权债务关系应受法律保护。依据《最高人民法院关于审理民事案件适用诉讼时效制度若干问题的规定》（法释〔2008〕11号）第二十二条规定，诉讼时效期间届满，当事人一方向对方当事人作出同意履行义务的意思表示或者自愿履行义务后，又以诉讼时效期间届满为由进行抗辩的，人民法院不予支持。

通过以上规定可知，债务人作出同意履行义务的意思表示或者自愿履行义务，可认定为放弃时效利益，而作出同意履行义务的意思表示的主要形式有，当事人双方就原债务达成还款协议，债务人在具有催收意思表示的函件、通知上签字或盖章确认等。

本案中的《确认函》上虽有“应收账款”字样，但无明确的催收债权、主张权利的意思表示，且明确说明发函是“为了确保双方往来账目准确，现全权委托我公司业务人员与贵单位核实应收账款的相关事宜，请予以配合”。新视野公司虽在《确认函》上手书“我方余额25839.74元”并盖章确认，但只能认定为对欠款金额的确认，不能认定为作出同意履行义务的意思表示。因此，新视野公司的行为不构成对时效抗辩权的放弃。

编写人：北京市第二中级人民法院　周维　张笑文

45

债权人诉讼时效的抗辩需达到优势证明的标准

——江苏金圣电缆有限公司诉徐某买卖合同案

【案件基本信息】

1. 裁判书字号

江苏省无锡市中级人民法院（2018）苏02民终3753号民事判决书

2. 案由：买卖合同纠纷

3. 当事人

原告（被上诉人）：江苏金圣电缆有限公司（以下简称金圣公司）

被告（上诉人）：徐某

【基本案情】

金圣公司多次向徐某供应电线电缆。2011年2月2日，徐某向金圣公司出具欠条1份，载明：今由我徐某欠金圣厂货款325992元，该款于2011年2月25日前支付100000元，同年4月25日前支付50000元，同年6月25日前支付70000元，同年8月25日前付清。如无法偿还，按货款金额10%结算，年息1分。

对于出具欠条后的付款情况，金圣公司称徐某已付款100557元，其中最后一次付款为2016年2月。徐某认为金圣公司并无2016年2月收款1000元的凭据，且本案欠款也已全部付清，并向法院提供收条原件4张、银行转账记录1张、5万元承兑复印件1张及赵小东欠条复印件1份。上述证据系其支付给金圣公司的委托收款人刘某伟，其中支付款项225000元，转让债权116000元。金圣公司质证认为上述证据的真实性、关联性均不认可。

针对上述付款情况，徐某申请法院向常州市公安局天宁分局局前街派出所（以下简称派出所）进行调查。经法院调查，派出所向法院出具出警证明1份、接处警登记表复印件1份。证明内容为刘某伟与徐某于2013年6月19日因债务发生纠纷，后双方协商解决，该警情未作任何笔录；接处警登记表未载明刘某伟是代表金圣公司收取货款，只是对刘某伟的身份信息进行了登记。金圣公司对证据的真实性无异议，该两份证明不能证明徐某向金圣公司支付了相应货款。徐某对证据真实性无异议，认为可以证明刘某伟曾向徐某催要过欠款，结合刘某伟出具的收条来看，可以认定刘某伟代表金圣公司收款。

金圣公司向法院提交过路费发票5张（时间分别为：2012年12月28日、2013年1月30日、2014年9月6日、2015年4月10日、2016年8月31日）及《情况说明》1份，证明其公司曾多次派人分别于上述时间前往常州怡康机电城、徐某家中向徐某催要货款，本案并未超过诉讼时效。徐某质证认为：《情况说明》是金圣公司单方出具，且过路费发票没有载明车辆号牌，与本案无关联性，不能证明是用于催要货款，且金圣公司没有2016年2月收款1000元的凭证，故本案所涉债务已过法定诉讼时效。

另查明：2013年6月19日，派出所接110指令，怡康机电城4号楼2280有人报警，经了解，徐某因债务与刘某伟发生纠纷，后双方协商解决。《接处警登记表》上载明了刘某伟的身份证号码、手机号码。

2013年6月19日、6月28日、8月7日、8月21日，刘某伟向徐某出具4张收条，上述收条均载明系收到徐某还金圣公司货款，收条上有刘某伟的身份证号码、手机号码和指印，身份证号码、手机号码与《接处警登记表》信息一致。

金圣公司提供对账单证明曾于2013年2月收到徐某还款10000元，徐某对此予以认可。

金圣公司在一审中提交的5张过路费票据为江苏省车辆通行费收据，收费站均为儒林镇，金额均为10元。

金圣公司在一审庭审中陈述，徐某居住在官林镇隔壁的儒林镇，车程大概半小时，在2013年至起诉前，是金圣公司员工多次上门催要。

【案件焦点】

本案诉讼是否已过时效期间。

【法院裁判要旨】

江苏省无锡市宜兴市人民法院经审理认为：金圣公司与徐某之间的买卖合同合

法有效，双方均应按约履行自己的合同义务。对于徐某是否已经付清本案所涉欠款：1. 徐某作为一个具有完全民事行为能力的人，从交易习惯上来说，理当清楚货款应向合同相对方即金圣公司支付，如向金圣公司汇款，应汇入公司账户，或者缴纳现金同时由金圣公司出具相应收据，但本案中，徐某并非按照通常的交易习惯付款；2. 徐某虽称其已向金圣公司委托收款人刘某伟支付了本案欠款，但并未向法院提供任何刘某伟是受金圣公司委托收款的证据，且从法院向派出所的调查情况来看，仅能确认刘某伟与徐某之间有欠款纠纷，不能确认刘某伟是受金圣公司委托收款；3. 徐某提供的刘某伟出具的收条上也未加盖金圣公司印章，出具收条仅是刘某伟个人行为，且徐某在庭审过程中称，刘某伟是带着欠条原件上门收款的，从常理上说如徐某已付清货款，应向刘某伟收回欠条原件，但欠条原件现仍由金圣公司保管。综上，法院认为徐某尚未付清本案所涉欠款，根据金圣公司的自认金额，徐某尚欠货款为225435元。至于徐某抗辩的诉讼时效，金圣公司提供的证据结合法院的调查情况，足以证明金圣公司多次至徐某经营地点及家中催要欠款，诉讼时效应中断后重新计算，故对其该抗辩意见，法院不予支持。徐某出具的欠条载明于2011年8月25日前付清，否则按年利率10%计算，故金圣公司主张的利息计算时间、标准均未超过双方约定及法律规定，应予以支持。综上，依照《中华人民共和国合同法》第六十条、第一百零七条、第一百五十九条、第一百六十一条之规定，判决：

徐某于判决发生法律效力之日起十日内支付金圣公司货款225435元及利息。

徐某不服一审判决，提起上诉。

江苏省无锡市中级人民法院经审理认为：金圣公司与徐某之间的买卖合同系当事人的真实意思表示，且不违反法律和行政法规的强制性规定，合法有效，双方应按约履行各自义务。诉讼时效期间从知道或应当知道权利被侵害时起计算，本案诉讼时效期间为两年。徐某向金圣公司出具的欠条载明于2011年8月25日前付清，以此日期推算，两年诉讼时效期间届满的时间是2013年8月24日，而金圣公司提起本次诉讼的时间是2018年2月7日，显然已经超过两年的诉讼时效期间。

综上所述，一审法院法律适用不当，应当予以纠正。徐某的上诉请求成立，法院予以支持。根据《中华人民共和国民法通则》第一百三十五条、第一百三十七条、第一百四十条，《中华人民共和国民事诉讼法》第一百七十条第一款第二项之规定，判决：

一、撤销江苏省宜兴市人民法院（2018）苏0282民初1671号民事判决；

二、驳回江苏金圣电缆有限公司的诉讼请求。

【法官后语】

所谓诉讼时效，是指民事权利受到侵害的权利人在法定的时效期间内不行使权利，当时效期间届满时，债务人获得诉讼时效抗辩权。在法律规定的诉讼时效期间内，权利人提出请求的，人民法院就强制义务人履行所承担的义务。而在法定的诉讼时效期间届满之后，权利人行使请求权的，人民法院就不再予以保护。

诉讼时效可以分为一般诉讼时效和特殊诉讼时效两种。所谓一般诉讼时效，是指法律没有特别规定时的一般权利行使时限，如《中华人民共和国民法总则》第一百八十八条规定，向人民法院请求保护民事权利的诉讼时效期间为三年。《中华人民共和国民法通则》第一百三十七条规定，自权利受到损害之日起超过二十年的，人民法院不予保护。此两种关于诉讼时效的规定针对除特殊规定之外的所有情形。所谓特殊诉讼时效，是指由特别法规定的诉讼时效，如《中华人民共和国合同法》第一百二十九条规定涉外合同期间为四年，《中华人民共和国海商法》第二百五十八条第一项规定，有关旅客人身伤害的请求权，自旅客离船或者应当离船之日起计算等。诉讼时效制度的设置初衷是为了督促权利人及时行使权利，充分保障其权利的及时实现，绝不是为了帮助债务人逃避债务。但司法中的举证责任具有相对性，当债务人已经初步举证证明债权人怠于行使权利时，债权人便需要举证证明其已经履行了相应的催促义务，否则便可能承担不利的法律后果。

本案中，金圣公司与徐某均认可于2013年2月归还欠款10000元，故本案诉讼时效因徐某履行义务而中断，从2013年2月起重新计算诉讼时效期间。金圣公司主张徐某于2016年2月付过现金1000元，系其员工偶遇徐某后催要到的，但提供的对账单及《情况说明》系金圣公司单方制作，没有提供其他证据予以证实，关于金圣公司向徐某收款现金1000元的事实真伪不明，应当认定该事实不存在。此外，金圣公司提供的前后两份对账单不一致，两者仅相差2016年2月的1000元一笔往来，其余内容均相符，且形成时间在后的对账单遗漏该笔往来；金圣公司陈述两份对账单不一致系会计于2017年4月、5月更换原因造成，但一审中提供的对账单标注日期为2017年12月31日，明显晚于会计更换时间，其陈述存在矛盾之处。金圣公司提供5张过路费票据，仅能证明其安排员工曾去过儒林镇，但无法证明向徐某催要款项的事实，其举证证据与待证事实存在一定差距，该5张票据尚不能够起到本案所涉债权诉讼时效中断的效果。因此，金圣公司在不能提供有效证据证明诉讼时效中断的情况下，应对其主张承担不利的后果，故金圣公司本次起诉自2013年2月起算已超过法定的诉讼时效期间，丧失了胜诉权，徐某的抗辩理由成立。

编写人：江苏省无锡市中级人民法院　王星光　缪星

46

未约定履行期限的欠条诉讼时效的认定

——自贡市瑞安公司诉罗某均买卖合同案

【案件基本信息】

1. 裁判书字号

四川省自贡市中级人民法院（2019）川03民终257民事判决书

2. 案由：买卖合同纠纷

3. 当事人

原告（上诉人）：自贡市瑞安机械有限公司（以下简称瑞安公司）

被告（被上诉人）：罗某均

【基本案情】

1993年至2015年，瑞安公司向罗某均出售农用机械设备。2013年4月26日，罗某均向瑞安公司出具欠条一份。欠条载明：“今欠到瑞安机械有限公司货款180000元；经手人：罗某均”等条款；欠条背面有涂抹痕迹。2014年4月25日，罗某均向瑞安公司出具欠条一份。欠条载明：“今欠到瑞安公司货款16500元；经手人：罗某均”等条款；欠条背面载明：“此款为铺底金，胡某平，2015.5.13。”2015年11月6日，罗某均向瑞安公司出具欠条一份。欠条载明：“今欠到瑞安公司货款70000元；欠款单位：罗某均，地址：遵义”等条款；欠条背面载明：“同意本月内收回此款，李某平，10/11；经办人：伍某平，11.9；同意：武修成，10/11。”2015年11月26日，罗某均向瑞安公司出具欠条一份。欠条载明：“今欠到瑞安公司货款17000元；欠款单位：罗某均，地址：遵义市；备注：2016.1.23日付款壹万元，下欠7000元，罗某均”；欠条背面载明：“同意：12月30日前付清，武修成9/12，李某华9/12；同意在本期内收回此款，李某平9/12。”2016年12月3日，罗某均退还瑞安公司部分货物共计价款29339元。李某平系瑞安公司总经理；伍某平、武修成、李某华、胡某平系瑞安公司业务员。

双方均认可双方之间买卖合同关系的交易习惯为货到付款；2013年4月26日的欠条上载明的180000元欠款系2013年之前瑞安公司向罗某均的一次供货产生的欠款，并非因2013年的供货产生；2014年4月25日的欠款上载明的16500元欠款系双方在多年前供货的欠款，一直作为质量保证金，每年更换欠款依据，2014年4月25日是最后一次更换欠条。

【案件焦点】

本案中，2013年4月26日和2014年4月25日两张案涉欠条是否已超过诉讼时效。

【法院裁判要旨】

四川省自贡市荣县人民法院经审理认为：瑞安公司于买卖关系中，履行供货义务后，罗某均拒不给付瑞安公司货款酿成纠纷，应负本案全部责任。瑞安公司供货后，罗某均差欠货款并出具欠条，欠条上虽未约定还款履行期限，但2015年11月6日、2015年11月26日出具的欠条背面，均有瑞安公司工作人员对收回欠款的宽限时间备注，收回欠款的宽限期为1个月左右。罗某均分别于2013年4月26日出具180000元欠条一张、2014年4月25日出具16500元欠条一张，瑞安公司未有证据证明在履行义务宽限期届满后曾向罗某均主张权利，罗某均于2016年1月23日归还欠款10000元、2016年12月3日退还瑞安公司部分货物共计价款29339元，瑞安公司亦未有证据证明系罗某均归还2013年4月26日的欠款，且上述债务自欠款之日起至权利人向一审法院主张权利之日止已过三年诉讼时效，瑞安公司请求判令给付上述债务并偿付逾期付款利息的主张，不予以支持；瑞安公司请求判令罗某均给付2015年11月6日、2015年11月26日货款并偿付逾期付款利息的主张，予以支持，罗某均已归还的欠款10000元及退回的29339元货物后，罗某均应归还瑞安公司欠款47661元，逾期付款利息以本金47661元，按中国人民银行同期同类贷款基准利率，自本判决生效之日起至欠款付清时止。罗某均未有证据证明其系贵州省遵义市华豪农机有限公司的工作人员，向瑞安公司购买农用机械设备系履行公司职务行为，其主张法院不予采信。罗某均未有证据证明向瑞安公司的工作人员胡某平支付了20000元货款，其主张法院不予采信。据此，依照《中华人民共和国合同法》第八条、第一百零七条、第一百五十九条，《最高人民法院关于审理买卖合同纠纷案件适用法律问题的解释》第一条第一款、第二十四条第四款，《最高人民法院关于审理民事案件适用诉讼时效制度若干问题的规定》第六条之规定，判决：

罗某均给付瑞安公司货款47661元并偿付逾期付款利息（逾期付款利息以本金47661元，按中国人民银行同期同类贷款基准利率，自本判决生效之日起至欠款付清时止）。

瑞安公司不服一审判决，提起上诉。

四川省自贡市中级人民法院经审理认为：本案争议的焦点为：瑞安公司依据2013年4月26日的欠条以及2014年4月25日的欠条主张罗某均支付货款，是否已经超过诉讼时效。

依据《最高人民法院关于审理民事案件适用诉讼时效制度若干问题的规定》第六条“未约定履行期限的合同，依照合同法第六十一条、第六十二条的规定，可以确定履行期限的，诉讼时效期间从履行期限届满之日起计算；不能确定履行期限的，诉讼时效期间从债权人要求债务人履行义务的宽限期届满之日起计算，但债务人在债权人第一次向其主张权利之时明确表示不履行义务的，诉讼时效期间从债务人明确表示不履行义务之日起计算”以及《最高人民法院关于适用诉讼时效制度若干问题的解释》第三条“民法总则施行前，民法通则规定的二年或者一年诉讼时效期间已经届满，当事人主张适用民法总则关于三年诉讼时效期间规定的，人民法院不予支持”的规定，本案双方当事人对双方之间自1993年开始的买卖合同关系的交易习惯为货到付款均无异议，罗某均在买卖合同履行期限届满后出具欠条，应视为债务人对其所欠债务的确认，其在欠条上未确定履行期限，表明其未有还款承诺，诉讼时效期间从此时中断。瑞安公司虽主张其自罗某均2013年4月26日出具欠条后，一直在向罗某均催收欠款，但其所举证据不能证明罗某均就本案二审诉争的两张欠条的供货进行过退货或双方作出过产生诉讼时效中断效力的行为。因此，瑞安公司依据2013年4月26日的欠条以及2014年4月25日的欠条主张罗某均支付货款的诉讼时效应从瑞安公司收到罗某均所写欠条之日的第二日开始重新计算，至2017年10月1日《中华人民共和国民法总则》施行时，已超过两年的诉讼时效，故本案适用《中华人民共和国民法通则》第一百三十五条“向人民法院请求保护民事权利的诉讼时效期间为二年，法律另有规定的除外”的规定，瑞安公司依据2013年4月26日的欠条以及2014年4月25日的欠条主张罗某均支付货款的诉讼请求已经超过诉讼时效。

综上所述，瑞安公司的上诉请求不能成立，法院不予支持。原审判决认定事实基本清楚，审判程序合法，虽适用法律存在瑕疵，但裁判结果正确，应予维持。依照《中华人民共和国民法通则》第一百三十五条，《最高人民法院关于审理民事案件适用诉讼时效制度若干问题的规定》第六条，《最高人民法院关于适用诉讼时效制度若干问题的解释》第三条，《中华人民共和国民事诉讼法》第一百七十条第一款第一项，《最高人民法院关于适用的解释》第三百三十四条之规定，判决如下：

驳回上诉，维持原判。

【法官后语】

商事审判中，对于诉讼时效的认定非常重要。第一，双方当事人在交易中，对累积的、未支付的货款，当事人经过商议由一方出具欠条的方式对欠款进行确认，出具欠条的行为应当认为是欠款的诉讼时效中止事由。针对未支付的货款出具的未约定履行期限的欠条，其诉讼时效应从出具欠条的第二日开始计算。第二，民法总则施行前，民法通则规定的二年或者一年诉讼时效期间已经届满，不应当适用民法总则规定的三年诉讼时效期限。

编写人：四川省自贡市中级人民法院　尤艳　侯代悦

47

证明供货事实优势证据的认定

——北京利文商贸有限责任公司诉北京德易生物医学技术有限公司买卖合同案

【案件基本信息】

1. 裁判书字号

北京市第二中级人民法院（2018）京02民终9072号民事判决书

2. 案由：买卖合同纠纷

3. 当事人

原告（被上诉人）：北京利文商贸有限责任公司（以下简称利文公司）

被告（上诉人）：北京德易生物医学技术有限公司（以下简称德易公司）

【基本案情】

双方当事人就涉案部分货物签订了3份销售合同，合同载明的货物明细与部分供货单能够对应。上述合同约定：开票后1天，如买方逾期付款，每逾期一天，按逾期付款金额的0.5%收取滞纳金。利文公司提交的出库单载明，利文公司向德易公司供应医疗用品总额为185525元。出库单上有利文公司员工任某忠，德易公司员工郭某、崔某、张某、谢某华等的签字。德易公司对出库单上客户签收处签字人员系其员工不持异议，但不认可全部出库单的真实性，主张其员工签字系伪造。德易公司自认收到利文公司开具的增值税发票并已经抵扣。除编号18181063的增值税发票金额没有销货清单外，其余增值税发票载明的货物明细与出库单能够对应。另查，德易公司认可向利文公司支付了85651.50元货款。

【案件焦点】

1. 利文公司向德易公司供货的数额；2. 德易公司应否支付逾期付款利息。

【法院裁判要旨】

北京市西城区人民法院经审理认为：利文公司为证明向德易公司供应了185525元的货物，提交了载有德易公司员工签字的出库单、增值税发票、发票确认回执单、回款凭证。德易公司对出库单上客户签收处签字人员系其员工不持异议，但不认可全部出库单的真实性，认为其员工签字系伪造，但未提交充分证据予以证明。德易公司向法院提出对出库单上其员工笔迹进行司法鉴定，后由于无法提供鉴定样本向法院提出撤回鉴定申请。德易公司自认收到了利文公司开具的增值税发票并已经抵扣，同时认可向利文公司支付了85651.5元货款。根据《最高人民法院关于适用〈中华人民共和国民事诉讼法〉的解释》第一百零八条第一款的规定，“对负有举证证明责任的当事人提供的证据，人民法院经审查并结合相关事实，确信待证事实的存在具有高度可能性的，应当认定该事实存在”，本案中，利文公司提交的出库单、增值税发票、发票确认回执单、回款凭证等证据形成完整证据链，可以作为认定供货事实的依据，同时结合德易公司自认事实，法院认为利文公司向德易公司供应185525元货物的事实具有高度盖然性，予以采信。德易公司对其主张未提供充分证据予以证明，法院不予采信。双方就部分货物签订了销售合同，虽然就其余货物未签订合同，但形成了事实上的买卖合同关系。利文公司在履行供货义务后，有权要求德易公司支付货款。

德易公司逾期未付款的行为构成违约，应当向利文公司承担违约责任。因此，利文公司根据销售合同未付款部分主张逾期付款利息，于法有据，法院予以支持。对于未签订合同的债权，双方未约定付款期限，债权人可以随时要求履行，在利文公司未提交证据证明在起诉前提出履行债务要求的情形下，法院对于利文公司就未签订合同部分的债权主张逾期付款利息的诉讼请求不予支持。

北京市西城区人民法院依照《中华人民共和国合同法》第八条、第十条第一款、第一百一十二条，《中华人民共和国民事诉讼法》第六十四条第一款，《最高人民法院关于适用〈中华人民共和国民事诉讼法〉的解释》第一百零八条第一款，作出如下判决：

一、被告德易公司于本判决生效后十日内向原告利文公司支付货款99873.5元；

二、被告德易公司于本判决生效后十日内向原告利文公司支付逾期付款利息（以15364.5元为基数，按照中国人民银行同期贷款利率的标准，自2016年4月23

日起计算至2018年2月11日止）；

三、驳回原告利文公司的其他诉讼请求。

德易公司不服一审判决，提起上诉。

北京市第二中级人民法院经审理认为：双方签订了3份销售合同，在实际履行过程中利文公司又向德易公司出售了上述合同约定之外的部分货物。双方就买卖涉案货物成立买卖合同法律关系。利文公司为证明向德易公司供应了185525元的货物，提交了出库单、增值税发票、发票确认回执单、回款凭证等证据。出库单内容与增值税发票上载明的货物明细能够对应，上述增值税发票经德易公司签收确认且已经抵扣。利文公司提供的证据能够形成完整的证据链，证明其向德易公司供应货物总价185525元。德易公司不认可利文公司主张的货款数额，但并未提供充分的反驳证据。德易公司称部分出库单上其员工签字系伪造，但未提交充分证据证明。且德易公司在诉讼中提出异议的部分出库单此前已付款，其通过付款行为作出的意思表示具有法律效力。综合比较双方当事人提交的证据，利文公司提供的证据形成证据优势，一审法院对利文公司主张的供货数额予以采信，并判令德易公司支付欠款，处理正确，应予维持。关于逾期付款利息一节，二审法院同意一审法院的裁判意见。

北京市第二中级人民法院依照《中华人民共和国民事诉讼法》第一百七十条第一款第一项规定，作出如下判决：

驳回上诉，维持原判。

【法官后语】

双方当事人在商事交易中存在合同签订和货物交接不规范的问题，系产生本案纠纷的主要原因。本案的审理难点是对证明供货事实优势证据的判断。

在本案审理过程中，双方当事人对供货事实分别举出了相反证据，但都没有足够的依据否定对方证据。根据《最高人民法院关于民事诉讼证据的若干规定》第七十三条的规定，在该种情形下，法院应当结合案件情况，判断一方提供证据的证明力是否明显大于另一方提供证据的证明力，并对证明力较大的证据予以确认。

利文公司主张向德易公司供应了185525元的货物，但与德易公司仅就部分货物签订了合同，就其余货物没有签订合同。利文公司为证明供货事实，提交了载有德易公司员工签字的出库单、增值税发票、发票确认回执单、回款凭证。德易公司对出库单上客户签收处签字人员系其员工不持异议，但认为出库单存在同一员工的签字不一致、离职员工签字等情形，其员工签字系伪造，不认可全部出库单的真实性，并提交了加班休假申请单、离职证明、证人证言证明其主张。通过综合比较双方提供的证据，利文公司提供的证据能够形成证据优势，证明本案供货事实。而德易公司提交的证据难以形成证据优势，理由为：其一，德易公司提交的加班休假申请单和离职证明系单方制作，在加班休假申请单上同一员工的签字也存在不一致的问题，证据拟证明的内容自相矛盾；其二，德易公司提交了证人证言拟证明供货单上其员工签字系伪造，但其无正当理由在一审举证期限届满前未申请证人出庭作证，且与证人存在利害关系；其三，根据庭审陈述，德易公司在诉讼中提出异议的部分出库单已实际付款，其通过付款行为作出的意思表示具有法律效力；其四，德易公司自认收到了利文公司开具的增值税发票并已经抵扣。因此，利文公司提供证据的证明力明显大于德易公司提供证据的证明力，两审法院均对利文公司提供的证据予以确认，并认定利文公司向德易公司供应185525元货物的供货事实。

本案中，法院运用优势证据的证明标准，对诉争供货事实进行了准确认定。司法实践中，商事主体在缔约或履约过程中发生纠纷的情形比较常见，案件审理难点通常是事实认定问题，而非法律适用问题。透过该案，可以获得的启示是，如若商事主体在交易中注重规范书面合同的签署和货物交接管理，将能够从源头上有效避免纠纷的形成。

编写人：北京市西城区人民法院　杨惠惠

48

手机通话录音证据的审查认定

——刘某昆诉孙某帅、杨某丽买卖合同案

【案件基本信息】

1. 裁判书字号

山东省济南市中级人民法院（2018）鲁01民终8920号民事判决书

2. 案由：买卖合同纠纷

3. 当事人

原告（被上诉人）：刘某昆

被告（上诉人）：孙某帅、杨某丽

【基本案情】

2016 年 5 月 28 日，孙某帅向刘某昆出具欠条一份，内容为“今欠铝材货款 64381 元（陆万肆仟叁佰捌拾壹元整）”，作为对其前期欠刘某昆铝材货款的确认，并按日常交易惯例落款签名为“孙某帅”。后杨某丽也在该欠条上签名予以确认，签名按照其日常交易惯例书写为“杨某丽”。孙某帅、杨某丽系夫妻关系。出具欠条后未向刘某昆支付上述款项。上述事实有孙某帅、杨某丽结婚证，刘某昆提交欠条一份和与孙某帅、杨某丽的手机通话录音两段等证据证实。孙某帅主张已经付款 2000 元，但提交的微信截图打印件不足以证明该事实。刘某昆向法院起诉要求判令孙某帅、杨某丽立即支付货款 64381 元及利息 7000 元（参照中国人民银行发布的同期贷款基准利率自 2016 年 5 月 28 日起计算至货款付清之日止）。

【案件焦点】

1. 孙某帅、杨某丽是否出具欠条确认欠刘某昆货款 64381 元；2. 孙某帅、杨某丽是否向刘某昆支付过款项。

【法院裁判要旨】

山东省济南市天桥区人民法院经审理认为：本案为买卖合同欠款纠纷。根据前述已经查明的事实，由孙某帅于 2016 年 5 月 28 日向刘某昆出具，并经杨某丽签字的欠条，是对双方前期铝材买卖关系中所欠货款的确认，刘某昆以此欠条提起诉讼，应系对欠条所列内容的认可，该欠条作为双方就前期买卖铝材欠款达成的协议，是双方真实意思的表示，不违反法律的禁止性规定，合法有效，依法应受保护。欠条出具后，孙某帅、杨某丽未能在合理期限内及时偿还所欠货款，显属违约，现刘某昆诉至法院要求孙某帅、杨某丽依欠条确认数额偿还，法院予以支持。孙某帅、杨某丽主张应由济南帅达家具有限公司承担还款责任和应偿还欠款为 62381 元，因证据不足，不予支持。

刘某昆要求孙某帅、杨某丽赔偿利息，由于本案中双方并未约定违约金，刘某昆主张的该利息损失属于刘某昆的可获得利益损失，应予支持，刘某昆主张的利息计算基数符合法律规定，但由于现有证据不足以证明双方曾对还款期限进行明确约定，故刘某昆主张孙某帅、杨某丽自2016年5月28日起赔偿利息证据不足，于法无据，其利息起算时间应为刘某昆起诉之日，截止时间亦应予以纠正。

刘某昆要求孙某帅、杨某丽承担共同还款责任，因孙某帅、杨某丽系夫妻，杨某丽对该笔欠款知情并认可，故对刘某昆的主张，法院予以支持。

依照《中华人民共和国合同法》第六十条、第一百零七条、第一百一十二条、第一百一十三条，《中华人民共和国民事诉讼法》第六十四条、第一百四十二条规定，判决如下：

一、被告孙某帅、杨某丽于本判决生效之日起十日内共同偿还所欠原告刘某昆铝材款64381元；

二、被告孙某帅、杨某丽于本判决生效之日起十日内共同赔偿原告刘某昆，以64381元为基数，按照中国人民银行同期贷款利率计算，自2018年5月22日至本判决生效之日的利息；

三、驳回原告刘某昆的其他诉讼请求。

孙某帅、杨某丽不服一审判决，提起上诉。

山东省济南市中级人民法院经审理认为：在孙某帅提交的微信截图打印件中，一方自称是森鑫批发铝材，另一方未显示姓名或名称，且该截图无年份标识，孙某帅未提供其他证据佐证该截图与本案的关联性，无法证明该2000元是孙某帅偿还的本案所涉刘某昆的欠款，一审法院对该证据不予采信并无不当，法院予以确认。虽然孙某帅陈述刘某昆出示的欠条是残缺版不完整，还有“后期把货补齐再支付货款”、刘某昆的签字等内容，但孙某帅认可该欠条的真实性，且其未提交相应证据佐证该欠条还有其他内容，同时结合2018年5月13日刘某昆的委托代理人与孙某帅的通话录音，能够认定孙某帅收到了涉案货物。另外，杨某丽与孙某帅系夫妻关系，杨某丽认可涉案欠条上其签名的真实性，其在欠条上签字的行为应视为其共同偿还欠款的承诺，故一审法院认定孙某帅、杨某丽共同偿还刘某昆铝材款64381元并无不当，法院予以支持。综上所述，孙某帅、杨某丽的上诉请求不能成立，应予驳回；一审判决认定事实清楚，适用法律正确，应予维持。

依照《中华人民共和国民事诉讼法》第一百七十条第一款第一项规定，判决如下：

驳回上诉，维持原判。

【法官后语】

本案中刘某昆为证实孙某帅、杨某丽欠货款的事实，除提供欠条作为基本证据外，还提供了与孙某帅、杨某丽间的手机通话录音作为补充证据与欠条相互佐证，从而比较充分地证明了刘某昆所主张的事实。当今，手机作为通信工具已经得到普及，与此同时，手机上的各项智能化辅助化功能越来越多，这些功能也越来越追求实用性和方便性，而这些功能中的录音、录像、拍照及各种支付、交际软件如支付宝、手机银行、微信、手机 QQ 等的应用，使手机无形中被赋予证据载体的功能，日常生活中你可能意识不到，但当你一旦陷入纠纷要通过法律手段维权时，其作为强大的证据载体的意义便显露无遗。

手机通话过程的录音就是目前司法实践中比较常见的一类以手机为载体的证据，由此形成了手机通话录音证据，它是指当事人在诉讼中向法院提交的，使用手机中的通话录音功能将与目标通话人之间的通话过程同步录制存储而成的音频文件。根据上述我们对手机通话录音证据的理解，首先，手机通话录音证据应当属于《中华人民共和国民事诉讼法》第六十三条第五项规定的电子数据证据的范畴。电子数据是 2012 年《中华人民共和国民事诉讼法》新增加的一种证据形式，由于其在实践中与视听资料多有交叉重合之处，为此《最高人民法院关于适用〈中华人民共和国民事诉讼法〉的解释》第一百一十六条对电子数据的基本内容进行了详细列举说明，其中第二款规定："电子数据是指通过电子邮件、电子数据交换、网上聊天记录、博客、微博客、手机短信、单子签名、域名等形成或者存储在电子介质中的信息。"其中没有列举手机通话录音，但从实际情况看，手机通话录音既是录音证据同时又是存储于手机这一电子介质中的信息，是电子数据和视听资料交叉重合范围内的一类证据，对于此类证据，第一百一十六条第三款给出了明确的界定，即存储在电子介质中的录音资料和影像资料，适用电子数据的规定。

其次，手机通话录音证据属于实物证据。根据中国政法大学陈光中教授给出的实物证据的基本含义和性质，凡以物品、痕迹或书面文件等实物作为表现形式的证据是实物证据。实物证据表现为一定的实物形态，是以各种物品的特征、存在的状态和变化以及各种物品之间的联系形成的，以物理状态、自然现象、痕迹等实在物的形式表现出来。它虽能如实地记录客观发生的事实，但却不能主动地向人们说明，人们需要通过某种方式对其内容进行揭示。我国法律规定的物证、书证、勘验笔录等均属于实物证据。手机通话录音是电子数据证据，同时又具有视听资料的性质，对于视听资料或者电子数据是否属于实物证据，学界有不同的意见，主流观点认为，应属于实物证据，主要结合上述实物证据的定义，从证据形成到使用各个阶段所呈现出的基本形态和证据特点，综合判断电子数据和视听资料均为实物证据，因而作为电子数据的手机通话录音也应属于实物证据的范畴。

最后，本案中的手机通话录音证据的认定过程。手机通话录音作为电子数据的一种，其特点是表现为含有一定科技成分的载体，具有高度准确性、逼真性和动态直观性，但是电子数据一旦伪造，采用普通审查方法不易分辨和甄别。本案开庭前，法院即明确向双方当事人发出通知，要求双方当事人本人必须到庭，第一次庭审时，孙某帅和刘某昆按照法院要求到庭，这为法院调查录音证据的真实性奠定了基础。孙某帅本人在庭审过程中明确认可其中一段通话录音系其本人的声音，手机通话录音的真实性和关联性得以证实，同时，该手机通话录音与刘某昆提交的证据“欠条”从内容到形成过程均能相互印证，特别是手机通话录音中孙某帅、杨某丽在回答一些不经意的突然提问时的语气和说法，显示出刘某昆陈述的客观性和真实性，因此，两份证据相互印证足以证实刘某昆的主张。同时，刘某昆提交的第二段录音，从其内容和语气上判断也可以认定其客观性、真实性和关联性，故法院对该证据也确认了其效力。

编写人：山东省济南市天桥区人民法院　宿颖

49

事实认定的审判实务探究

——重庆鹏洲石化销售有限公司诉黄某伦买卖合同案

【案件基本信息】

1. 裁判书字号

重庆市第五中级人民法院（2018）渝05民终6011号民事判决书

2. 案由：买卖合同纠纷

3. 当事人

原告（上诉人）：重庆鹏洲石化销售有限公司（以下简称鹏洲公司）

被告（被上诉人）：黄某伦

【基本案情】

2012年以来，黄某伦与鹏洲公司、案外人沈某刚共同投资经营望月加油站。同时，黄某伦还多次向鹏洲公司购买成品油，黄某伦、鹏洲公司、沈某刚之间经营加油站、购买成品油、借款等账目多有交叉。2014年7月3日，黄某伦向鹏洲公司出具欠油款及利息4226077元的《欠条》，《欠条》所附表格记载了黄某伦借款以及多次拉油欠款，也记载了收黄某伦油款、向黄某伦购油等明细，冲抵后为欠条金额。

2014年9月22日，鹏洲公司向黄某伦、沈某刚收购望月加油站，各方签订协议书并约定：鹏洲公司收购沈某刚10%股权作价140万元，收购黄某伦40%股权作价仅为311万元；鹏洲公司在2014年10月25日前支付股权转让款后，与黄某伦全部往来账款了清；协议还约定了周某（鹏洲公司法定代表人）对鹏洲公司的义务提供连带担保责任等。

因鹏洲公司未向黄某伦支付股权转让款，双方发生冲突。在公安机关介入下黄某伦与周某、何某玖、田某智签订《调解协议书》。内容为因周某尚欠黄某伦加油站的股份转让款，现由周某代黄某伦支付所欠何某玖、田某智的债务（分别为97万元、75.5万元），派出所民警邵某为该协议见证。其后周某仍未按约定向何某玖、田某智支付上述款项，何某玖、田某智先后向重庆市彭水县人民法院提起诉讼，并得到了法院判决支持。周某不服上诉，亦被驳回。黄某伦也以鹏洲公司、周某为被申请人向重庆仲裁委员会申请仲裁，要求鹏洲公司支付在代偿何某玖、田某智债务后剩余的139万元股权转让款及延期付款利息，并要求周某承担连带责任。重庆仲裁委员会作出裁决支持了黄某伦的请求。

2016年7月1日，鹏洲公司向黄某伦发函要求支付2014年7月3日《欠条》款项。其后鹏洲公司提起本案诉讼，要求黄某伦支付《欠条》所载油款及利息。本案审理中，黄某伦陈述：购油款在签订股权转让《协议书》之后已全部了清，从收购股权的作价差异就可以看出来。鹏洲公司则陈述：黄某伦的40%股份作价就是311万元，沈某刚10%股份作价140万元是原告自愿多付部分溢价，买卖的油款和合营加油站是独立无关的。

【案件焦点】

股权转让协议书中约定黄某伦与鹏洲公司“全部往来账款了清”，是否包含2014年7月3日《欠条》中的款项。

【法院裁判要旨】

重庆市渝中区人民法院经审理认为：第一，黄某伦与鹏洲公司、沈某刚的往来账目既统计了建加油站的相关款项，也统计了黄某伦尚欠鹏洲公司购油款。表明各方往来账款一直都有交叉。同时，《欠条》所附表格中往来明细亦可加强前述判断，原被告作为普通民事主体，并没有严格区分不同法律关系的意识和习惯。在股权转让过程中处理买卖关系的款项，符合双方惯例。

第二，鹏洲公司收购沈某刚10%股权作价140万元，对应此价款，收购黄某伦40%股份，股价应为560万元。而协议书确定的仅为311万元，其间差额高达249万元。鹏洲公司解释为作价是自愿协商的，没有对应关系。但同为股东股权差别如此之大，难以令人信服。黄某伦的解释签订股权转让《协议书》将双方全部往来款项了清。这一解释符合双方之前的习惯及常理。

第三，按照鹏洲公司的说法，黄某伦欠油款4226077元、其股权作价311万元，那么鹏洲公司完全不必支付股权转让款，直接与欠款抵销后，黄某伦反映向鹏洲公司支付1116077元。但股权转让时鹏洲公司并未主张抵销而是承诺付款，其法定代表人周某还提供连带担保。此后鹏洲公司也一直未向黄某伦催收欠款，反而由周某签署《调解协议书》，承诺代黄某伦归还借款，直到2016年7月1日才向黄某伦发函催收《欠条》款项。鹏洲公司与周某的做法明显不符合常理。此前案件庭审中，周某还陈述签《调解协议书》时警察不让一并解决，而办案民警否认了这一说法，可见周某作了虚假陈述。综上，法院认定黄某伦向鹏洲公司出具的2014年7月3日《欠条》中款项已经结清，鹏洲公司的诉讼请求不能成立。

重庆市渝中区人民法院依照《中华人民共和国合同法》第九十一条，《最高人民法院关于民事诉讼证据的若干规定》第七十三条之规定，作出如下判决：

驳回原告鹏洲公司的诉讼请求。

鹏洲公司不服一审判决，提起上诉。

重庆市第五中级人民法院经审理同意一审法院的裁判意见，遂依照《中华人民共和国民事诉讼法》第一百七十条第一款第一项的规定，判决：

驳回上诉，维持原判。

【法官后语】

本案例的重点是对事实及证据的认定，判案理由前已详述不再赘述，在此笔者想进一步介绍作为案件承办人的审理思路，希望在审判实务上给大家提供借鉴和参考。

本案双方都举示了直接证据，而直接证据所证明的事实互相矛盾。首先，可能的多收集信息，通过信息之间的对比去伪存真。本案收集的信息主要有：1. 合营加油站的历年合同、账目；2. 买卖油品的账目明细；3. 此前关联案件的一审、二审判决、仲裁裁决及庭审笔录；4. 在公安机关协调处理时形成的材料，对负责处理的民警询问笔录。前述证据除当事人提交的外，承办人还指导当事人补充提交，并主动调取了部分证据。

其次，审理中要注重细节，在查阅关联案件庭审笔录时，承办人注意到周某曾陈述：签订《调解协议书》时，警察说油款与股份款无关，那天就单独就股份款写的协议，没有包含油款。这一信息非常重要，而且能够核实。承办人随即向当年负责处理该事件的民警调查，民警否认了这一说法，并确认在整个处理过程中，周某从来没有提过欠油款的事。基于此可以判断周某作了虚假陈述。

再次，庭审发问要善用技巧。对有些关键问题不宜直接发问，以防当事人有所隐瞒修饰。承办人的经验是层层设问，将关键问题和相关的基础问题组合成一套，不暴露自己的发问意图，先问对双方都没有直接利害的基础事实问题，当事人一般会据实回答，在若干个基础问题后再抛出关键问题，当事人一方面把握不好发问意图就不容易虚假陈述，另一方面由于基础问题与关键问题是层层递进的，如果做虚假陈述很容易就暴露出矛盾，有利于进一步纠问。试以本案为例：承办人发现鹏洲公司收购沈某刚股权与黄某伦的股权作价差额巨大。这是一个相当可疑的关键问题，如何发问呢。可以先询问当前股权结构是如何形成的，各自投资了多少款项，历年变动情况为何；了解到鹏洲公司收购全部股权后又转卖了，可再询问转卖给了谁，作价多少；之后再问本案收购的全部股权总价款是多少；最后抛出关键问题：为什么收购黄某伦及沈某刚的股权价款差额如此之大。如此发问，鹏洲公司对前面的问题都做了如实陈述，对最后一个问题，其勉强解释为作价是自愿协商的，没有对应关系。对比此前关于投资和转卖的回答，这一解释就显得前后矛盾，难以信服。

最后，补充一点逻辑推理过程，鹏洲公司在上诉时多次强调，签订《调解协议书》，是因为何某玖等闹事影响了公司经营，不得已作出的让步。这一解释先不论有无证据，从逻辑推理就能发现其漏洞：在询问民警后已知整个处理过程中，周某从来没有提过欠油款的事，并非提到了最后屈于压力再放弃。如果是后者，还尚能勉强自圆其说；是前者，则完全不符常理，直接可以不予采信。这一切的基础，还需要询问民警时要细心周到。不仅要问签《调解协议书》当时的情况，还要有所预见地询问：在整个处理过程中周某是否提到黄某伦还欠他款项。

编写人：重庆市渝中区人民法院　唐晨峰

50

能否根据收款收据认定双方之间是否存在买卖关系

——李某兵诉朱某跃买卖合同案

【案件基本信息】

1. 裁判书字号

江苏省无锡市中级人民法院（2018）苏02民终2856号民事判决书

2. 案由：买卖合同纠纷

3. 当事人

原告（被上诉人）：李某兵

被告（上诉人）：朱某跃

【基本案情】

2015年8月27日、9月1日，朱某跃分别签字确认了两份收款收据。其中8月27日的收款收据载明：名称枣红泥、数量50、单价300元、金额15000元；名称枣红泥、数量100、单价300元、金额30000元；合计人民币45000元；欠款人朱某跃。其中“欠款人朱某跃”中的“欠”系在原收款收据印刷体“收款人”中的“收”字上用圆珠笔改写。同年9月1日的收款收据载明：名称枣红泥、数量50、单价300元、金额15000元；合计人民币15000元，朱某跃。两份收据上的“交款单位”栏均未填写内容，右侧均印有“①存根（白）②客户（红）”，且该两份收据的白色存根联、红色客户联均由李某兵持有。

2017年1月19日，朱某跃曾向法院起诉李某兵、张某军，要求借款人李某兵、担保人张某军归还借款2万元。该案审理中，李某兵提供上述两份收款收据，提出朱某跃向其购买紫砂泥6万元，双方约定以紫砂泥料款抵偿借款，余款由朱某跃在春节前付清。其向朱某跃所借款项在2015年8月27日后就不再计算利息。后其向朱某跃索要借条，朱某跃则称借条由她作废。对此，朱某跃提出泥料款与借款案件无关，利息还是要按照两分半计算。因李某兵未能举证证明以泥料款抵偿借款，故该院于2017年3月28日作出（2017）苏282民初731号民事判决，判决李某兵支付朱某跃借款本金2万元及相应利息，张某军承担连带保证责任。该案现已生效。

审理中，李某兵、朱某跃与收款收据是否基于双方之间的买卖关系所发生各执一词，李某兵为证明其提供的收款收据实为送货凭证，另提供了其他证据和证人证言相佐证。

【案件焦点】

李某兵提供的收款收据是朱某跃收款还是李某兵送货，即究竟是李某兵向朱某跃购买泥料后向朱某跃付款的凭证，还是朱某跃向李某兵购买泥料后签收的送货凭证。

【法院裁判要旨】

江苏省无锡市宜兴市人民法院经审理认为：本案中，李某兵与朱某跃均主张自己向对方出售紫砂泥。李某兵为证明收款收据实为送货凭证，提供了其向他人出售紫砂泥时的手续，并申请了买受人到庭作证。朱某跃对此虽不予认可，但根据李某兵提供的向他人出售紫砂泥后的收款收据的形成时间、格式内容，以及证人的证言，可以确认李某兵在出售紫砂泥后，以买受人签收的收款收据作为送货凭证的交易习惯。朱某跃提出李某兵自己携带收款收据来向其购买泥料，让其在收款收据上签字，并且其签字时收款收据上没有单价和金额。对此，法院认为，李某兵在朱某跃起诉其的借贷案件中已提供收款收据，并提出双方约定以货款抵借款，朱某跃对此仅提出泥料款与借款无关，并未提出系李某兵向其购买泥料。同时，本案中，朱某跃未能提供其出售紫砂泥的相关证据，其本人经法院传票传唤也拒不到庭陈述相关案件情况，而且其所陈述的其作为收款人向买受人出具无金额的收款收据的行为明显不合常理。故根据本案现有证据，可以确认朱某跃向李某兵购买泥料的事实。关于朱某跃提出的泥料单价系李某兵在其签字后添加，并且单价不合理的意见，因根据朱某跃的申请，法院依法委托的鉴定机构已明确表示，根据现有技术条件，无法确定收款收据上相关内容的形成时间先后顺序，朱某跃也未能提供其他证据证明其上述主张，故对其该抗辩意见，不予采信。综上，朱某跃应对其签字确认的泥料支付货款。

依照《中华人民共和国合同法》第八条、第一百零七条、第一百六十一条之规定，作出如下判决：

朱某跃于本判决发生法律效力之日起十日内支付李某兵货款60000元。

朱某跃不服一审判决，提起上诉。

江苏省无锡市中级人民法院经审理认为：朱某跃提出收据上的紫砂泥价格是事后添加，其签名未署在收款人栏而在合计金额栏不合理，其通过短信催讨借款时李某兵未提出泥料款抵偿借款等诸多异议，李某兵也提供了向其他人销售紫砂泥的收款收据等证据予以反驳。虽然李某兵使用收款收据作为送货凭证存在形式上的瑕疵，但如按朱某跃所述，是其将紫砂泥出售给李某兵，而不是其向李某兵购买紫砂泥，则在双方之前的借贷诉讼中，李某兵已将涉案两份收款收据作为证据提交法院，以证明朱某跃购买紫砂泥，并约定以泥料款抵偿借款，朱某跃理应当即指出是其出售紫砂泥给李某兵，但朱某跃仅称泥料款与借款无关，显然不合常理。综合双方所举证据，李某兵已经提供了朱某跃签名的收款收据，以及向他人销售紫砂泥使用的收款收据，而朱某跃不能证明其向李某兵销售紫砂泥，对在前案借贷诉讼中泥料款的陈述也无法作出令人信服的解释，故李某兵提供证据的证明力明显较大，对李某兵主张朱某跃向其购买紫砂泥的事实，法院予以采纳。朱某跃还主张涉案紫砂泥价格过高，因未举证证明其所购紫砂泥的规格和等级，且紫砂泥交易系市场行为，交易双方可自由协定价格，故法院不予支持。综上所述，朱某跃的上诉请求不能成立，应予驳回；一审判决认定事实清楚，适用法律正确，应予维持。

江苏省无锡市中级人民法院依照《中华人民共和国民事诉讼法》第一百七十条第一款第一项规定，作出如下判决：

驳回上诉，维持原判。

【法官后语】

收款收据通常是买卖合同关系中买受人向出卖人支付相应款项后，出卖人向买受人出具的收到相应款项的凭证。其形式上通常会载明交款人、交款方式、交款金额、交款事由等内容。送货单等送货凭证则是出卖人向买受人交付货物后，由买受人向出卖人出具的确认收到相应货物的凭证。其形式上通常会载明产品名称、规格型号、单价、收货人等内容。本案中，李某兵以收款收据起诉要求朱某跃支付结欠货款，首先应由举证证明收款收据实为送货凭证，即朱某跃向其购买泥料而非其向朱某跃购买泥料。在李某兵提供相应时间段向案外人出售泥料时使用的收款收据及相应证人作证后，能证明以收款收据作为送货凭证的交易习惯，收款收据实为“收货收据”，此时举证责任应转移至朱某跃，即由朱某跃对其主张的李某兵向购买泥料的事实进行举证。但本案中，朱某跃既能举证证明其出售紫砂泥料的事实，也无法对在前案借贷诉讼中关于泥料款的陈述作出令人信服的解释。在此情况下，法院对于李某兵所主张的朱某跃向其购买泥料的事实可予以确认。

编写人：江苏省无锡市宜兴市人民法院　陆亚琴

51

录音光盘无他证补强，难以证明案件事实

——李某诉张某林买卖合同案

【案件基本信息】

1. 裁判书字号

山东省济南市中级人民法院（2018）鲁01民终135号民事判决书

2. 案由：买卖合同纠纷

3. 当事人

原告（上诉人）：李某

被告（被上诉人）：张某林

【基本案情】

李某系饲料销售商，张某林为养猪专业户。李某多年以来一直销售饲料给张某林，基本采取赊销方式。截至2015年年底，双方对账后结算结果为张某林实欠李某货款47554元，以张某林记录的收货明细及结算录音为凭。李某从张某林处支付货款15000元有李某为张某林书写收款条为凭。两账相抵张某林尚欠李某货款32554元，后经李某多次找张某林追要，张某林至今未付。李某向法院提出诉讼请求：1. 判令张某林偿付赊欠饲料款32554元及利息；2. 涉诉费用由张某林承担。

李某围绕诉讼请求依法提交了证据录音光盘一张。张某林在本案审理期间未答辩也未提供证据。

【案件焦点】

仅提供了录音光盘一张，亦无其他证据予以佐证的诉讼请求能否得到支持。

【法院裁判要旨】

山东省济南市商河县人民法院经审理认为：李某诉称张某林欠其货款 32554 元，仅提供了录音光盘一张，亦无其他证据予以佐证，且张某林未出庭应诉，根据《最高人民法院关于民事诉讼证据的若干规定》第六十九条“下列证据不能单独作为认定案件事实的依据……（三）存有疑点的视听资料”的规定，对原告要求被告给付货款 32554 元的诉讼请求，不予支持。

山东省济南市商河县人民法院依照《最高人民法院关于民事诉讼证据的若干规定》第六十九条第三项，《中华人民共和国民事诉讼法》第一百四十四条之规定，作出如下判决：

驳回原告李某的诉讼请求。

李某不服一审判决，提起上诉。

山东省济南市中级人民法院经审理认为：李某起诉张某林要求张某林偿还所欠货款，李某作为原告对自己提出的诉讼请求所依据的事实有责任提供证据加以证明，但李某仅提供了自己指称是李某与张某林的对话录音，由于该录音是否为张某林本人声音现并不确定，李某也未能进一步提交其他充分证据证实其诉讼主张，李某应对此承担举证不能的法律后果。原审法院根据《最高人民法院关于民事诉讼证据的若干规定》第六十九条“下列证据不能单独作为认定案件事实的依据……（三）存有疑点的视听资料”的规定，对李某要求张某林给付货款 32554 元的诉讼请求不予支持的判决合法有据，应予维持。综上，李某的上诉请求不能成立，法院不予支持。原审判决认定事实清楚，适用法律正确。

山东省济南市中级人民法院依照《中华人民共和国民事诉讼法》第一百七十条第一款第一项规定，作出如下判决：

驳回上诉，维持原判。

【法官后语】

原告对自己提出的诉讼请求所依据的事实有责任提供证据加以证明，原告若只提交存有疑点的录音证据，不能提交其他充分证据证实自己的诉讼主张，应承担举证不能的法律后果。

随着信息化、技术化等新技术的快速发展，录音、录像等视听资料越来越多地出现在法院的案件审理中。而录音的特殊性又使得其不同于物证书证，也不同于证人证言——要使录音能发挥证据效力，在案件审理过程中有很多需要注意的地方。《中华人民共和国民事诉讼法》第七十一条规定："人民法院对视听资料，应辨别真伪，并结合本案的其他证据，审查确定能否作为认定事实的根据。"即法院对当事人提交的试听资料证据，应主动进行审查，辨别真伪，确定其效力。这正是出于对当事人合法权益的保护，有利于实现真正意义上的公平正义。在民事诉讼中，被告不参加庭审是很常见的，但即使其放弃了诉讼权利，人民法院仍然应该依法履行职责，维护其合法权益，对原告提交的证据进行审查。尤其是对明显存在疑点、证明力低且无法形成证据链的孤证，在被告无法进行质证的情况下，人民法院更应该谨慎予以认定，从源头上避免冤假错案的发生。

《最高人民法院关于民事诉讼证据的若干规定》第七十条规定，有其他证据佐证并以合法手段取得的、无疑点的视听资料或与视听资料核对无误的复印件，人民法院应当确认其证明力。上述规定表明视听资料需要满足三个条件：1. 其他证据佐证；2. 合法手段取得；3. 无疑点。在本案中，原告李某提供了自己指称是其与被告张某林对话的录音光盘一张，未提供其他证据予以佐证，且被告张某林未出庭应诉，而该录音是否为张某林本人的声音并不确定，因此该录音证据不能满足上述第七十条对证明力的要求。第六十九条规定："下列证据不能单独作为认定案件事实的依据……（三）存有疑点的视听资料……"在张某林未出庭应诉，李某又不能证明该录音是否为张某林本人声音的情况下，该录音证据明显是有疑点的。李某只提交了有疑点的录音证据，不能提交其他确实充分的证据证实自己的诉讼主张，有疑点的试听资料不能单独作为认定案件事实的依据，李某应承担举证不能的法律后果。

本案聚焦民事案件审理过程中的"证据认定"这一关键环节，具有很强的典型意义。在民事案件审理中，当事人提交证据后，法官即应依法对证据进行审查，并组织当事人从真实性、关联性、合法性逐项进行质证。对于经审查后不能排除疑点或矛盾的，作出采纳或者不采纳的决定。根据证据效力的不同，《最高人民法院关于民事诉讼证据的若干规定》划分了应予排除的证据、需要补强的证据和可以单独作为定案根据的证据。本案涉及的就是需要补强的证据，即证据本身的效力还不足以单独作为定案根据，而必须在其他证据的印证下才能作为定案根据。《最高人民法院关于民事诉讼证据的若干规定》第六十九条为认定证据是否充分提供了比较具体的标准。法律之所以设立证据补强规则，其目的在于保证司法公正，防止法官在审理案件过程中可能出现判断上的错误，避免自由裁判权的滥用。该规则要求法官在案件审理过程中综合判断一切证据，以正确认定案件事实，从而保证程序正义和实体正义。更重要的是，证据补强规则对当事人在民事诉讼中如何举证起到了引导和指示作用。作为当事人，必须按照法律的要求提供证据。如果在诉讼中仅仅履行了形式上的举证责任，或仅仅提供了不能单独作为定案根据的证据，其仍要向法院提交其他证据予以补强，才有可能使己方提交的证据被法院采纳，否则将要承担不利后果——《最高人民法院关于民事诉讼证据的若干规定》第二条第二款规定“没有证据或者证据不足以证明当事人的事实主张的，由负有举证责任的当事人承担不利后果”。

编写人：山东省济南市商河县人民法院　张洪玉　张雯

52

当事人陈述明显违背常理时的法官自由心证

——江苏华通动力重工有限公司诉王某祥分期付款买卖合同案

【案件基本信息】

1. 裁判书字号

江苏省镇江市中级人民法院（2018）苏11民终2148号民事判决书

2. 案由：分期付款买卖合同纠纷

3. 当事人

原告（反诉被告、被上诉人）：江苏华通动力重工有限公司（以下简称华通公司）

被告（反诉原告、上诉人）：王某祥

第三人（上诉人）：赵某斌

【基本案情】

2013年7月8日，华通公司与王某祥签订了《工矿产品买卖（购销）合同》，合同约定华通公司向王某祥提供多功能摊铺机S×××××，王某祥支付货款127万元，付款方式为合同签订后支付40万元，2013年10月30日前支付40万元、2014年10月30日前支付47万元。华通公司发货后，王某祥于2013年7月付款40万元、2013年12月支付40万元、2014年5月付款20万元。2014年5月8日，华通公司又与王某祥签订了《工矿产品买卖（购销）合同》一份，约定华通公司向王某祥提供多功能摊铺机S×××××，王某祥支付货款127万元，付款方式为：1. 合同经双方签字、盖章，并预付20万元货款后正式生效。2. 款到发货，买受方于2014年7月30日前续付20万元货款，至本年10月30日前再付30万元货款。在2015年7月30日前，买受方续付20万元货款，并于2015年10月30日前付清余款37万元。该份合同还约定：买受人逾期付款的，应按逾期的金额每日向出卖人支付万分之六的违约金。合同签订后，华通公司实际发货的摊铺机型号为W×××××型，该机型同时期在华通公司与其他相对人（杨某国、天津一心进出口贸易有限公司）签订的《工矿产品买卖（购销）合同》中，该机型单价为133万元、132万元。合同签订后，华通公司发货，第一台S×××××型多功能摊铺机由王某祥签收，第二台W×××××型摊铺机实际由赵某斌签收。根据相关付款凭证，华通公司共收到总付款金额2123200元（华通公司称其中2120000元为货款，3200元为配件款）。其中2014年9月30日、2014年10月20日、2015年4月9日三张工商银行业务回单载明付款人户名为赵某斌，共计15万元，其余付款凭证付款人均为王某祥共计1973200元。

因货款问题，双方成诉。

【案件焦点】

案涉标的实际签收人非王某祥本人，华通公司要求王某祥支付机器款的请求是否能够得到支持。

【法院裁判要旨】

江苏省镇江市丹徒区人民法院经审理认为：2013年7月8日、2014年5月8日华通公司与王某祥先后签订了《工矿产品买卖（购销）合同》两份，是当事人的真实意思表示，内容不违反法律规定，合法有效，法院予以确认。双方当事人应当按照合同约定履行各自的义务，违约应当承担违约责任。根据《工矿产品买卖（购销）合同》约定，至2014年10月30日前，王某祥应当支付第一台S×××××型摊铺机货款127万元。至2015年10月30日前，应当支付第二台摊铺机货款127万元，共计2540000元。华通公司共收到总付款金额2123200元（华通公司称其中2120000元为货款，3200元为配件款，因没有相关证据证明王某祥另须支付配件款，故法院对华通公司主张3200元为配件款不予采信），尚有416800元未付，王某祥未依约向华通公司支付货款，已构成违约，华通公司要求王某祥支付剩余货款并承担违约责任，法院予以支持。因第三人赵某斌非合同相对方，故赵某斌不承担付款义务。基于法院对事实部分的认定，反诉原告王某祥的起诉缺乏事实依据，法院不予支持。

江苏省镇江市丹徒区人民法院依照《中华人民共和国合同法》第六十条第一款、第一百零七条、第一百零九条、第一百六十一条、第一百一十四条，《中华人民共和国民事诉讼法》第一百四十二条的规定，判决如下：

一、被告王某祥于本判决生效后十日内支付原华通公司价款416800元并承担违约金143891.98元（按日利率万分之六，以416800元为基数自2015年10月31日起计算至2017年5月23日止）。

二、驳回原告华通公司对第三人赵某斌的诉讼请求。

三、驳回反诉原告王某祥的诉讼请求。

王某祥、赵某斌不服一审判决，提起上诉，

江苏省镇江市中级人民法院经审理认为：同意一审法院判决：

依照《中华人民共和国民事诉讼法》第一百七十条第一款第一项规定，驳回上诉，维持原判。

【法官后语】

当事人应当按照约定全面履行自己的义务。庭审中应当如实陈述，当当事人的陈述明显与现实常理违背时，由法官根据个案的具体情况进行自由心证。

现行《中华人民共和国民事诉讼法》第六十四条第三款规定了“人民法院应当按照法定程序，全面地、客观地审查核实证据”，虽未明确涉及法官自由心证问题，但《最高人民法院关于民事诉讼证据的若干规定》第六十四条规定“审判人员应当依照法定程序，全面、客观地审核证据，依照法律的规定，遵循法官职业道德，运用逻辑推理和日常生活经验，对证据有无证明力和证明力大小独立进行判断，并公开判断的理由和结果”，该条文亦移植至《最高人民法院关于适用〈中华人民共和国民事诉讼法〉的解释》中。因此法定证据制度和自由心证原则相结合的模式要求在民事诉讼过程中，法官对证据的认证既要符合法律原则和法定程序，又要在法律原则和法定程序的基础上，去发现案件客观真实，尽可能接近案件客观真实原貌，而非机械地审查证据。其中，法官职业道德的遵循是自由心证目的实现的保障，逻辑推理和日常生活经验则是自由心证的方法，公开判断的理由和结果则是为了防止法官任意性的自由，避免武断。

编写人：江苏省镇江市丹徒区人民法院　胡正宇　高倩

53

翻译件不足以证明未经法律规定、行业规定、公众认知等的外文含义

——李某诉北京某公司买卖合同案

【案件基本信息】

1. 裁判书字号

北京市第一中级人民法院（2018）京01民终4373号民事判决书

2. 案由：买卖合同纠纷

3. 当事人

原告（上诉人）：李某

被告（被上诉人）：北京某公司

【基本案情】

李某于2017年5月11日在北京某公司购买泰格瑞桃红气泡葡萄酒4瓶，合计396元，回家后发现瓶颈处印有“20141095BBD：06/16”，经问询得知此为在2016年6月前饮用最佳。李某认为北京某公司销售过期产品的行为，侵犯了其使用权、知情权，故诉至法院。

【案件焦点】

1. 涉诉商品瓶颈上所印“BBD”的具体含义；2. 涉诉商品是否属于超过最佳饮用期的食品。

【法院裁判要旨】

北京市海淀区人民法院经审理认为：李某在北京某公司购买商品，北京某公司向李某出具购物发票，李某与北京某公司之间存在买卖合同关系，该买卖合同关系不违反法律、行政法规的禁止性规定，合法有效。

关于涉诉商品瓶颈上所印“BBD”的具体含义。仅从“BBD”三个字母而言，其可以为多种意思表示，编号、外文单词缩写等。即使是外文单词缩写，现李某未提供充分证据证明“BBD”的中文含义被法律规定、行业规定、惯例或公众认知确定为“在此日期前饮用最佳”。故李某仅依据翻译结论不足以证明其主张。且现涉诉商品有证据证明来源合法，入境货物检验检疫证明上记载的生产日期、名称与商品标签记载内容相符，故认定涉诉商品并未超过保质期销售，不予支持李某的此主张及相应的交通费、食宿费、误工费等主张。

北京市海淀区人民法院依照《中华人民共和国合同法》第八条、第一百一十一条，《中华人民共和国食品安全法》第三十四条、第一百四十八条之规定，作出如下判决：

驳回李某的全部诉讼请求。

李某不服一审判决，提起上诉。

北京市第一中级人民法院经审理认为：李某在北京某公司购买商品，北京某公司向李某出具购物发票，李某与北京某公司之间存在买卖合同关系，该买卖合同关系不违反法律、行政法规的禁止性规定，合法有效。

关于涉诉商品瓶颈上所印“BBD”的具体含义。本案现有证据不足以证明北京某公司于2017年5月11日向李某出售的泰格瑞桃红气泡葡萄酒属于超过最佳饮用期的食品。理由如下：1. 涉案商品的中文标签显示涉案商品的灌装日期为2015年6月9日，保质期10年。李某于2017年5月11日购买涉案商品时并未超过保质期。2. 北京某公司一审提交的证据可以证明其来源合法，入境货物检验检疫证明上记载的生产日期、名称与涉案商品标签记载内容均相符。3. 涉案泰格瑞桃红气泡葡萄酒瓶颈处的全部文字为“20141095BBD：06/16 08∶32”，在未明确全部代码或者“BBD”的具体指代为何或者“BBD”的通常含义的情形下，法院认为翻译公司针对“BBD∶06/16”作出的翻译结论“最好在6月16日前饮用”并不足以采信。4. 此外，即便“BBD∶06/16”实际含义为“最好在6月16日前饮用”，依据瓶颈标识“20141095BBD∶06/16 08∶32”亦无法得出在哪一年的6月16日前饮用最佳的结论。5. 依据李某的陈述其已经将购买的4瓶泰格瑞桃红气泡葡萄酒全部倒掉，法院亦无法借助专业技术手段判断李某购买的葡萄酒的品质是否已经超过了最佳饮用期。李某的上诉理由均不能成立，法院对其上诉请求不予支持。

北京市第一中级人民法院依照《中华人民共和国民事诉讼法》第一百七十条第一款第一项之规定，作出如下判决：

驳回上诉，维持原判。

【法官后语】

随着市场经济的发展，城乡建设进度继续加快，尤其是物质生活得到极大丰富和繁荣，进口商品也渐渐深入消费者家中，消费者法治意识和维权意识不断增强，涉及消费者买卖合同纠纷的案件呈现出剧烈增长的态势，因商场出售过期商品、质量不合格商品等原因，消费者诉请法院要求退货退款、给付赔偿的纠纷时常发生。但在审理该类纠纷时，不仅要维护处于相对弱势的消费者的合法权益，还要警惕一些人恶意“碰瓷”商家，为创建良好营商环境保驾护航。

依据《中华人民共和国食品安全法》第三十四条、第一百四十八条的规定，消费者因不符合食品安全标准的食品受到损害可以向经营者要求赔偿损失，超过保质期的食品即属于不符合食品安全标准的食品，在此情形下，消费者有权通过法律途径维护自身合法权益。有关生产日期及保质期的认定，需要以该类商品的法律规定、行业标准等为依据，一般商品外包装、说明、标签中均有提示，进口商品还可以通过查阅入境货物检验检疫证明来获知其生产日期及保质期。但现在一些商品包装将原料、生产公司、生产日期、生产地点等重要信息也以英文标识，给消费者带来不少困惑和争议，以至于误会商品的使用方法、存储方法等。

随着经济全球化的加深，我国各行各业不可避免地受到了西方技艺和国际通用表达的影响，一些由纯英文或由英文及数字组成的国际通用标准或者国际通用文件缩写也广泛适用于我国某些行业，在该行业内使用这些代码或英文缩写时不会产生任何歧义。但是英文字母不仅代表着此类用法，还可能是中文拼音或者编号，能够解读出多种不同含义，如“GB”既可以解读为“国标”也可以解读为存储单位。因而若非由法律规定、行业规定、惯例或公众认知确定英文字母的含义，仅凭借一些非该行业内具备专业资质、未对该行业充足熟悉了解的翻译公司的结论，不足以证明该英文的准确含义。

在本案中，争点在于涉案商品属于超过最佳饮用期的食品，也即对于“BBD”是否应当适用“最佳饮用期”的解释虽然李某提交的涉案泰格瑞桃红气泡葡萄酒瓶颈处的全部文字为“20141095BBD：06/16 08∶32”的翻译结论为“最好在6月16日前饮用”，但是这一含义并未得到行业公认，翻译公司也不具有行业认可的资质，故该有关“最好在6月16日前饮用”的结论不足以采信。且即便“BBD：06/16”实际含义为“最好在6月16日前饮用”，但仅有这样一段瓶颈标识，依然无法得出在哪一年的6月16日前饮用最佳的结论。在涉案商品的中文标签上，明确其灌装日期为2015年6月9日，保质期为10年，李某于2017年5月11日购买涉案商品时并未超过保质期，且该商品的入境货物检验检疫证明上记载的生产日期、名称与涉案商品标签记载内容均相符。商品标签、中文入境货物检验检疫证明足以证明该商品未超过保质期，仅一份未得到行业认可、公众认同的翻译结论不足以削弱、动摇前述证据的证明力。因而，北京某公司的销售行为合法。现在李某认为北京某公司销售过期产品的行为，侵犯了其使用权、知情权，请求北京某公司退还货款、给予赔偿等，不应得到支持。

编写人：北京市海淀区人民法院　侯镜

54

仅以发票不能认定买卖合同关系的成立

——司某华诉北京新世贸大酒店管理有限公司买卖合同案

【案件基本信息】

1. 裁判书字号

北京市第二中级人民法院（2018）京02民终11938号民事判决书

2. 案由：买卖合同纠纷

3. 当事人

原告（上诉人）：司某华

被告（被上诉人）：北京新世贸大酒店管理有限公司（以下简称新世贸大酒店）

【基本案情】

司某华在公证人员的陪同下以现金方式在新世贸大酒店首层平价便利店购买了外包装盒写有“贵州茅台酒”字样的酒7箱，并当场取得《北京增值税普通发票》一张。增值税发票显示，购买人为个人，服务名称为住宿费，价税合计金额为66500元，上述增值税发票处还显示了开户行及账号信息。后因司某华认为其购买的“贵州茅台酒”系假酒，故将新世贸大酒店诉至法院，请求法院判令新世贸大酒店退回货款66500元并予以价款10倍的赔偿，即665000元。

新世贸大酒店否认其与司某华之间存在买卖合同关系，并向法院提交其与案外人签订的《房屋租赁合同》，认为其并非涉案商品的销售者；在案增值税发票虽是新世贸大酒店开具，但却是在为涉案场地的承租方履行代开发票的义务，新世贸大酒店并未收到涉案货款，现司某华仅持发票不能证明其与新世贸大酒店之间存在买卖合同关系。

【案件焦点】

1. 司某华与新世贸大酒店之间是否形成买卖合同关系；2. 在没有书面合同的情况下，如何认定买卖合同的成立问题。

【法院裁判要旨】

北京市丰台区人民法院经审理认为：当事人之间没有书面合同，一方以送货单、收货单、结算单、发票等主张存在买卖合同关系的，人民法院应当结合当事人之间的交易方式、交易习惯以及其他相关证据，对买卖合同是否成立作出认定。本案争议的焦点是新世贸大酒店是否是案涉商品的销售人。根据公证书的记载，司某华是在新世贸大酒店首层平价便利店购买的涉案商品。新世贸大酒店就此出示了租赁合同，显示新世贸大酒店已将上述案涉地点出租给案外人经营。对此法院认为，公证书仅能证明购买过程及购买地点，现新世贸大酒店已经证明其不是相关地点的经营人，故仅凭公证书不能证明新世贸大酒店是该场所的经营人。此外根据司某华提交的发票，也已查明发票上显示的账号并未收到涉案商品的货款。综上，法院认为，仅凭发票及公证书不能证明新世贸大酒店是涉案商品的销售者，现有证据不能证明司某华与新世贸大酒店之间存在买卖合同关系。

北京市丰台区人民法院依照《最高人民法院关于审理买卖合同纠纷案件适用法律问题的解释》第一条之规定，作出如下判决：

驳回司某华的诉讼请求。

司某华不服一审判决，提起上诉。

北京市第二中级人民法院经审理认为：《中华人民共和国合同法》第一百三十条规定，买卖合同是出卖人转移标的物的所有权于买受人，买受人支付价款的合同。《中华人民共和国合同法》第一百三十二条规定，出卖的标的物，应当属于出卖人所有或者出卖人有权处分。根据《中华人民共和国合同法》对买卖合同基本法律概念的界定，一个有效且客观存在的买卖合同关系的形成有赖于出卖人转移标的物的所有权于买受人、买受人支付价款这一基本的合意及其法律行为的存在。出卖人要具有对买卖合同标的物的所有权或合法的处分权，在此基础上，才可能与他人形成法律意义上的买卖合同关系。只有相关当事人之间能够存在真实合法的买卖行为，才能谈得上当事人之间存在买卖合同关系。本案中，没有证据证明涉案商品的所有权属于新世贸大酒店，亦无证据证明在司某华购买涉案商品时，新世贸大酒店对涉案商品具有处分权。虽然，涉案商品的销售地点在新世贸大酒店内，但并不等于涉案商品的销售人必然是新世贸大酒店。因此，司某华自称涉案商品是从新世贸大酒店购买、其与新世贸大酒店之间存在买卖合同关系的上诉理由没有事实根据和法律依据。在没有直接证据在案佐证的情况下，一审法院认定涉案商品的销售人不是新世贸大酒店并无不当。

北京市第二中级人民法院依照《中华人民共和国民事诉讼法》第一百七十条第一款第一项之规定，作出如下判决：

驳回上诉，维持原判。

【法官后语】

当事人基于买卖合同提起诉讼的，其请求权基础是买卖合同；因此，在诉讼中，其首先应当举证证明买卖合同的存在与成立。根据《中华人民共和国合同法》第十条规定，当事人订立合同，有书面形式、口头形式和其他形式。在大量的买卖交易实践中，有的有书面合同，有的没有书面合同。有书面合同的，如果当事人直接向法院提交了有双方当事人签章的书面合同原件，则认定买卖合同成立与否并非难事；而在没有书面合同时，当事人之间的买卖协议多为口头达成，一方当事人以其持有的发票主张存在买卖合同关系，人民法院能否据此认定买卖合同的成立就成了审理的难点。

本案中，司某华与新世贸大酒店之间并没有签订书面买卖合同，司某华持由新世贸大酒店开具的增值税发票认为新世贸大酒店系与其形成买卖合同的出卖方。法院认为，增值税发票作为结算凭证，可以作为证明买卖合同成立的证据之一，但仅有增值税发票，并不能排除增值税发票的开具与现实交易相分离的可能。因为增值税发票本身仅是交易双方的结算凭证，只能证明双方存在债权债务的可能性，并不能证明双方存在债权债务关系的必然性，在没有其他证据予以印证的情况下，并不足以证明双方存在买卖关系。

增值税发票作为一般纳税人经营活动中从事商业活动的重要凭证，它是记载商品销售额和增值税税额的财务收支凭证，是税务机关记收税金和扣减税额的重要凭据。虽然开具增值税专用发票是《增值税暂行条例》赋予出卖人的义务，但当事人是否基于真实交易依法开具和抵扣与是否交付标的物是两个不同的法律行为，前者受税法规制，后者受《中华人民共和国合同法》调整。

根据《最高人民法院关于审理买卖合同纠纷案件适用法律问题的解释》第一条第一款规定，当事人之间没有书面合同，一方以送货单、收货单、结算单、发票等主张存在买卖合同关系的，人民法院应当结合当事人之间的交易方式、交易习惯以及其他相关证据，对买卖合同是否成立作出认定。可见，仅凭一方向另一方开具发票的行为，并不意味着涉事双方之间必然存在买卖合同关系，况且在案发票在“服务名称”项内写明为“住宿费”。据此，一审法院认定在新世贸大酒店已经提交证据证明涉案场地由他人承租经营、并对开具发票的行为予以解释的情况下，该发票不能直接证明新世贸大酒店就是涉案商品的实际销售者。

编写人：北京市第二中级人民法院　周晓莉

55

违反买卖合同中的最惠客户条款的证据认定

——广州顺爽汽车科技有限公司诉成都凯派汽车用品有限公司买卖合同案

【案件基本信息】

1. 裁判书字号

四川省成都市中级人民法院（2018）川01民终8652号民事判决书

2. 案由：买卖合同纠纷

3. 当事人

原告（反诉被告、被上诉人）：广州顺爽汽车科技有限公司（以下简称广州顺爽公司）

被告（反诉原告、上诉人）：成都凯派汽车用品有限公司（以下简称成都凯派公司）

【基本案情】

广州顺爽公司与成都凯派公司于2016年7月签订了关于采购“汽车放油阀”的《经销合作协议书》（以下简称《协议》）。《协议》主要约定：1. 广州顺爽公司作为专利产品“汽车放油阀”的生产厂家向成都凯派公司供应该产品，单价为60元/个。2. 价格保护政策：在同等条件下，广州顺爽公司提供给成都凯派公司的产品价格不得高于全国统一价格，且保证任何时间、批次的产品价格不得高于该批次产品采购收货日期前后各两个月内广州顺爽公司提供给任一其他经销商及消费者的价格。如果违约，广州顺爽公司应当退还本协议有效期内高卖部分金额予成都凯派公司，同时向成都凯派公司承担本协议履行期间成都凯派公司进货总额20%的违约金。作为《协议》附件的《诚信供需承诺书》载明建国集团公司可以对广州顺爽公司合作的任何第三方供货价进行暗访调查。

在合同履行期间，成都凯派公司通过暗访调查，认为广州顺爽公司存在违反价格保护政策的行为，故拒绝继续支付放油阀货款99万元并要求赔偿。

另查明，成都凯派公司指派其关联公司员工黄某于2017年3月开始对广州顺爽公司销售放油阀的价格开展暗访调查工作。黄某添加广州顺爽公司法定代表人王某微信好友后，虚构了汽车修理厂老板的身份与王某进行关于汽车放油阀的商务咨询和交易谈判。王某向黄某发送了放油阀（资料中又称为“抽油宝”）的宣传资料。而后王某向黄某确认了该产品价格为40元/个，黄某称准备购买4万元产品。2017年3月30日，黄某到王某指定的工作人员处拿取了10个产品样品并支付了1000元定金。2017年4月2日，黄某将样品退回，1000元定金同时亦退回给黄某。而后双方的交易并未继续完成。

广州顺爽公司向法院提供了三款放油阀实物样品，称成都凯派公司暗访调查中涉及的按40元/个出售的放油阀与出售给成都凯派公司的60元/个的放油阀在材质、工艺上都存在一定差距，故价格更低。法院对三款放油阀实物进行肉眼比对后发现，三款实物的材质、形状、颜色上存在一定差异。经法院释明，成都凯派公司明确表示不申请对三款放油阀进行鉴定。

广州顺爽公司向法院提起诉讼，要求成都凯派公司支付货款99万元及利息、诉讼费、律师费等。

【案件焦点】

买卖合同中约定有最惠客户条款，即卖方不得低于某价格向第三方销售某产品，而买方派人以虚构身份与卖方进行“钓鱼式”交易，对于交易中所取得的证据的审查。

【法院裁判要旨】

四川省成都高新技术开发区人民法院经审理认为：本案的争议焦点为：广州顺爽公司是否违反了《协议》以及《诚信供需承诺书》中关于价格保护的相关约定。

第一，从举证责任而言，广州顺爽公司违反价格保护约定的事实系成都凯派公司反诉请求所依据的事实，其应该承担举证证明存在相应事实的责任并承担举证不能的不利后果。第二，从合同约定而言，合同约定了在同等条件下，广州顺爽公司提供给成都凯派公司的产品价格不得高于其提供给其他经销商及消费者的价格。这个价格保护条款所要保护的是广州顺爽公司提供给成都凯派公司的专利产品“汽车放油阀”的价格。而作为对比对象的是广州顺爽公司提供给其他任意第三方的相同产品的价格，如果系不同产品，则失去价格对比基础。第三，从本案事实而言，成都凯派公司提供的证据尚不足以证明广州顺爽公司存在违约事实，故对争议焦点认定结果为广州顺爽公司未违反价格保护约定。

综上，关于成都凯派公司的反诉请求，法院不予支持；关于广州顺爽公司请求成都凯派公司支付99万元货款的请求，法院予以支持；关于广州顺爽公司要求成都凯派公司支付逾期利息及律师费的请求，法院认为广州顺爽公司在对外销售放油阀产品过程中存在不同产品宣传混乱、易引起购买者混淆、产品包装跟实物不符等问题，导致成都凯派公司在暗访调查过程中产生合理怀疑，最终引发纠纷，同时律师费在合同中并无明确约定，故对利息及律师费的请求酌情不予支持。

据此，依照《中华人民共和国合同法》第五条、第六条、第六十条第一款、第一百五十九条，《中华人民共和国民事诉讼法》第六十四条第一款，《最高人民法院关于适用〈中华人民共和国民事诉讼法〉的解释》第九十条之规定，判决：

一、成都凯派公司于判决生效后十日内向广州顺爽公司支付货款990000元；

二、驳回广州顺爽公司的其他诉讼请求；

三、驳回成都凯派公司的全部诉讼请求。

成都凯派公司不服一审判决，提起上诉。

四川省成都市中级人民法院经审理认为：本案争议焦点为：广州顺爽公司是否违反合同约定，将相同产品以低于向成都凯派公司出售的价格销售给第三方，以及广州顺爽公司向成都凯派公司交付的产品是否符合合同约定。

当事人对自己主张的事实负有举证责任。成都凯派公司对其主张的本案争议的事实应举证证明。第一，成都凯派公司认为广州顺爽公司承诺出售的是高价的“放油阀”而交付的是低价的“抽油宝”，实际是认为广州顺爽公司提供的产品与合同约定不符。双方合同中约定的标的产品为“汽车放油阀”，广州顺爽公司出示的三款产品名称虽有区别，但均系汽车放油阀，与合同约定的产品“汽车放油阀”产品种类一致。合同并未明确放油阀的具体款型，广州顺爽公司提交的三款实物放油阀虽与其相应的外包装展示的外观均有差别，但其中一款与成都凯派公司提交的实物一致。而关于合同约定的价款是双方协商一致的结果，成都凯派公司现并无证据证明广州顺爽公司交付的放油阀产品不能满足其生产或销售需要。故成都凯派公司并不能证明广州顺爽公司交付的产品不符合合同约定。第二，成都凯派公司委派工作人员以第三方名义与广州顺爽公司进行交易，但未取得交易产品的实物，无法与成都凯派公司现有的产品进行比对，不能确认广州顺爽公司向第三方出售的产品与本案双方交易的产品相同。故不能证明广州顺爽公司违反了合同约定的价格保护条款。

综上，成都凯派公司的主张缺乏足够的证据支撑，其上诉请求不能成立。一审认定事实清楚，适用法律正确。依照《中华人民共和国民事诉讼法》第一百七十条第一款第一项之规定，判决如下：

驳回上诉，维持原判。

【法官后语】

本案双方的争议焦点是广州顺爽公司是否违反了《协议》中的最惠客户条款即低价向第三方销售产品。双方就最惠客户条款的约定内容、适用条件以及成都凯派公司派人以虚构身份与广州顺爽公司进行“钓鱼式”交易从而获得证据的收集程序、证明力等多方面展开了激烈的辩论，本文论述以案件的争议点为发端并进行了一定拓展，试图更清晰、更富体系性地探讨最惠客户条款的证据认定问题。

一、最惠客户条款的概念

最惠客户条款，英文表述为 most－favored－customer clause（MFCs）。其典型表现形式是合同一方承诺其给予合同向对方的交易条件，将不会低于其给予任何第三方的交易条件，以此确保该合同向对方总是得到忧郁第三方或与第三方一致的最惠客户待遇。该条款源于国际贸易规则中的最惠国待遇条款（most favored nation clause，MFNs），因此实务中也存在一些条款可能达到与MFNs条款类似的效果，如

“最低价格保证”“一致竞争条款”。前者指销售者向买家承诺，将提供比竞争对手更低的价格，如有其他竞争者的售价更低时，该销售者将向买家提供差额或超过差额之退款。后者又称配合竞争价格条款，是指销售者向买家承诺，若有其他销售者之售价更低，该销售者将与其竞争对手的价格保持一致。

二、最惠客户条款合同涉“钓鱼式”交易的法律界定

“钓鱼式”交易这一概念并未有法律明确界定，此种描述方式源于行政执法领域的“钓鱼执法”。与“钓鱼执法”在行政执法语境下有一定贬义不同，“钓鱼式”交易在民商事交易的语境下，价值判断上应为中性。为研究便利，本文将其限定为民事合同一方为获取另一方的不利证据，而通过虚构身份或指派第三人与另一方完成的交易。通过此种交易获取的证据包括交易价格、交易产品、交易条款等内容。本案中即为典型的“钓鱼式”交易。成都凯派公司怀疑广州顺爽公司暗中违反了价格保护政策，存在低价向其他人销售产品的违约行为，故指派其关联公司员工黄某以修理厂老板的名义与广州顺爽公司进行案涉产品的交易，试图通过该交易获得对方低价销售的证据。

（一）“钓鱼式”交易与普通交易有三个主要不同点

1. 一方交易者的交易目的不同。普通交易如买卖合同，买方的目的就是获得相应货物，卖方的目的则是获得出售货物的货款。而“钓鱼式”交易中，“钓鱼者”的目的并非交易本身的货物、货款，而是获得另有用途的交易证据。比如本案中成都凯派公司指派的黄某其目的并不是获得谈判中约定的4万元货物，而是通过这个交易获得对方低于60元/个向其他人销售产品的证据。

2. 交易中所涉标的物的用途不同。普通交易中，货物为买方占有使用收益处分。而买方为“钓鱼方”的交易中，所获得的货物并不会立刻进行使用或者转卖获取该物的本身价值，而是将其妥善保管从而用于与对方后续的赔偿谈判或者诉讼、仲裁。

3. 交易达成的核心考量因素不同。普通交易能够达成的核心考量因素是商业因素。每一个交易的形成从简单来说就是你愿意买、我愿意卖的协商一致过程。但在需要进行一定商务谈判的交易中，买卖双方需要综合考虑包括价格、数量、后续合作预期等商业因素后最终做出的交易决定，存在一个商业博弈的过程。这种商业因素因商业主体的差异而存在较强个体差异，但个体差异仍然是基于理性人有利可

图之上的变化，考虑的是商业利益本身。比如本案中成都凯派公司与广州顺爽公司签订合同就存在一个基于商业因素的博弈过程，一方想拿下大额订单，另一方想拿到最优惠的价格。但在“钓鱼式”交易中，交易能否达成的核心因素就并非商务因素，而是是否达到一方所调查的目的。本案中，调查员黄某与广州顺爽公司能够达成交易就是因为相应产品的价格已经低60元/个，如果价格不低于该价格，这笔交易极有可能最终不会达成，因为超过60元/个的交易达成对于调查员黄某或者成都凯派公司而言没有任何意义。值得警惕的是“钓鱼式”交易在这种核心考量因素影响下，存在交易失真或被扭曲的风险。作为调查的一方为了达成调查目标可能会采取一些“盘外招”来诱使对方达成交易，如夸大需求量、虚构未来交易预期甚至对经办人许以回扣、美色等诱惑。这种非正常手段影响下所达成的交易已经背离了正常交易的达成因素，失去了调查本身的客观性。

三、“钓鱼式”交易所获证据的司法适用及其限制

（一）“钓鱼式”交易所获证据原则上可以在诉讼中使用

“钓鱼式”交易所获证据在民商事案件中原则上是可以使用的。确立这一原则基于几个因素考量。

1. 法律及司法解释并无禁止性规定。《最高人民法院关于适用〈中华人民共和国民事诉讼法〉的解释》第一百零六条规定：“对以严重侵害他人合法权益、违反法律禁止性规定或者严重违背公序良俗的方法形成或者获取的证据，不得作为认定案件事实的根据”。而“钓鱼式”交易这一调查方式本身并未被法律所禁止。如果“钓鱼式”交易采用恰当的程序进行，那么其并不会严重侵害被调查人的合法权益也不会违背公序良俗。

2. “钓鱼式”交易是一种经济可行的调查方式，具有促进商业诚信树立的积极价值。“钓鱼式”交易所调查的往往都是掌握在对方的很难取得的证据。比如本案，尽管成都凯派公司获得了广州顺爽公司的价格保护政策的承诺，但因为广州顺爽公司的其他交易属于成都凯派公司通常无法掌握的信息，因此即使广州顺爽公司违反承诺，那么成都凯派公司也很难获得相应证据。在这种情况下，“钓鱼式”交易的允许既可以让成都凯派公司这样的被承诺方有一种经济可行的调查方式，去了解交易对手的履约情况，又对广州顺爽公司这样的承诺方能够形成一种制约，让其在与第三人交易中严格遵守承诺，因为你不知道你的交易对手到底是能带给你大量利润

的“蜜糖”，还是带给你巨额赔偿的“苦酒”。司法程序对“钓鱼式”交易这种具有一定争议性的调查方式的原则允许，实质也是对商业诚信的最大保护，有利于培育“一诺千金”的营商法治环境。

（二）“钓鱼式”交易所获证据在司法适用的限制情形

“钓鱼式”交易如果用好了可以促进商业诚信、降低调查取证难度和成本，但如果被不当利用，则会严重破坏正常的交易秩序。因此对于“钓鱼式”交易从程序上予以一定限制和规范，既能保护“钓鱼式”交易在恰当的规则下进行，又能够甄别打击那些以“钓鱼式”交易为幌子的不合法或不诚信的行为。对“钓鱼式”交易的限制分为两个层次，采用不同的认证规则。对于调查程序明显具有非法性的“钓鱼式”交易所获取的证据，应当依据《最高人民法院关于适用〈中华人民共和国民事诉讼法〉的解释》第一百零六条不得作为认定案件事实的依据。对于调查程序存在瑕疵的“钓鱼式”交易所获证据，则应当严格审查，在结合其他证据情况下，以“高度可能性”为是否采信的认证标准。

1. 明显具有非法性的典型情形。第一，以商业贿赂作为诱饵引诱对方达成的交易。例如，调查人承诺给予对方工作人员额外10万元报酬，而通过其促成签订低价合同。第二，与对方工作人员恶意串通达成的交易。例如，调查人与对方工作人员串通赔偿所获金额分成比例，从而促成签订低价合同。第三，以欺诈、胁迫方式或乘人之危达成的交易。例如，调查人以先签小额低价合同，再签高价大额合同弥补小额合同损失的方式诱骗对方签订低价合同。

2. 调查程序存在瑕疵的典型情形。第一，调查人具备完成或部分完成交易条件而故意未完成的。例如，本案中调查员黄某仅花费1000元（本案的赔偿金额高达几十万元）已经取得十个交易样品的情况下，调查员以减少1000元定金损失为由将样品退回。第二，调查人虚构身份、进货量、未来合作前景等商业因素且对交易实质性条款产生重要影响的。例如，调查人自称某国有大型企业高管，其未来可能会大量进货而诱使签订低价合同。特别说明的是，虚构身份本身并不构成调查程序瑕疵，而是虚构的身份会对交易形成产生重大影响才构成。比如，个体户张三找一个朋友李四自称小卖部老板进行钓鱼式交易一般情况下就不构成程序瑕疵。

四、违反最惠客户条款的举证证明责任分配及其例外

本案中，成都凯派公司认为广州顺爽公司违反价格保护约定故提出退还货款并

赔偿违约金的请求，根据《中华人民共和国民事诉讼法》及其司法解释的规定，成都凯派公司作为买方应该承担举证证明责任。这个举证证明责任包括两个层次，第一层次为提出证据责任，即成都凯派公司须主动提供证据证明存在相应事实。第二层次为不利后果的承担责任。《最高人民法院关于适用〈中华人民共和国民事诉讼法〉的解释》第一百零八条规定"对负有举证证明责任的当事人提供的证据，人民法院经审查并结合相关事实，确信待证事实的存在具有高度可能性的，应当认定该事实存在。对一方当事人为反驳负有举证证明责任的当事人所主张事实而提供的证据，人民法院经审查并结合相关事实，认为待证事实真伪不明的，应当认定该事实不存在……"根据这一规定，如果成都凯派公司所举示的本证证据与广州顺爽公司所举示的反驳证据经综合审查后，认定为相应待证事实处于真伪不明或者不存在具有高度可能性，则成都凯派公司主张的事实将认定为不存在。

根据上述分析，提出违反最惠客户条款一方负有相应的举证证明责任，但在实际中，买方往往很难获取对方向第三方交易的直接证据。在此情况下，如果买方有证据证明对方隐匿了相应证据，则可以申请法院调取相应证据或者申请法院责令对方出示相应证据。如果对方无正当理由拒不提交的，法院可以认定申请人所主张的书证内容为真实。

编写人：四川省成都高新技术产业开发区人民法院　罗良华

四川省成都市中级人民法院　林遥

八、其他

56

目的论解释之合同适用实例

——沅江市泗鑫麻纺有限公司诉广州胜景制衣有限公司、王某鹄买卖合同案

【案件基本信息】

1. 裁判书字号

湖南省益阳中级人民法院（2018）湘09民终270号民事判决书

2. 案由：买卖合同纠纷

3. 当事人

原告（反诉被告、被上诉人、被申请人）：沅江市泗鑫麻纺有限公司（以下简称泗鑫麻纺）

被告（反诉原告、被上诉人、被申请人）：广州胜景制衣有限公司（以下简称胜景制衣）

被告（上诉人、再审申请人）：王某鹄

【基本案情】

泗鑫麻纺与胜景制衣于2017年2月18日签订一份购销合同，合同约定泗鑫麻纺向胜景制衣供型号为SX100－1的产品，数量为183000码，付款方式为“走货后40天，即2017年6月底左右付清”，违约责任为“到期的货款每逾期一日，按未付货款的0.1%向甲方（泗鑫麻纺）支付违约金，直至货款付清之日止”。合同还

约定因乙方（胜景制衣）违约致使甲方（泗鑫麻纺）采取诉讼方式实现债权的，乙方应当承担甲方为此支付的律师费、差旅费等所有实现债权的费用，并约定“需方法人或代理人对合同的履行承担连带偿还责任”。王某鹄在2017年3月4日通过微信通知泗鑫麻纺工作人员“所有布要赶在4月10日前交齐，并且在4月1日前要交一半”，泗鑫麻纺工作人员并未对此要求当即作出承诺。2017年4月10日，王某鹄再次通过微信通知泗鑫麻纺“经过生产部门的核对，第一批面料89700码必须在4月18日上午送齐我工厂。否则因误期产生的一切费用都由你们负责了”，泗鑫麻纺亦并未对此要求作出任何承诺，至4月17日泗鑫麻纺已交付86822码，4月19日又交付10256.5码。经双方确认，就已供货的部分，胜景制衣对尚欠泗鑫麻纺货款1366675元的事实无异议。泗鑫麻纺向法院提出诉讼请求：要求胜景制衣支付拖欠的货款及违约金，承担律师费及诉讼费，并要求王某鹄对胜景制衣的以上债务承担连带清偿责任。

【案件焦点】

如何解释购销合同第九条中“需方法人或者代理人承担连带偿还责任，盖章生效”。

【法院裁判要旨】

湖南省益阳市沅江市人民法院经审理认为：泗鑫公司在合同履约过程中确实存在一定的违约行为，根据《中华人民共和国合同法》第一百二十条的规定，胜景公司有权要求泗鑫公司为其违约行为承担违约责任。但双方签订的购销合同并没有约定延期供货的违约责任，泗鑫公司依法应当赔偿胜景公司的直接损失。根据服装行业生产特点，其生产是按订单批次进行，泗鑫公司在4月10日收到胜景公司要求其在4月18日前交付89700码的通知后，在4月18日前交付86822码布，只相差2878码，占比3.2%，次日又补足10265.5码布，其违约行为显著轻微，不至于对胜景公司的生产产生影响。且胜景公司针对其自身的损失没有充分、有效证据证明损失存在及损失与违约行为的因果关联性，故对其要求泗鑫公司承担524508.26元违约损失的反诉请求不予支持。

综上，依据《中华人民共和国合同法》第八条、第六十三条第四项、第一百零七条、第一百一十四条第二款、第一百二十条，《最高人民法院关于适用若干问题的解释（二）》第二十七条、第二十九条，《最高人民法院关于民事诉讼证据的若干规定》第二条、第十一条第二款、第七十六条，《中华人民共和国民事诉讼法》第二百五十三条之规定，判决：

一、胜景制衣于判决生效之日起十日内给付泗鑫麻纺货款1366675元；

二、胜景制衣于判决生效之日起十日内偿付泗鑫麻纺逾期付款违约金82864元（暂计至2017年10月10日，后段违约金以1366675元为本金自2017年10月11日起按月利率2%计算至付清之日止）；

三、胜景制衣于判决生效之日起十日内偿付泗鑫麻纺因实现债权产生的律师费用40067元；

四、王某鹄对胜景制衣上述债务承担连带清偿责任；

五、驳回泗鑫麻纺的其他诉讼请求；

六、驳回胜景制衣的反诉请求。

王某鹄不服一审判决，提起上诉。

湖南省益阳市中级人民法院经审理认为：本案争议焦点是对该合同第九条中“需方法人或者代理人承担连带偿还责任，盖章生效”这一约定的含义应如何理解与确定。法院认为上述条款中的“法人”显然是指胜景公司的“法定代表人”，而不是指胜景公司本身；该条款文字表述上的失误与瑕疵不能成为当事人否定该条款的本义和效力的理由。同时，诉争购销合同末尾处“王某鹄”的签名系王某鹄本人的笔迹，其在设定的“法定代表人”和“代理人”签名处中间签名具有双重意义，即其既代表胜景公司签字，也作为保证人签字，并且签字具有与盖章相同的法律效力，这表明合同的担保条款已生效。另外，王某鹄也没有提供可采信的证据证明订立诉争合同时存在重大误解、显失公平或受欺诈而违背其真实意思表示等情形。

综上，王某鹄的上诉理由不能成立，对其上诉请求应不予支持；原审判决认定事实清楚，适用法律和处理并无不当，对该判决应予维持。依照《中华人民共和国民事诉讼法》第一百七十条第一款一项之规定，判决如下：

驳回上诉，维持原判。

王某鹄不服一审判决，提起再审申请。

湖南省高级人民法院经审查认为：本案的焦点系如何理解购销合同第九条中“需方法人或者代理人承担连带偿还责任，盖章生效”的含义。原审认定购销合同中的担保条款生效，胜景公司无法偿还货款时王某鹄应承担连带清偿责任并无不妥。

依照《中华人民共和国民事诉讼法》第二百零四条第一款，《最高人民法院关于适用〈中华人民共和国民事诉讼法〉的解释》第三百九十五条第二款规定，裁定如下：

驳回王某鹄的再审申请。

【法官后语】

合同解释是实施合同的一个前提也是发展合同的一种途径，《中华人民共和国合同法》第一百二十五条第一款将目的论解释确立为合同解释的原则之一。而合同目的论解释的另一有效释意即在当事人的意思明确地表示不让合同某言词具有法律效力时就不得推定每一条款具有意思和目的，否则推定每一条款具有意思与目的。合同从订立、履行、争议解决等各方面用文字全面、整体反映了双方交易的整个过程，合同的每一条款在无相反意思表示的情况下都包含了某一目的及意思，而这一目的或意思也必定体现某种法律效力，这不仅是法律权威的必然要求更是对当事人自由意志的尊重，是“法典是人民自由的圣经”的最好诠释。因此合同条款的解释并不局限于词句的字面意义，还受合同相关语境、合同的规划、目的及意图的限制，因而在对合同进行解释时有必要采用较为宽泛的解释方式。

对于本案诉争的购销合同第九条“需方法人或者代理人承担连带偿还责任，盖章生效”，依平义解释，“法人”是法律拟制下的人非自然人，而法定代表人是法人的负责人是自然人，二者并不等同。如果将该条款中的法人按字面意思解释为订立合同并成为合同相对人的法人组织，该条款的意思即法人为自己订立的合同承担连带偿还责任，则该条款并无实际意义，而该条款确是供货人日后实现债权的有力保障，故在无违法意图及当事人不存在重大误解、显示公平或受欺诈的情况下将“需方法人”解释为“需方法定代表人”符合《中华人民共和国合同法》第一百二十五条第一款的规定，亦符合法的自由价值、秩序价值。

编写人：湖南省益阳市沅江市人民法院　周元

57

合同争议条款的解释应当以文义、整体解释为基础，以目的解释为印证，以习惯、诚信解释为补强

——北京东方京鹏商贸有限公司诉中铁北京工程局集团有限公司、中国中铁航空港建设集团有限公司北京第七分公司买卖合同案

【案件基本信息】

1. 裁判书字号

北京市第二中级人民法院（2018）京02民再1号民事判决书

2. 案由：买卖合同纠纷

3. 当事人

原告（被上诉人）：北京东方京鹏商贸有限公司（以下简称京鹏公司）

被告（上诉人）：中铁北京工程局集团有限公司（以下简称中铁集团公司）、中国中铁航空港建设集团有限公司北京第七分公司（以下简称中铁第七公司）

【基本案情】

2011年2月23日，京鹏公司与中航五公司签订《北京市工业品买卖合同》，约定由京鹏公司向中航五公司提供钢材。合同约定了货物数量及价款，对付款方式和时间的约定为：自货到工地之日起每天每吨增加肆元，且每批次一个月内付清所有货款。合同还约定了交付标的物的方式、时间、地点、运输方式、运费负担、验收标准及方法等。合同签订后，京鹏公司依约提供钢材，中航五公司陆续付款。合同履行过程中，中航五公司的合同权利义务由中铁第七公司承继，中铁第七公司系中铁集团公司的分公司。

2012年，京鹏公司向法院提起诉讼，要求解除合同，并要求中铁集团公司、中铁第七公司给付拖欠的货款。

【案件焦点】

合同条款的解释方法的适用标准。

【法院裁判要旨】

北京市大兴区人民法院经审理认为：具体到本案，双方在合同第十五条中约定了解除合同的条件，应以京鹏公司的起诉状送达中铁第七公司之日即2012年6月4日为双方合同解除之日。双方争议的焦点是“付款方式和时间：自货到工地之日起每天每吨增加肆元，且每批次一个月内付清所有货款”应如何理解。原审法院对增加部分的货款（垫资费）进行重新核算，理由为双方并未对付款的先后顺序进行特别约定，故依常理，应按照先到货、先付款的方式，分批次计算实际发生的钢材款及增加部分的款项，按照付款日期，依先后顺序进行扣减，最终计算出截至2012年5月14日产生的增加部分的货款为9991972.96元。故，中铁第七公司还应给付京鹏公司尚欠货款30650530.15元。根据《最高人民法院关于适用〈中华人民共和国民事诉讼法〉的解释》第五十二条之规定：“其他组织是指合法成立，有一定的组织机构和财产，但又不具备法人资格的组织；包括依法设立并领取营业执照的法人分支机构。”中铁第七公司领取了营业执照，故中铁第七公司属依法设立并领取营业执照的法人分支机构，可以作为诉讼主体并承担相应的责任；其开办单位即中铁集团公司应承担连带清偿责任。

据此，北京市大兴区人民法院依据《中华人民共和国合同法》第六十条、第九十三条第二款、第九十六条、第一百零七条、第一百零九条，《中华人民共和国民事诉讼法》第二百零七条，《最高人民法院关于适用〈中华人民共和国民事诉讼法〉的解释》第四百零三条第二款，第四百零七条第二款之规定，判决：

一、撤销北京市大兴区人民法院（2012）大民初字第7256号民事判决；

二、京鹏公司与中铁第七公司于2011年2月23日签订的《北京市工业品买卖合同》于2012年6月4日解除；

三、中铁第七公司于判决生效后十日内给付京鹏公司650530.15元；

四、中铁集团公司对中铁第七公司的上述债务承担连带清偿责任；

五、驳回京鹏公司的其他诉讼请求。

中铁第七公司、中铁集团公司不服一审判决，提起上诉。

北京市第二中级人民法院经审理认为：本案二审争议焦点有二：一是本案原审

是否应当裁定按撤诉处理；二是合同约定的“自货到工地之日起每天每吨增加肆元，且每批次一个月内付清所有货款”应如何理解及钢材款如何计算。

关于争议焦点一，本案原审是否应当裁定按撤诉处理。《中华人民共和国民事诉讼法》第一百四十三条规定，原告经传票传唤，无正当理由拒不到庭的，或者未经法庭许可中途退庭的，可以按撤诉处理；被告反诉的，可以缺席判决。根据上述规定，一审程序中，对于原告无正当理由拒不到庭的情况，法院可以依据案件具体情况裁定是否按原告撤诉处理。但本案系再审案件，京鹏公司未向原审法院作出放弃实体权益的意思表示，原审法院结合本案实际情况，未裁定本案按京鹏公司撤诉处理，此举并未违反法律规定。原审程序方面处理并无不妥，中铁集团公司上诉主张本案应当按撤诉处理，法律依据不足，法院不予支持。

关于争议焦点二，合同约定的“自货到工地之日起每天每吨增加肆元，且每批次一个月内付清所有货款”应如何理解及钢材款如何计算。《中华人民共和国合同法》第一百二十五条第一款规定，当事人对合同条款的理解有争议的，应当按照合同所使用的词句、合同的有关条款、合同的目的、交易习惯以及诚实信用原则，确定该条款的真实意思。法院认为，“自货到工地之日起每天每吨增加肆元，且每批次一个月内付清所有货款”应为付款方式的约定，本案增加部分的钢材款应计算至买方实际付款之日。理由如下：首先，根据双方当事人在合同第一条注 3 中的约定，“自货到工地之日起每天每吨增加肆元，且每批次一个月内付清所有货款”系合同双方对于付款方式和时间的约定。双方就付款方式及时间进行约定后，并未明确约定“每天每吨增加肆元”仅计算 30 天，且双方并未区别约定一个月内付清及一个月后未付款的付款方式。其次，本案涉案合同为钢材买卖合同，合同中约定的“每天每吨增加肆元”实际上是一种督促买受人及时付款，减轻出卖人资金损失的方式，“每天每吨增加肆元”计算至买受人实际付款之日，符合钢材行业中加收垫资费、资金占用费等费用至实际付款时间的行业惯例。最后，双方当事人并未在涉案合同中对买受人超过一个月未付款的违约金进行明确约定。中铁集团公司主张对于 30 天后仍未付款的应当按照支付利息并加收 30% 罚息的方式计算违约金。按照中铁集团公司主张的计算方式，对于买受人而言，因其逾期付款时间的增加反而减轻其民事责任，不符合合同法中诚实信用原则的一般规定。

综上所述，原审法院结合本案事实，依照先到货、先付款的方式，分批次计算实际发生的钢材款及增加部分的款项，按照付款日期，依先后顺序进行扣减，最终计算出截至2012年5月14日产生的增加部分货款，数额正确，法院予以确认。中铁集团公司的上诉请求，无法律及事实依据，法院予以驳回。因中铁第七公司于二审审理期间经核准注销，法院依据上述新事实对原审判决内容进行部分变更。京鹏公司经法院合法传唤未到庭参加诉讼，法院依法缺席审理。依照《中华人民共和国民事诉讼法》第一百七十四条、第一百四十三条、第一百四十四条、第一百七十条第一款第二项规定，判决如下：

一、维持北京市大兴区人民法院（2016）京0115民再2号民事判决第一项、第二项；

二、撤销北京市大兴区人民法院（2016）京0115民再2号民事判决第三项、第四项、第五项；

三、中铁集团公司于本判决生效后十日内给付京鹏公司513.15元；

四、驳回中铁集团公司的其他诉讼请求。

【法官后语】

《中华人民共和国合同法》第一百二十五条第一款对合同解释的基本原则或方法进行了规定，即在当事人对合同条款的理解有争议时，应当按照合同所使用的词句、合同的有关条款、合同的目的、交易习惯以及诚实信用原则，确定该条款的真实意思。上述方法也可归纳为文义解释、整体解释、目的解释、习惯解释和诚信解释。本案中，对于双方当事人争议的合同条款，法院通过文义解释、整体解释确定合同真意，通过目的解释对合同条款约定的真实意图进行印证，通过习惯解释、诚信解释进行价值衡量和利益平衡，从而确定裁判所依据的基础事实。

一、通过文义解释、整体解释确定合同真意

合同的条款由语言文字构成，解释合同必须先由条款的具体规定入手，关注通过文字表达出的当事人的内心想法。同时合同作为一个整体，条款的各自含义及与其他条款的关联共同构成了合同的整体，防止单一的文义解释造成的条款间的冲突与矛盾，文义解释过程中离不开对合同整体的依赖和把握。本案中，当事人在条款语句中明确表示争议条款系对付款方式和时间的约定，结合该条款在合同整体的位置及前后文的衔接，可以看出双方就付款方式及时间进行约定后，并未明确约定“每天每吨增加肆元”仅计算30天。综观整个合同内容，且双方并未区别约定一个月内付清及一个月后未付款的付款方式。双方在违约金的约定中，亦未将“每天每吨增加肆元”作为延迟付款违约金的计算方式。文义解释、整体解释作为合同解释的基础，可以初步确定当事人合同条款的真实意图，法院依此认定争议条款系对付款方式及付款时间的约定，符合法律规定。

二、通过目的解释对合同条款真实意图进行印证

在合同解释过程中，在争议条款表达意见含混或易引起歧义的情况下，可以在文义解释、整体解释的基础上，使用目的解释方法，对该条款的约定是否与合同目的相一致进行判断，从而对争议条款的真实意思进行印证。本案中，上诉人主张争议条款实质上系对逾期付款违约金的约定，且仅约定了30天的违约金。涉案合同系钢材买卖合同，标的较大，合同期间较长，合同履行方式具有分批性、持续性，依约履行对于当事人资金流动的要求相对较高，相应批次未及时付款影响着合同的继续履行。因此，合同中约定的“每天每吨增加肆元”实际上是一种督促买受人及时付款，减轻出卖人资金损失，保障合同能够继续履行的方式。因此，将争议合同条款理解为付款时间与方式的约定，符合双方当事人签订合同及促进合同顺利履行的目的。

三、通过习惯解释、诚信解释进行价值衡量和利益平衡

在合同的订立履行过程中，双方当事人的行为应当符合基本的社会公平及诚信原则。诚信原则作为合同法的基本原则之一，应当贯穿合同从订立至终止的整个过程。习惯解释、诚信解释要求实事求是地考虑各种因素，认定争议条款或者发生歧义的词句的准确含义。本案中，当事人主张垫资费为钢材购销的行业惯例，经过法院向有关部门核实，钢材行业确实存在约定垫资费的惯例，故将“每天每吨增加肆元”计算至买受人实际付款之日，符合钢材行业中加收垫资费、资金占用费等费用至实际付款时间的行业惯例。此外，双方当事人并未在涉案合同中对买受人超过一个月未付款的违约金进行明确约定。中铁集团公司主张对于30天后仍未付款的应当按照支付利息并加收30%罚息的方式计算违约金。按照中铁集团公司主张的计算方式，对于买受人而言，因其逾期付款时间的增加反而减轻其民事责任，不符合合同法中诚实信用原则的一般规定。

综上，本案通过综合使用多种合同解释方法，对于双方当事人争议的合同条款的具体内容进行认定，探寻合同双方订立该条款的真实意图，从而公平、公正、合理地解决民事争议，保障相关当事人的合法权益。

编写人：北京市第二中级人民法院　王辉　闵蕾

图书在版编目（CIP）数据

中国法院2020年度案例．买卖合同纠纷／国家法官学院，最高人民法院司法案例研究院编．—北京：中国法制出版社，2020.3

ISBN 978-7-5216-0922-6

Ⅰ.①中… Ⅱ.①国…②最… Ⅲ.①买卖合同-合同纠纷-案例-汇编-中国 Ⅳ.①D920.5

中国版本图书馆CIP数据核字（2020）第034111号

策划编辑：李小草（lixiaocao2008@sina.cn）
责任编辑：谢雯　王紫晶
封面设计：温培英　李宁

中国法院2020年度案例·买卖合同纠纷

ZHONGGUO FAYUAN 2020 NIANDU ANLI · MAIMAI HETONG JIUFEN

编者/国家法官学院，最高人民法院司法案例研究院
经销/新华书店
印刷/三河市紫恒印装有限公司
开本/730毫米×1030毫米　16开
印张/16.25　字数/217千
版次/2020年3月第1版
2020年3月第1次印刷

中国法制出版社出版
书号 ISBN 978-7-5216-0922-6
定价：56.00元

北京西单横二条2号
邮政编码 100031
传真：010-66031119
网址：http：//www.zgfzs.com
编辑部电话：010-66071862
市场营销部电话：010-66033393
邮购部电话：010-66033288

（如有印装质量问题，请与本社印务部联系调换。电话：010-66032926）

最高人民法院指导性案例裁判规则理解与适用系列

公司卷二	98 元	物权卷	88 元
公司卷（第三版）（上下册）	139 元	婚姻家庭卷（第二版）	68 元
民事诉讼卷（第二版）（上下册）	145 元	合同卷四（第二版）	98 元
侵权赔偿卷二	69 元	合同卷三（第二版）	98 元
侵权赔偿卷一	69 元	合同卷二（第二版）	108 元
房地产卷	98 元	合同卷一（第二版）	108 元
劳动争议卷	58 元	担保卷（第二版）（上下册）	139 元

最高人民法院知识产权审判实务系列

最高人民法院知识产权审判案例指导（第 11 辑）	86 元
最高人民法院知识产权审判案例指导（第 10 辑）	98 元
最高人民法院知识产权审判案例指导（第 9 辑）	88 元
最高人民法院知识产权审判案例指导（第 8 辑）	88 元
最高人民法院知识产权审判案例指导（第 7 辑）	98 元
最高人民法院知识产权审判案例指导（第 6 辑）	78 元
最高人民法院知识产权审判案例指导（第 5 辑）	88 元
最高人民法院知识产权审判案例指导（第 4 辑）	78 元
最高人民法院知识产权审判案例指导（第 3 辑）	78 元
最高人民法院知识产权审判案例指导（第 2 辑）	78 元
最高人民法院知识产权审判案例指导（第 1 辑）	48 元
中国知识产权指导案例评注（第 10 辑）	128 元
中国知识产权指导案例评注（第 9 辑）	108 元
中国知识产权指导案例评注（第 8 辑）	98 元
中国知识产权指导案例评注（第 7 辑）	118 元
中国知识产权指导案例评注（第 6 辑）	128 元
中国知识产权指导案例评注（第 5 辑）	118 元
中国知识产权指导案例评注（第 4 辑）	98 元
中国知识产权指导案例评注（第 3 辑）	98 元
中国知识产权指导案例评注（上、下卷）	188 元
商标法适用的基本问题（增订版）	78 元
反不正当竞争法的创新性适用【精装】	68 元
知识产权法律适用的基本问题——司法哲学、司法政策与裁判方法	168 元
最高人民法院知识产权司法解释理解与适用（最新增订版）	69 元
最高人民法院知识产权案件年度报告（2008～2015）（中英文版）	198 元
知识产权司法实务新型疑难问题：专利、商标与著作权热点问题	138 元
知识产权司法实务新型疑难问题：知识产权司法保护与产业发展	120 元

最高人民法院审判指导书系

执行规范理解与适用——最新民事诉讼法与民诉法解释保全、执行条文关联解读（增订 2 版）	159 元
最高人民法院民事立案业务指导	108 元
最高人民法院审判监督业务指导	128 元
最高人民法院执行业务指导	128 元